퇴계학파의 사람들 5

스승의 길, 제자의 얻음

퇴계학자료총서 연구편 5

퇴계학파의 사람들 5 ― 스승의 길, 제자의 얻음

지은이   국립안동대학교 부설 퇴계학연구소
펴낸이   오정혜
펴낸곳   예문서원

편집   유미희
인쇄 및 제본   주) 상지사 P&B

초판 1쇄   2023년 12월 27일

출판등록   1993년 1월 7일(제2023-000015호)
주소   서울시 동대문구 왕산로 239, 101동 935호(청량리동)
전화   925-5914 | 팩스   929-2285
전자우편   yemoonsw@empas.com

ISBN 978-89-7646-491-0   93150
ⓒ 退溪學研究所 2023 Printed in Seoul, Korea

YEMOONSEOWON 101-935, 239 Wangsan-ro, Dongdaemun-Gu, Seoul, KOREA 02489
Tel) 02-925-5914 | Fax) 02-929-2285

값 26,000원

이 책은 안동시의 지원으로 저술되었습니다.

퇴계학자료총서 연구편 5

퇴계학파의 사람들 5

스승의 길, 제자의 얻음

국립안동대학교 부설 퇴계학연구소 지음

예문서원

서문

　흔히들 교육은 '백년지대계'가 필요하다고 말한다. 교육 계획은 오랜 기간의 숙고와 숙의가 있어야 한다는 점에서 더욱 그렇다. 그렇다고 미래의 인재를 육성하려는 계획이 지금만의 급선무는 아니다. 그런데 과거부터 지금까지 이렇다 할 비전과 정책이 제출된 적은 없다. 사정이 이렇다 보니, 교육은 결국 개인의 문제나 가정의 문제로만 다루어지고 있는 형국이다.

　퇴계는 선생으로서 불린다. 퇴계 전후 선생으로 불린 이들이 없는 것은 아니지만, 경상북도 안동에서는 과거부터 퇴계만을 선생이라고 지칭할 수 있다는 이야기가 전해 온다. 실상이 어떠했는지를 확언할 수 없지만, 선생이라는 표현은 그만큼 그 대상에 대한 존모尊慕가 담겨 있는 것이었음을 알 수가 있다.

　퇴계 선생은 위기지학爲己之學을 실천했던 유학자였다. 상대가 되는 말은 위인지학爲人之學이다. 위인지학은 '타인을 위한 학문' 정도로 번역할 수 있다. 그런데 타인을 위한 학문이란 말은 좋은 의미를 지니고 있는 것이 아니다. 타인에게는 도움이 될 수도 있지만 나에게는 그렇지 않기 때문이다.

　위인지학의 대표 사례는 과거지학科擧之學과 사장지학詞章之學이다. 사장지학은 수사학修辭學이라고 할 수 있고, 과거지학은 고등고시高等考試라고 할 수 있다. 수사학은 말과 글을 아름답게 꾸미는 데 그 의의가 있고, 고등고시는 국가공무원을 선발하는 데 그 의미가 있다. 내가 말하고 쓰는 언어를 아름답게 꾸민다고 해서 내 자신이 아름다운 것은 아니고, 시험능력이 월등하다고 해서 내 성품이 뛰어난 것도 아니다.

퇴계 선생은 사회적 지위나 정치적 입지에 연연해하지 않고 자연의 질서에 순응하면서도 인간의 규범을 지키려고 하였다. 천리와 본성의 합일을 추구했기 때문이다. 그것을 전통적으로 소이연所以然과 소당연所當然의 일치시라고 한다. 자연법칙으로서의 소이연과 인간규범으로서의 소당연이 하나가 되어야 한다는 사상이다. 천리를 체인하고 본성을 발휘하려는 공부론이 필요한 이유가 여기에 있다. 퇴계 선생이 도산서당을 경영한 이유가 여기에 있다.

영지산靈芝山 한 줄기가 동쪽에서 나와 도산陶山이 되었다. 어떤 사람은 "산이 이중으로 만들어졌기 때문에 도산이라고 이름하였다"라고 하고, 어떤 사람은 "옛날에는 이 산 중에 도자기를 굽는 굴이 있었기 때문에 그 사실을 따라 도산이라고 한다"라고 하였다.…… 처음에 내가 퇴계退溪에 자리를 잡아 시냇가 옆에 몇 칸을 얽어 집을 짓고는 책을 보관하고 옹졸한 성품을 기르는 곳으로 삼으려고 하였다. 3번이나 그 터를 옮겼지만 매번 비와 바람에 허물어졌고, 게다가 시냇가가 너무 조용하여 마음을 넓히기에는 적당하지 못하였다. 이에 다시 옮기려고 하여 도산 남쪽에 터를 얻었다. 이곳에는 작은 골짜기가 있는데, 앞에는 강과 들이 내려다보인다. 그 모습이 그윽하고 멀리 트였으며 바위 기슭

은 초목이 **빽빽**하고 또렷한 데다가 돌우물은 달고 차서 은둔하기에 적
합한 곳이었다.

「도산잡영陶山雜詠」의 일부이다. 퇴계 선생은 도산 남쪽에 적지適地를
찾았다. 장서藏書와 양졸養拙을 위한 곳이었다. 도산의 자연은 천리를 체인
할 수 있는 곳이었고, 성품을 기를 수 있는 곳이었다. 퇴계 선생은 도산서
당에서 강학을 통해 제자들을 가르쳤다. 퇴계 선생은 길을 제시하였고
그의 제자들은 각자 진리를 터득하였다.

2023년 12월

국립안동대학교 부설 퇴계학연구소 소장

전성건

_차례

제1장

호봉선생문집
학천선생유집
비지선생문집
일죽재유집

정종모

【해제】

『호봉선생문집』은 조선 중기의 문신이자 학자인 송언신宋言愼(1542~1612)의 시문집이다. 송언신의 본관은 여산礪山이고 자는 과우寡尤이며 호는 호봉壺峰이다. 그는 송수宋壽의 증손으로 조부는 양천현령陽川縣令 송말경宋末璟이고, 부친은 부사 송율宋嵂이다. 모친은 좌참찬 신시복愼時復의 딸이다. 퇴계退溪 이황李滉의 문인이었고, 유희춘柳希春과 노수신盧守愼의 문하에도 출입한 바 있다.

그는 1567년(명종 22)에 사마시에 합격하고, 1577년(선조 10)에 알성문과에 급제하였으며, 이후 사간원정언 등 여러 벼슬을 지냈다. 한편, 임진왜란 무렵에는 평안도관찰사로 재직하고 있었는데, 당시 어가御駕가 평양을 거쳐서 의주로 북상하는 데 힘을 보탰다. 전란 동안 송언신은 외직으로 함경도관찰사, 강원도관찰사, 경기도관찰사 등을 두루 역임하였고, 전란 이후에는 병조판서, 이조판서 등을 역임하였다. 말년에는 또한 홍문관제학, 예문관제학 등을 지냈다.

그는 선조宣祖의 각별한 신임을 받은 관료로서 그에게 보낸 선조의 밀찰密札 다수가 남아 있다. 그는 젊어서 서인西人을 공격하는 등 당쟁에 깊게 연루되었던 관계로 반대당의 거센 비판을 받았다. 결국 광해군 초년에 조정에서 축출되었으며, 얼마 지나지 않아 향리에서 세상을 떠났다. 한편, 실록의 사평史評에는 그의 인간됨에 대한 비판도 보이지만 「행장」을 통해 보건대 그는 변란의 와중에 나라를 위해 헌신했을 뿐 아니라, 퇴계의 문인으로서 정학正學을 세우고자 노력했다는 점 또한 부정할 수 없다.

『호봉선생문집』은 형식상으로는 권수卷首, 권일卷一, 부록附錄 세 부분으로 구성되어 있으며, 서문은 후생인 경연참찬관 송영대宋榮大(1851~?)가 썼다. 먼저 권수에는 선묘어찰宣廟御札이란 제목으로 모두 12통의 어찰이 실려 있으며, 덧붙여 「화상찬畵像贊」, 「발문跋文」, 「후기後記」, 「정종기사正宗記事」가 포함되어 있다. 어찰의 경우 임진왜란 및 정유재란 당시의 상황을 짐작하는 데 도움을 주며, 이를 통해 송언신에 대한 선조의 각별한 총애를 확인할 수 있다. 다음으로 권1은 시詩와 척독尺牘을 수록하고 있는데, 전반부에는 50여 수의 시가 실려 있고, 후반부에는 12편의 척독과 편지, 제문祭文 등이 실려 있다. 시에는 임금을 호송할 때 쓴 작품, 남쪽 좌수영에 가 있을 때 꾀꼬리 소리를 듣고 임금을 걱정한 작품, 황회원黃會元을 그리워하는 작품, 이순신의 충정을 기린 작품들 등이 있다. 한편, 척독과 편지는 학봉鶴峯 김성일金誠一, 월천月川 조목趙穆 등에게 보낸 것이며, 제문은 퇴계 선생을 추모한 것이다. 끝으로 부록에는 퇴계 선생의 편지, 「행장」, 「신도비명神道碑銘」, 「시장諡狀」 등이 부가되어 있다.

1. 호봉 선생의 일생: 「소전」1)

호봉壺峯 송공宋公의 이름은 언신言愼이고, 자는 과우寡尤이다. 선조는
여산礪山2) 사람이고, 우의정 서瑞의 후손이다. 가정 임인년(1542, 중종 37)
에 태어났다. 처음 이름은 승회承誨인데, 왕부王父에게 간곡히 청하기를,
"어미 신씨愼氏가 나를 낳았고, 조모 허씨許氏가 나를 길렀으니, 두 어머
니의 성으로 이름을 지어 주시기를 바랍니다"라고 하였다. 왕부가 기특
하게 여겨 결국 허신許愼으로 이름을 지었으니, 당시 나이가 11세였다.
훗날 다시 '허'를 '언言'으로 고쳤는데 말하기를, "마땅히 이름을 돌아보
며 의리를 생각할 것이다"라고 하였다. 약관弱冠에 소장을 올려 요승妖僧
보우普雨를 주벌할 것을 청하였다. 미암眉巖 유희춘柳希春3), 초당草堂 허엽

---

1) 壺峯宋公, 名言愼字寡尤. 其先礪山人, 右議政瑞之後. 嘉靖壬寅生. 始名承誨, 跪請于其王父
曰, 母愼氏生我, 祖母許氏育我, 願以兩母姓錫之. 王父奇之, 遂名許愼, 時年十一. 後又改許爲
言曰, 當顧名思義也. 弱冠抗疏請誅妖僧普雨. 遊柳眉巖許草堂盧穌齋之門, 師事退溪先生, 少
先生四十一歲. 先生許以激昂軒輊, 丁卯成進士, 後十年登第, 歷敭華貫. 壬辰進秩至平安道監
司. 是年夏倭寇猖獗, 上西狩, 以列聖御寶六十餘枚授公, 公奉于艱難, 事定而上之. 後歷江原
京畿咸鏡三道監司, 工刑禮吏四曹判書. 至勘錄壬辰勳, 上曰不失舊物, 宋某之力也. 錄宣武二
等功臣. 公以名與實違, 懇辭免. 及光海政亂, 忤儻路坐廢卒, 年七十一. 仁祖改玉, 首被伸白.
公性孝, 事喪葬祭, 遵禮無違. 立朝則辭氣懍然, 宣祖稱之謂猛虎在山. 論廟制則請行昭穆之禮,
卽退溪之遺意也. 又請治郭再祐談仙許筠崇佛, 以扶正學. 所著書有聖學指南. 無子取祖免親掌
令承禧之子駿爲後, 駿官副提學.
이 글은 星湖 李瀷이 썼으며, 『星湖全集』권68에 「壺峯宋判書小傳」이란 이름으로 수록
되어 있다. 『壺峯先生文集』에 실린 「行狀」에는 보다 상세한 전기 자료가 수록되어
있는데, 조선 후기에 예조참판 등을 역임한 道溪 柳淰(1608~1667)이 썼다. 참고로
이 「行狀」의 번역문은 1998년 경상북도에서 간행한 『退溪學硏究』第十八輯(退溪先生
弟子傳記Ⅳ)에 수록되어 있다. 한편 順菴 安鼎福(1712~1791)의 『順菴先生文集』권27
에도 「故正憲大夫吏曹判書壺峯宋公行狀」이 있다.
2) 현재의 전라북도 익산 지역을 말한다.
3) 柳希春(1513~1577)의 자는 仁仲, 호는 眉巖, 본관은 善山이다. 해남 출신이다. 부친은
柳桂麟이다. 부인은 여류문인 宋德奉이다. 金麟厚와는 사돈 간이다. 金安國과 崔斗山
의 문인이다. 1547년 璧書의 獄에 연루되어 제주도에 유배되고, 1567년 선조가 즉위

許曄4), 소재蘇齋 노수신盧守愼5)의 문하에서 유학하고, 퇴계 선생을 스승으로 모셨는데 선생보다 41세 아래이다.6) 퇴계 선생은 공이 격앙되는 바가 있다고 평가하였다.

정묘년(1567, 명종 22)에 진사가 되고 10년 뒤에 과거 급제하여 화려한 관직을 역임하였다. 임진년(1592, 선조 25)에 품계가 올라 평안도 관찰사에 이르렀다. 이해 여름에 왜구가 난입하여 임금이 서쪽으로 파천하였고, 임금이 열성列聖의 어보御寶 60여 점을 공에게 주니, 공이 받들어 어렵게 보전하였다가 난이 평정된 뒤에 올렸다. 이후 강원, 경기, 함경 세 도의 감사와 공조, 형조, 예조, 이조의 판서를 역임하였다. 임진년의 훈공을 감정하여 녹훈錄勳할 때, 임금이 "옛 물건을 잃지 않은 것은 송언신의 공이다"라고 하여 선무공신宣武功臣 2등에 녹훈하였다. 공은 명실名實이 부합하지 않는다고 하여 간곡히 사양하고 받지 않았다. 광해군光海君 때에 정사가 혼란스러워지자 요직에 있는 자들에게 미움을 받아 폐출되었다가 세상을 떠나니 71세였다. 인조반정仁祖反正 이후 제일 먼저 사면을 얻었다.

하자 사면되어 직강 겸 지제교에 재등용되었다. 경사와 성리학에 조예가 깊어 『眉巖日記』 외 많은 저서를 남겼으며 16세기 호남사람을 대표하는 인물로 손꼽힌다.

4) 許曄(1517~1580)의 본관은 陽川이고, 자는 太輝이며, 호는 草堂이다. 1546년(명종 1) 식년문과에 갑과로 급제하였다. 대사간에 올라 향약의 시행을 건의하였으며, 1575년 동인과 서인의 대립 시 金孝元과 함께 동인의 영수가 되었다. 30년간 관직 생활을 하였으나, 청렴결백하여 청백리에 녹선되었다. 장남 허성과 차남 허봉, 삼남 허균, 딸 허난설헌과 함께 중국과 일본에도 잘 알려져 있다. 저서에 『草堂集』, 『前言往行錄』 등이 있다.

5) 盧守愼(1515~1590)은 조선 전기 우의정, 좌의정, 영의정 등을 역임한 문신이자 학자이다. 자는 寡悔, 호는 蘇齋이다. 을사사화 때 순천으로 유배되었다가, 양재역벽서사건에 연루되어 진도에서 귀양살이를 했다. 이언적에게 배우고, 이황, 김인후 등과도 학문을 논하였다. 저서에 『蘇齋集』이 있다.

6) 생졸년은 1542(중종 37)~1612(광해군 4)이다.

공은 성품이 효성스러웠는데, 생전에 섬기고 사후에 장례와 제사를 받드는 데 있어서 예를 지킴에 소홀함이 없었다. 조정에 나와서는 사기辭氣가 늠름하여 선조宣祖께서 공을 일컬어 "용맹한 호랑이가 산에 있는 것과 같다"라고 하였다. 종묘의 제도를 논함에 있어서는 소목昭穆의 예를 행하도록 청하였으니, 바로 퇴계가 남긴 뜻이었다. 또 신선술을 말하는 곽재우郭再祐[7]와 불교를 숭상하는 허균許筠[8]의 죄를 다스려서 정학正學을 고수하기를 청하였다. 저서에는 『성학지남聖學指南』이 있다. 자식이 없어 단문친袒免親[9]인 장령 승희承禧의 아들 준晙을 데려다 후사로 삼았다. 준은 관직이 부제학에 이르렀다.

7) 郭再祐(1552~1617)의 본관은 玄風, 자는 季綏, 호는 忘憂堂이다. 그는 임진왜란 당시 진주성 전투 및 화왕산성 전투에 참전한 의병장이다. 34세 때 과거에 합격했으나 지은 글이 왕의 뜻에 거슬린다는 이유로 무효가 되자 평생 은거할 결심을 했다. 임진왜란이 일어나고 관군이 대패하자 의병을 일으켜 뛰어난 통솔력과 전법으로 수많은 전과를 올렸다. 붉은 옷을 입고 의병을 지휘하며 스스로 홍의장군이라 했다. 조정에서 여러 차례 벼슬을 내렸으나 거듭 고사하여 은거의 결심을 버리지 않았다. 시문에도 능하였으며, 저서로 『망우당집』을 남겼다.

8) 許筠(1569~1618)의 본관은 陽川이고 자는 端甫이며 호는 蛟山·鶴山·惺所·白月居士이다. 부친은 徐敬德의 문인으로서 학자와 문장가로 이름이 높았던 許曄이다. 임진왜란 직전 일본통신사의 서장관으로 일본에 다녀온 許筬이 이복형이다. 문장으로 이름 높았던 許篈과 許蘭雪軒과 형제이다. 허균은 1594년 정시문과에 급제하여 관직 생활을 시작하였으며, 1597년에는 문과 중시에서 장원을 하였다. 이후 관직 생활에서 여러 부침을 겪었으며, 1618년 반역을 모의하였다는 혐의로 처형되었다. 저술로 『惺所覆瓿藁』 등이 있다.

9) 喪禮 때에 袒免服을 입는 친족을 말한다.

2. 선묘어찰: 함경도관찰사 송언신에게[10]

①[11]

북도北道의 일은 전적으로 경에게 맡기니, 경은 마땅히 마음을 다하거라. 또 나의 딸 두 명과 아들 한 명이 모두 어린데, 당초의 난리로 인해 민간民間에 흘러들어 갔다가 북도에 들어왔다고 하오. 그들이 살았는지 죽었는지 소식이 막막하여 밤낮으로 슬픔이 깊으니, 다행히 찾아서 보호하고 돌보아 준다면 경의 은덕에 장차 보답이 없겠는가.

계사년(1593) 7월 24일 의주義州에서

②[12]

서찰이 와서 안부를 알게 되어 기쁘도다. 보내 준 물건도 함께 받았으니 실로 감명을 깊게 받았도다. 평소 주변에 함께 글 읽을 사람이 없으니 오직 관성자管城子[13]를 친구로 삼을 뿐이다. 변고 이후로 방물方物도 끊어져서 이 사람도 많은 것을 얻을 수 없도다. 그리하여 번거로움을 따지지 않고 감히 구하였는데 많은 것을 보내 주어 기쁨을 억누를

---

10) 『壺峰先生文集』, 卷首, 「咸鏡道觀察使宋言愼」. 宣祖가 송언신에게 보낸 御札은 임진왜란 중이던 1593년에서 1599년까지 6년간에 걸쳐 당시 함경도관찰사 송언신에게 내린 친필 서찰이다. 『문집』에는 모두 12통의 어찰 내용이 수록되어 있으며, 그 가운데 일부가 御札帖 형태로 전해지고 있다.

11) 北道之事, 專委於卿, 卿宜盡心. 且予女子二人男子一人, 俱各幼稚, 當初亂離流落民間, 仍入於北道云云. 其存其死, 消息茫茫, 日夜疚懷, 幸宜尋覓保恤, 則卿之恩德, 將無以報矣. 癸巳七月二十四日, 在義州.

12) 書來, 憑審旌節, 欣慰欣慰. 所送之物幷領, 實深感銘. 平居左右, 無可與唔, 所友惟管城子耳. 自變以後, 方物旣廢, 此子無由多得. 是以不計嫌煩, 敢冒以求, 卽爲多送, 喜不自勝, 無以爲報. 時當溽暑, 爲國自愛. 丁酉林鍾旬日.

13) 管城子는 붓을 달리 이르는 말. 韓愈의 「毛穎傳」에서 붓을 의인화한 데서 유래한다.

수 없건만 보답할 길이 없도다. 무더운 더위에 나라를 위해 자애自愛하도록 하라.

정유년(1597) 임종월林鍾月14) 순일旬日

③15)

서찰은 살폈도다. 나라의 일이 이 지경에 이른 것은 실로 과인의 잘못이라 망극할 따름이다. 보낸 바를 받으니 감회가 많도다. 이에 하얀 명주 여섯 필, 백저포白苧布 네 필을 보내니 돌아가면 노모老母에게 드릴 수 있을 것이다. 상화지霜華紙 열 권은 문방文房에서 사용하면 다행일 것이니, 군영에 돌아가면 줄 것이다.

정유년(1597) 국월菊月16) 중양절重陽節17) 사흘 뒤에
등불 아래서 쓰다.

④18)

편지는 살폈도다. 평소에 풍습風濕의 질병을 앓았는데, 의원醫員 말로는 표범의 가죽으로 치료하는 것이 좋다고 하지만 살펴보아도 얻을 방법이 없다. 지금 누차 명을 내린 것을 받으니 기쁨을 억누를 수 없다. 이에 활과 화살을 보내서 감사의 뜻을 표하거늘 딱히 보답하려는 뜻은

---

14) 음력 6월을 가리킨다.
15) 省書. 國事至此, 是實寡人之罪也. 罔極罔極. 所進依領多感. 玆送白紬六匹白苧布四匹, 可歸遺老母. 霜華紙十卷, 幸用於文房, 還營是予此. 丁酉菊月重陽後三日, 燈下草草.
16) 음력 9월을 말한다.
17) 음력 9월 9일을 말한다.
18) 省書. 素患風濕之症, 醫言豹皮治療, 顧無處可得. 今受累令之進, 無任感喜之至. 玆送弓矢以謝, 非敢爲報也. 粧弓三張, 片箭二部, 長箭二部, 帿箭三十枝. 丁酉孟冬念六.

아니다. 장궁桩弓[19] 3개, 편전片箭 2부, 장전長箭 2부, 후전帿箭 30개를 보내노라.

정유년(1597) 맹동월孟冬月[20] 26일

⑤[21]

편지는 살폈으니, 깊이 위로가 되었다. 붓의 재료는 숫자에 맞게 받았으니 기쁘기 그지없다. 비방의 말이 오는 것은 옛사람도 면치 못했는데, 그것을 어찌 꺼려하는가? 다만 맡은 바의 소임을 다할 뿐이다. 이씨李氏의 마음이 위태롭구나. 방백方伯의 중대한 책무를 어찌 가볍게 바꾸겠는가? 마땅히 마음을 편안히 하고 직무를 살필 것이니, 억지로 사직하지 않기를 바란다. 다시 사직하더라도 나는 결코 허락하지 않을 것이니, 간절히 바라건대 다시는 사직하지 말라. 따스한 봄날에 자애하라. 이만 줄이노라.

무술년(1598) 모춘暮春 26일

⑥[22]

편지를 받고, 무탈하다는 것을 알고 매우 기쁘고 위안이 된다. 여러 번 관성管城의 물품을 받고서 마음으로 비록 감당할 수 없으나 또한 물리치지도 못했다. 젊어서 묵초墨抄를 좋아하였으나, 지금은 노쇠하여 근

---

19) 아름답게 꾸민 활을 말한다.
20) 음력 10월을 말한다.
21) 省書, 欣慰欣慰. 筆材依數受之, 無任感喜. 謗言之來, 古人所未免, 其何嫌焉. 第盡職事而已. 李之心, 險矣哉. 方伯重任, 豈可輕遞. 宜安心察職, 勿爲强辭. 雖更辭, 予必不許, 切望勿更辭焉. 春暄自愛, 不宣. 歲在戊戌暮春卄六.

심과 병환 때문에 연갑硯匣에 먼지만 끼었다. 만약 한가한 때를 얻는다면 마땅히 몇 장의 종이에 일필휘지一筆揮之할 것이니, 그대를 웃게 할 것이다. 일찍이 변변찮은 물품을 보냈는데 어찌 감히 보답이 되겠는가? 다만 진심을 표할 뿐이니 꺼리지 말기를 바란다. 지금 환약丸藥 한 봉을 보내니 이름이 불로단不老丹이다. 이것은 내가 늘 복용하는 것인데, 지금 그대에게 하사하니 어리석다고 비웃지 말 것이다. 양생에 도움이 없지는 않을 것이다. 이만 줄이노라.

연년익수불로단延年益壽不老丹 복용법

한 번에 두세 전錢을 공복 시에 따스한 술이나 미음米飮과 함께 마셔 넘겨라. 무, 배추, 잉어, 초산醋酸, 양고기, 비늘 없는 생선 등은 피하라. 이 약은 오로지 정혈精血을 돕는 것이니, 가볍게 보아서는 안 되며, 부인夫人에게도 맞지 아니함이 없다.

무술년(1598) 계추월季秋月23) 재생명哉生明24) 이틀 후

---

22) 書來, 憑審無恙, 欣慰欣慰. 累受管城之資, 於心雖不敢當而亦不敢却也. 少好墨抄, 今已老矣, 憂病相兼, 硯匣生塵, 倘得餘間, 一揮數紙, 以資卿笑可呵. 會送薄物, 豈敢爲酬, 只表中情而已, 幸勿以爲嫌. 今丸藥一封, 其名曰不老丹, 此予所常服者, 玆以以賜卿. 幸或勿爲迂而笑之, 則未必無養生之助也. 不宣. 延年益壽不老丹服法. 每服二錢三錢, 亦可空心溫酒或米飮呑下. 忌蘿菖鯉魚醋酸物羊肉無鱗魚. 此藥專補精血, 不可輕視, 雖用於夫人, 亦無不合. 戊戌季秋哉生明越二日.

23) 음력 9월을 말한다.

24) '달의 밝은 부분이 처음 생긴다'라는 뜻으로, 음력 초사흗날을 이르는 말이다.

3. 시

1) 「꾀꼬리 소리를 듣고 감회가 있어」[25]

그 옛날 청도清都에서 향안리香案吏[26]를 하였는데   昔作清都香案吏
푸른 버들 춘삼월에 꾀꼬리 울음 들리네.   綠楊三月聽流鶯
지금은 천 리 밖 남쪽에 있으니   今來南國身千里
바람 앞의 꾀꼬리 울음 견딜 수 없어라.   不耐風前百囀聲

2) 「우연히 읊다」[27]

만 리의 커다란 파도에 섬 하나 걸쳐 있고   萬里鯨波一島橫
독한 안개와 빗줄기에 나그네 시름 자라네.   瘴烟蠻雨客愁生
분명 꿈에서는 용안龍顏이 가까웠고   分明夢裏天顏近
오색구름 곁에는 백옥경白玉京[28]이 있었지.   五彩雲邊白玉京

3)-① 「노 선생의 시에 삼가 차운하여 사평 금난수[29]에게 올리다」[30]

동호의 이른 가을에 돌아가는 배 있어   東湖秋早有歸船

---

25) 『壺峰先生文集』, 권1, 「聞鶯有感」.
26) 香案은 향로나 촛대를 얹어 놓는 탁자를 말하며, 香案吏는 제왕을 측근에서 모시는 관원을 뜻한다.
27) 『壺峰先生文集』, 권1, 「偶吟」.
28) 白玉京은 道家에서 말하는 天帝가 사는 都城이다.
29) 琴蘭秀(1530~1604)의 본관은 奉化이고 자는 聞遠이며 호는 惺齋 또는 孤山主人이다. 처음에는 金進에게 글을 배웠으며 이후 퇴계의 문하에 들어가 수학하였다. 1561년 사마시에 합격하였고, 1577년 齊陵參奉 및 集慶殿과 敬陵의 參奉을 지냈으며 1585년 長興庫奉事가 되었다. 이후 直長과 掌隸院司評을 지냈으나 임진왜란이 발발하자 노모

아득히 복사꽃 핀 마을의 신선을 추억하네.　　　　　遙憶桃花洞裏仙

아름다워라, 스승과 노닐며 경치 구경하던 곳　　　　好是師門遊賞地

한 구역 산수는 자랑하기에 충분하다네.　　　　　　一區山水足誇傳

세상일 천만 갈래로 어지러워서　　　　　　　　　世故紛紛千萬端

지금까지 고산의 선경仙境을 찾지 못했네.　　　　至今仙賞負孤山

언제 벼슬 버리고 선생을 따르며　　　　　　　　何時投紱從公去

매화 가지 끝 겨울 학을 불러 깨울까.　　　　　　喚起梅梢一鶴寒

3)-② 「원운」【퇴계】[31]

듣건대 산속의 호수에 낚싯배를 마련했다고 하니　　聞說山潭辦釣船

꿈 가운데 타고 저어서 깬 뒤에서 신선일세.　　　　夢中乘弄覺猶仙

이날 좋은 유람에 몸은 아직 얽매인 듯　　　　　　勝遊此日身如縶

헛되이 술잔을 잡고 연거푸 마셨네.　　　　　　　空把殘杯款款傳

한적함을 깨는 나의 종적 아무런 까닭 없으니　　　敗閑吾迹太無端

산이 나를 버린 게 아니라 내가 산을 버렸다네.　　負我非山我負山

의 봉양을 위해 고향에서 은거하였다. 그러나 정유재란이 발발하고 나서는 고향에서 의병을 일으켰으며 많은 선비들이 참가하고 지방 백성들이 군량미를 헌납하였다. 1599년 고향인 奉化縣監에 임명되었으나 1년 만에 사임하고 집에 돌아왔다. 저서로는 『惺齋集』이 있다.

30) 『壺峰先生文集』, 권1, 「敬次老先生韻, 奉呈琴司評【蘭秀】」.

31) 『壺峰先生文集』, 권1, 「原韻【二首】」. 본래의 제목은 「裴汝友, 趙士敬, 琴聞遠, 朴彦秀【薑】諸君, 同枉顧溪齋, 因往遊孤山. 明日, 寄呈二絶句」이며, 『退溪文集』 권5에 실려 있다. 참고로 裴三益의 『臨淵齋先生文集』 권1에도 당시의 시흥을 읊은 「與趙士敬【穆】· 琴聞遠【蘭秀】· 朴彦秀【薑】, 同往溪齋謁先生, 因遊孤山, 翼日泛舟中流, 時微雨霏霏, 先生詩適至, 伏次其韻」이라는 제목의 시가 수록되어 있다.

누워서 생각하니 그대들이 노는 곳에   臥想諸君追賞處

옥봉 그림자 흔들리고 푸른 호수 차가우리.   玉峯搖影鏡潭寒

4) 「고산정[32)의 금난수 시에 차운하다」[33)

좋은 밤 달 비치는 못에 배 살짝 띄우니   良宵隱放月潭船

내 몸은 학을 타는 신선처럼 떠도네.   身世飄如鶴背仙

한순간 강산은 생기를 발하는데   造次江山增氣色

사문에서 두 수의 시[34)를 전해 받네.   師門更荷兩詩傳

전날 시냇가 서재에서 다른 일을 물었는데   溪齋前日問更端

어질고 지혜로운 집안 물과 산을 벗하네.   仁智吾家水與山

밝은 달밤의 조각배 더욱 좋으니   好是扁舟明月夜

오경의 바람과 이슬 추운 줄 모르노라.   五更風露不知寒

4. 척독

1) 「학봉에게 드리다」[35)

나라와 집안이 망하여 밤낮으로 통곡하니 무슨 할 말이 있겠습니

---

32) 孤山亭은 淸涼山 암벽 옆에 琴蘭秀(1530~1604)가 1563년에 지은 정자이다.

33) 『壺峰先生文集』, 권1, 「偶吟」.

34) 퇴계 선생이 보낸 두 수의 시를 말한다.

35) 『壺峰先生文集』, 권1, 「與金鶴峯【誠一, 字士純】」, "國破家亡, 日夜慟哭, 更有何言. 今因
節下得聞爲國宣力, 成功甚大云, 感荷罔極. 生僅保性命, 但五六朔內, 爲平安道觀察使, 又爲巡

까? 지금 절하節下께서 나라를 위하여 힘을 다하고 이룬 공적이 크다는 말을 들으시니, 한없이 감사드립니다. 저는 다행히 목숨을 보존했지만 5, 6개월 사이에 평안도관찰사가 되었고, 또 순찰사가 되었으며, 다시 함경도순찰사가 되었습니다.[36] 나라가 패하고 혼란하여 무너질 지경에 무거운 책무를 맡았는데도 아무런 공적이 없어서 탄식하고 걱정할 뿐입니다. 무엇보다 다행스러운 것은 전하殿下와 동궁東宮이 모두 무탈하다는 것입니다. 다만 나라를 위해 더욱 힘써 주셔서 도성을 수복할 수 있기를 바랄 뿐입니다. 이만 줄입니다.

2)「조월천에게 답하다」[37]

일전의 말씀이 여전히 맴돕니다. 스승의 문집에서 연월年月을 상세히 고찰하여 따로 기록하는 일은 잊고서 아직 질문을 드리지 못한 것이 지금에 이르렀습니다. 부끄럽고 두려운 바가 매우 큽니다. 지금에야 보내 드리니 신속하게 고찰하고 기록하여 돌려주시길 바랍니다. 김시보金施普[38]가 가는 길에 편지를 부치고자 하는지라 구태여 말씀드립니다. 팔이 아픈 것 때문에 간단히 쓰니, 부끄럽고 두려움을 모두 드러내지 못합니다.

察使, 又爲咸鏡道巡察使. 敗亂喪亡之餘, 專帶重任, 一毫無功, 可歎可悶. 何幸大駕東宮, 皆得康寧耳. 只望爲國更勉, 以期收復. 不具."
36) 『行狀』에 따르면, 1592년에 송언신은 평안도관찰사에 제수되었고, 곧이어 임진왜란이 발발하였으며, 같은 해에 연이어 평안도순찰사, 함경도관찰사 등에 제수되었다.
37) 『壺峯先生文集』, 권1,「與趙月川」, "昨話依章. 先師文集中年月詳考附錄事, 忘未□稟, 以迄于今, 愧懼殊甚. 今此送去, 須速考錄以還, 爲仰. 欲附施普之行故, 敢白. 臂病借草, 不盡愧恨."
38) 金澤龍(1547~1627)의 자는 施普이고 호는 臥雲子 또는 操省堂이며 본관은 禮安이다. 趙穆의 문인이며, 退溪의 문하에서도 수학하였다. 1588년(선조 21) 문과에 급제하였다. 저술로 『操省堂集』이 있다.

5. 부록

1) 「퇴계선생 답서」[39]

이황은 머리 숙여 인사드립니다. 저는 저 멀리 자취를 감추고, 병환으로 인해 세상일을 폐한 터라, 비록 상喪을 당했다는 소식을 듣고도 오랫동안 위안을 드리지 못했으니 부끄러움에 몸 둘 바를 모르겠습니다. 홀연 보내신 편지를 받고서야 이미 졸곡卒哭이 모두 끝났으며, 효자의 체후體候를 보전하였음을 알게 되었으나 선뜻 염려를 놓지 못하겠습니다. 저는 치사致仕하려는 청을 올렸지만, 아직 윤허를 얻지 못하여 몸을 둘 곳이 없고, 지은 죄는 피할 길이 없으며, 늙음과 병은 날로 심해져서 끝내 청의淸議의 말단에 스스로 참여할 수 없을까 걱정입니다. 밤낮으로 근심하고 두려워하면서도 계책을 낼 방도를 알지 못하니 어떻게 하면 좋겠습니까?

---

39) 『壺峰先生文集』, 附錄, 「退溪先生答書」, "滉頓首. 滉遁迹遐遠, 病廢人事, 雖聞遭服, 久未修慰, 愧負無地. 忽奉辱書, 具悉已過卒哭, 孝候支勝, 不任遣釋之至. 滉休致之請, 尙未蒙恩, 身無所措, 罪無所逃, 老病日甚, 恐終無以自附於淸議之末. 日夕憂惶, 計不知所出也, 奈何奈何? 就中辱詢諸條, 皆非憒陋所及, 卒然垂訪, 茫不知所以爲對. 雖然, 旣被枉勤, 姑試妄道其一二, 而明者擇焉. 竊意長子無子, 次子之子承重, 應指適子孫而言, 雖有妾産, 恐未可遽行承也. 家婦奉祀, 當代者不得受, 則祭無主人, 事事皆難處, 所不可行也. 而國法決訟, 率用家婦奉祀法. 中間, 尹彦久爲大憲, 欲改其法, 滉謂尹曰, 此法固可改, 但薄俗無義, 長子死肉未寒, 或驅逐冢婦, 無所於歸者有之, 當如之何? 故今若欲改此法, 必幷立令冢婦有所歸之法, 然後乃可. 尹極以爲然, 未知其後能卒改與否耳. 祖母及母生存而孫奉祀, 廟主遞遷之疑, 世人亦多有之. 然苟如是不可改, 則家禮大祥前一日, 何故不論祖母或母之存否, 而直行改題遞遷之禮乎? 夫莫重於昭穆之繼序, 而或子或孫旣當主祭, 則世代之變, 已無可奈何. 雖有所大悲慼者, 而亦不得不隨以遞遷也. 士大夫祭三代, 乃時王之制, 固當遵守, 而其祭四代, 亦大賢義起之禮, 非有所不可行者. 今世孝敬好禮之家, 往往謹而行之, 國家之所不禁也, 豈不美哉. 但其疏數不同之說, 古者廟各爲一, 故可如此, 今同奉一堂之內, 而獨疏擧於高一位, 事多礙理, 如何如何. 祭之儀節饌品, 從禮文爲當, 而古今異宜, 亦有不得一一從禮文處, 循祖先所行, 恐無不可也. 婦女參祭, 如

질문하신 여러 조목은 어리석고 우매한 제가 미칠 바가 아닐뿐더러, 갑자기 질문하시니 막막하여 어떻게 대답을 해야 할지 모르겠습니다. 그러나 겸손하고 부지런한 태도를 보이므로, 일단 한두 가지에 대해 소견을 말씀드리니, 밝은 그대께서 선택하시길 바랍니다.

제 생각에는 장자長子가 아들이 없을 경우에는 차자次子가 승중承重40)을 한다는 것은 마땅히 적자嫡子의 자손을 가리켜 말하는 것이요, 첩의 소생이 있더라도 대신 승계할 수 없을 것 같습니다. 총부冢婦41)가 제사

示甚善. 神主旁題之左右, 古亦有兩說. 然滉謂家禮, 朱子之制, 大明會典, 五禮儀, 時王之制, 皆題在人左, 今當依此而書之. 近又見濂洛風雅, 張南軒武侯贊下, 記朱子跋云, 題其左方. 此亦必指人左而言, 不亦爲明證乎. 【以下缺】 求仕不必由科目, 古人已有其說, 家貧親老, 爲祿仕, 聖賢亦所屑爲也. 但今之由他岐入仕者, 國家待之, 太有區別, 其人自處, 亦殊爲猥雜, 終歸於名節掃地者滔滔焉, 甚可惜也. 此在當人自度其能不隳墮與否而處之, 他人豈能勸沮之得當哉. 胡康侯曰, 出處不可謀於人, 正謂此也. 喜事不靜之習, 立異干名之病, 世人每以歸詡於向學之人, 世固爲險隘矣, 然細觀今之所謂志學之人, 於學未有所得, 而已先蹉入於此習此病者, 果多有之, 斯固後生之切戒. 然豈懲此而欲其爲同流合汚之行也哉. 康節打乖法門, 旣難於師法, 延平絶世靜坐, 若專以爲標準, 亦或有流於一偏之弊. 惟掃除百雜, 一意專事於博文約禮之海, 忠信篤敬之訓, 能以規矩自治, 則正所以敬勝, 何患於怠勝. 能至於純熟, 則正所以入德, 何以云歸於亂德耶. 惟在勉之而已, 則所以處己應世者, 不待安排準擬, 自皆得中, 而不落於一偏之域矣. 明道云, 子弟凡百玩好, 皆喪志. 雖書字, 亦不欲好之, 則可知雜藝關心之爲不可. 然游於藝, 發於聖訓, 亦非專禁絶也, 慮耽著爲害耳. 晦菴告陳膚仲, 以家務叢委, 爲用功實地, 戒范伯崇, 以官事擾擾, 暇時能收斂省察云云, 則大本可立, 則人事廢業, 可知其不可惡也. 苟能隨時隨事, 不輟其工, 則人事雖多, 無非吾學之地也. 讀書固當反說約也, 來說云云, 皆已得之, 顧恐能踐言之或不易耳. 書須成誦, 張子之格言. 前日, 滉擧似於左右, 恐亦非謂天下諸書盡欲其成誦也. 聖賢之書切�於吾學者誦之, 而其誦也, 又非若今之應講學者屑腐齒落之爲耳. 寒泉精舍規制, 不詳其如何, 然先生每稱爲墳菴, 則與滄洲精舍專爲講道而設者, 其不同必矣. 況滄洲釋奠之禮, 乃先生晩年, 以道統之傳, 有不得不自任者故, 設此禮而不疑. 若恬人而欲效顰, 非大愚則大妄也. 其日拜先聖, 雖非釋奠之比, 然亦恐未可率然爲之. 此中每有意於此事, 而迨不敢焉, 此未易與人人言也. 老者疾患種種, 眼昏神眩, 不能耐煩於文字間. 來人難久留, 來說許多, 自力修報於一日夕之間, 辭多鄙略, 字皆荒草, 有以恕照則幸甚."

본 편지는 『退溪先生文集』 권13에 「答宋寡尤【言愼】」이란 제목으로 수록되어 있으며, 庚午年(1570)에 쓴 것이다.

40) 아버지나 할아버지를 계승하여 조상의 제사를 받드는 일, 또는 그 일을 책임지는 사람.
41) 宗家의 嫡長子孫의 부인을 말한다.

를 받들고 마땅히 대신할 사람이 이어받지 못한다면 제사에 주인主人이 없어서 일마다 모두 어려움이 생길 것이니, 행할 수 없을 것입니다. 그런데 국법이 송사를 판결할 때 대체로 총부봉사법冢婦奉祀法을 쓰고 있습니다. 중간에 윤언구尹彦久[42]가 대사헌이 되어서 그 법을 고치고자 하기에 제가 윤언구에게 "이 법은 물론 고쳐야 합니다. 다만 경박한 습속은 의리義理가 없어서 장자가 죽어서 육신이 식기도 전에 더러 총부를 내쫓아서 돌아갈 곳이 없는 경우도 있으니, 어떻게 해야 하겠습니까? 그러므로 지금 만약 이 법을 고치고자 한다면 반드시 총부가 돌아갈 곳이 있도록 하는 법을 세운 연후에 가할 것입니다"라고 말했습니다. 윤언구도 그것이 옳다고 여겼는데, 그 이후에 결국 고쳤는지 여부에 대해서는 모르겠습니다.

할머니와 어머니가 살아 계신데도 손자가 제사를 지내는 경우 가묘家廟의 신주神主를 체천遞遷하는지에 대한 의문을 세상 사람들이 많이 가지고 있습니다. 그러나 진실로 이와 같아서 고칠 수 없다고 하면『가례』에서는 대상大祥 하루 전에 무슨 까닭으로 할머니나 어머니가 생존해 계신지를 묻지 않고 곧바로 신주를 고쳐 쓰며 체천하는 예를 행하도록 하였겠습니까?[43] 무릇 소목昭穆의 순서보다 중요한 것이 없으니, 아들이

---

42) 尹春年(1514~1567)은 조선 중기의 문신으로 본관은 坡平이고 자는 彦久이며 호는 學音·滄洲이다. 尹繼謙의 증손으로, 할아버지는 尹琳이고, 아버지는 이조참판 尹安仁이다. 1534년(중종 29) 생원이 되고, 1543년 식년문과에 갑과로 급제하였다. 이조판서를 역임하였고, 1565년 예조판서로 있을 때 소윤 尹元衡이 제거되자 파직당하고 향리에 은거하였다.

43) 참고로『가례』大祥章에 대한 楊復의 주석에서 "『가례』의 祔와 遷은 모두 대상 제사와 같은 때의 일이므로 하루 전에 술과 과일로 아뢴 다음 신주를 고쳐 쓰고 서쪽으로 체천하며, 동쪽의 감실을 하나 비워 새 신주를 기다린다. 이튿날 대상을 마치면 신주를 모셔 사당에 들인다"(家禮祔與遷, 皆祥祭一時之事, 前期一日, 以酒果告訖, 改題遞

나 손자가 이미 제사를 주관하게 되었다면 세대의 변화는 이미 어쩔 수 없는 것입니다. 비록 커다란 슬픔이 있다고 해도 또한 그러한 변화에 따라 바꾸어 체천하지 않을 수 없는 것입니다.

사대부는 삼대三代를 제사 지내는 것이 현재 나라의 법도이므로 본래 마땅히 준수해야 합니다만, 사대四代를 제사 지내는 것 또한 대현大賢이 의리를 따져서 만들어 낸 예이므로 시행할 수 없는 것은 아닙니다. 오늘날 효경孝敬의 마음으로 예를 좋아하는 집안에서는 종종 삼가 그것을 시행하는데, 나라에서 금지하지 않는 바이니 어찌 아름답지 않겠습니까? 다만 그 횟수가 다른 것에 대한 주장은 옛날에는 사당을 각각 하나씩 만들었기 때문에 이와 같을 수 있었지만, 지금은 하나의 당堂 안에서 함께 모시면서 오직 먼 조상의 신주만 높은 자리에 올리는 것은 이치에 어긋나는 바가 많습니다. 어찌하겠습니까?

제사의 의식과 절차 및 찬품饌品 등은 예문禮文을 따르는 것이 마땅하지만 옛날과 지금이 마땅함을 달리하므로 또한 하나하나 예문을 그대로 따를 수 없는 곳이 있으니, 선조들이 행한 바를 따르는 것도 불가할 것은 없어 보입니다. 부녀자가 제사에 참여하는 문제는 그대가 말한 것처럼 하는 것이 매우 좋습니다. 신주神主 옆의 제題를 왼쪽에 하느냐 오른쪽에 하느냐의 문제는 옛날에도 두 가지 주장이 있었습니다. 그러나 저는 『가례』의 주자의 제도나 『대명회전大明會典』44) 및 『국조오례의國朝五禮儀』45)와 지금의 제도가 모두 사람의 왼쪽에 제題를 두니 이제 마땅히

遷而西, 虛東一龕, 以俟新主, 厥明祥祭畢, 奉神主入于祠堂)라고 하였다.

44) 明代 孝宗 때에 칙명을 받들어 편찬한 법전이다. 180권으로 되어 있다.

45) 世宗의 명을 받아 許稠 등이 『五禮儀』 편찬에 착수하고, 世祖 때에 姜希孟 등의 손을 거쳐 成宗 5년에 申叔舟 등이 완성한 禮書 8권을 말한다.

이에 의거해서 써야 할 것이라고 생각합니다.

근래 또한 『염락풍아濂洛風雅』46)를 보니 장남헌張南軒47)의 「무후찬武侯讚」 아래에 주자의 발문跋文을 적었는데, 거기에서 "그 왼쪽에 제한다"라고 되어 있었습니다. 이 또한 분명히 사람의 왼쪽을 가리켜서 말한 것일 터이니 매우 확실한 증거가 아니겠습니까? 【이하 결략】

벼슬을 구하는 데 반드시 과거科擧를 통해서만 하는 것이 아님은 옛사람도 이미 말한 바가 있습니다. 집이 가난하고 부모를 모시려고 녹봉을 위한 벼슬을 하는 것은 성현도 기꺼이 하던 바입니다. 그러나 지금 다른 경로로 벼슬에 들어온 사람에 대해 나라에서도 대우하는 데 커다란 구별을 두고 있으며, 그 사람이 행실도 유독 난잡하여 결국 명절名節을 없애 버린 사람이 많으니 매우 안타깝습니다. 이것은 각자가 스스로 타락하지 않을 수 있는지 여부를 헤아려서 처신해야 할 것입니다. 다른 사람이 어찌 권고하고 말려서 해결할 수 있겠습니까? 호강후胡康侯48)는 "출처에 대해서는 다른 사람과 상의할 수 없다"49)라고 하였는데, 바로

---

46) 중국 元代의 학자인 金履祥이 편집한 시집. 周子와 程子 등 48명의 시를 수록했다.
47) 張栻(1133~1180)의 자는 敬夫이고 호는 南軒이다. 南宋의 관료이자 학자로서 재상을 지낸 張浚이 그의 부친이다. 胡宏을 스승으로 모셨으며, 朱熹, 呂祖謙과 함께 東南三賢으로 일컬어졌다. 호굉의 학문을 전수하여 이른바 湖湘學派를 이끄는 영수가 되었고, 특히 中和 문제나 敬에 관해 주자와 자주 논쟁을 벌여 주자의 학문에 많은 영향을 주었다.
48) 胡安國(1074~1138)은 송대의 학자이자 관료로서 벼슬은 太學博士를 지냈다. 자는 康侯, 호는 靑山 또는 武夷先生이다. 벼슬에서 물러나 衡陽 南嶽에 거주하며 修身을 위한 학문을 바탕으로 經世致用을 주장하였는데, 특히 『春秋』에 정통하였다. 저서로 『春秋傳』이 유명하다. 시호가 文定이기 때문에 胡文定公이라고도 한다.
49) 胡安國의 말인지 불분명하다. 참고로 『宋元學案』 권43에 "무릇 배우는 이가 經術을 연구하는 것과 의리를 논하는 것에서는 남에게 물을 수 있지만, 출처에 관해서는 남과 의론할 수 없다"(凡學者治經術, 商論義理, 可以問人. 至于出處, 不可與人商量)라는 내용이 있다. 이 말은 胡籍溪의 언급인데, 그는 호안국의 조카이자 朱子의 스승 가운

이것을 가리킵니다.

'일 벌이기를 좋아하여 조용히 있지 못하는 습관'이나 '이상한 것을 내세워서 명성을 구하는 병통'이란 말로써 세상 사람들은 배우는 이들을 비난하지만, 세상은 본래 험난한 것입니다. 그런데 오늘날 이른바 학문에 뜻을 둔 사람들을 자세히 보면, 학문에 아직 얻은 바가 없는데 벌써 이러한 습관과 병통에 빠진 사람이 과연 많이 있으니, 정말로 후생後生이 절실하게 경계해야 할 바입니다. 그러나 어찌 이러한 것을 징계한다면서 유행과 더러움을 함께하고자 한단 말입니까?

소강절邵康節의 타괴법문打乖法門[50]은 이미 사법師法이 되기에는 어렵고, 이연평李延平[51]의 세상과 단절하고 정좌靜坐하는 것도 만약 그것만을 표준으로 삼는다면 또한 한쪽으로 치우치는 폐단으로 흐를 것입니다. 오직 모든 환잡을 쓸어 없애고 전일한 마음으로 박문약례博文約禮의 가르침과 충신독경忠信篤敬의 교훈을 오로지 지켜서 절제하고 스스로를 다스릴 수 있다면 그로써 공경함이 승리하게 될 터인데 어찌 태만함이 승리할까 걱정하겠습니까? 그리고 능히 순수하고 원숙한 경지에 들어간다면 그로써 덕德에 들어갈 수 있을 터인데 어찌 패덕悖德에 빠진다고 하겠습니까? 오직 힘쓰는 데 달려 있을 뿐이니, 자신을 다스리고 세상에 처하는 방법에 있어서 안배하고 따지는 것을 기다리지 않고서도 자

데 한 명이다.

50) 打乖는 세상과 어그러지는 일을 한다는 뜻으로, 邵雍의 「安樂窩中好打乖吟」이란 시에 나온다. 소옹이 이 시에서 자신이 세상과 어긋나는 삶을 살면서 유유자적한다는 뜻을 드러냈다.

51) 李侗(1093~1163)의 자는 願中이고 호는 延平이며 시호는 文靖이다. 주희의 스승 가운데 한 사람으로 二程의 학문이 주희에게 이어지는 교량 역할을 하였다. 연평과 주희의 문답을 엮은 『延平答問』이 전한다.

연스럽게 중절中節을 얻게 되어 한쪽으로 치우치는 데 떨어지지 않을 것입니다.

정명도程明道가 말하길 "자제들이 온갖 것에 탐닉하는 것은 의지를 잃게 만드니, 글씨를 쓰는 일이라도 굳이 잘 쓰려고 의도하지 않는다"[52]라고 하였으니, 잡다한 재예才藝에 관심을 두는 것이 옳지 않음을 알 수 있습니다. 그러나 "예藝에서 노닌다"[53]라는 말은 성인의 가르침에서 나왔으니 완전히 금지할 것만은 아니고, 거기에 몰두하고 집착하는 것이 문제가 된다는 점을 의식할 뿐입니다. 주회암朱晦庵이 진부중陳膚仲[54]에게 타이르되 "집안일이 쌓여 있는 것을 공부의 실질적 장소로 삼아라"[55]라고 하였고, 범백숭范伯崇[56]을 경계하여 "관청의 일이 번거로우면 틈날 때 수렴하고 성찰한다"[57]라고 하였으니, 큰 근본을 세울 수 있으면 세상일로 학업을 그만두더라도 나쁘다고 할 수 없음을 알 수 있습니다. 진실로 때와 일에 맞게 공부를 그치지 않으면 세상사가 비록 많아도 공부하는 장소가 아님이 없을 것입니다.

독서는 진실로 약례約禮로 돌아와야 하는 것이니, 편지에서 하신 말씀은 대체로 옳다고 하겠지만 그것을 실천하기는 간혹 쉽지 않을 것

---

52) 『二程遺書』 권1에서 "자제들이 온갖 것에 탐닉하면 의지를 상실하게 된다. 예컨대 書札은 유학자에게 가장 친근한 일거리 가운데 하나이지만 거기에만 탐닉한다면 역시 의지를 잃고 만다"(子弟凡百玩好皆奪志. 至於書札, 於儒者事最近, 然一向好著, 亦自喪志)라고 하였다.

53) 『論語』 「述而」에서 "道에 뜻을 두고, 德에 토대를 두며, 仁에 의지하고, 藝의 세계에서 노닌다"(志於道, 據於德, 依於仁, 游於藝)라고 하였다.

54) 陳孔碩(?~?)은 宋代의 관료이자 학자이다. 자는 膚仲 호는 北山이다. 朱熹와 함께 經學을 논의했으며, 저술로 『北山集』과 『庸學講錄』 등이 있다.

55) 『朱子文集』 권49, 「答陳膚仲」에 있는 내용이다.

56) 范念德(?~?)의 자는 伯崇이고 주자의 제자이다.

57) 『朱子文集』 권39, 「答范伯崇」에 있는 내용이다.

같습니다. "책은 모름지기 암송해야 한다"[58]라는 말은 장횡거張橫渠의 격언입니다. 일전에 저도 주위 사람들에게 비슷한 말을 했는데, 천하의 모든 책을 다 외우려고 해야 한다는 뜻은 아닐 것입니다. 성현의 글 가운데 나의 공부에 간절한 것은 외워야 하겠지만, 외우는 것도 또한 오늘날 과거에 응시하는 자가 입술이 썩고 이빨이 빠질 지경으로 하는 것과는 같지 않을 것입니다.

한천정사寒泉精舍[59]의 제도는 어떠한지에 대해 잘 알지는 못하겠지만 회암晦庵 선생은 매번 분암墳庵이라 일컬었으니 창주정사滄洲精舍[60]가 오로지 강학하기 위해서 설립된 것과는 다름이 분명합니다. 하물며 창주정사에서 석전釋奠의 예를 거행한 것은 선생이 만년에 도통道統의 전승을 부득이하게 자임했기 때문이니, 이러한 예를 거행하면서도 의심하지 않았던 것입니다. 만약 보통 사람이 이를 따라한다면 이는 크게 어리석거나 아니면 크게 황당한 짓일 것입니다. 그날 선성先聖께 참배한 것은 비록 석전의 예와 비할 바는 아니겠지만, 또한 함부로 해서는 안 되는 일 같습니다. 근래 매번 이 일에 뜻을 두고 있지만, 감히 행하지 못했습니다. 이러한 일은 남들과 논의하기 쉽지 않은 것입니다.

---

58) 張橫渠가 일찍이 "글은 모름지기 암송해야 하고, 정밀하게 생각함은 대부분 밤중이나 혹 조용히 앉았을 때 깨달음이 있는 것이다. 기억을 못하면 생각이 일어나지 않으니, 다만 큰 근원을 관통하고 난 뒤에 글도 쉽게 기억이 되는 것이다"(書須成誦, 精思多在夜中或靜坐得之. 不記則思不起, 但通貫得大原後, 書亦易記)라고 하였다. 장횡거의 『經學理窟』에 보이며, 『近思錄』에도 수록되어 있다.

59) 주희가 40세 무렵 모친 祝夫人의 상을 당했을 때, 建陽縣 崇泰里에 장사 지내고, 묘소에서 가까운 곳에 寒泉精舍를 지어 머물면서 居喪하였고, 이후 講學 공간으로 활용하였다.

60) 주자는 1194년에 福建省 建陽縣 考亭 부근에 竹林精舍를 지었는데, 이후 이름을 滄洲精舍라고 고치고, 강학 활동의 장소로 삼았다.

늙은이가 여러 질환이 있어서 눈은 어둡고 정신도 혼미하여 문자 사이의 번잡한 것을 견디지 못합니다. 심부름 온 사람을 오래 머무르게 할 수 없고, 편지의 내용도 많아서 혼자 힘으로 하루의 낮과 밤 사이에 답장을 쓰고 보니 말은 여러모로 비루하고 소략하며, 글자는 거칩니다. 미루어 살펴 주신다면 다행이겠습니다.

별지別紙[61]

편지 가운데 생각이 미진한 부분이 있어서 다시 여기에 대략 적습니다. '소탄疎誕' 두 글자는 무슨 뜻인지 모르겠습니다. 다시 그대의 주변에 돌려 보냅니다. 처음에는 매우 괴이하게 생각되었는데, 자세히 편지를 보니 비록 실제로 그대의 성품이 소탄하다고 할 수는 없겠지만, 그래도 비슷한 구석이 없지는 않습니다. 아마 해롭지 않다고 여겨서 고치려는 방책을 생각하지 않는다면 옳지 않을 것입니다.

무릇 일전에 주변의 뜻과 기상을 살펴보니, 자못 격앙하여 오르내리는 바가 많으니, 이는 물론 위축되고 풀이 죽어 있는 것보다는 나을 것입니다. 그러나 만약 이를 믿고 자부하여 남들은 나보다 못하다고 생각한다면, 반드시 뽐내고 방종하여 규율을 따르지 않고, 또 오만하면서 세상을 가볍게

---

61) 別紙. 書中, 意有未盡, 復略布於此. 疎誕二字, 不知何故, 奉歸於左右. 初甚怪之, 及細看來諭, 雖不可謂實爲疎誕, 然不無有近似者. 恐不當以爲不害而不思矯揉之方也. 大抵向見左右志氣, 頗多激昂軒輊, 激昂軒輊, 固勝於委靡頹塌. 然苟恃此自負而謂人之莫己若也, 則必至於矜豪縱肆, 不循軌度, 傲物輕世, 其行於世也, 有無限病痛. 悔吝而猶不知自反, 又不肯遜志屈首, 密切敦厚, 加工於此學, 則無以變化其一偏之弊習. 此疎誕二字, 所以作祟於平素而不可解也, 是以, 古之君子, 不以激昂軒輊爲貴, 有此志氣, 而積功於義理之學, 能消磨了血氣之偏弊者, 斯爲可尙也已, 不知能留意否. 狂妄之言, 發之無端, 悚息悚息. 送來紙絹空帖, 欲令一一書還. 向者, 果不計鹵拙, 或作無益之伎倆, 今老病劇矣. 求者不勝其煩, 甚非老者安之之道. 盈箱溢架, 勢將皆歸於空返. 或恐以盛囑, 亦有不能盡如戒者, 奈何. 且千里程途, 如欲寄書, 託人可傳, 而乃如此專伻遠來, 勞弊空還, 亦覺多事, 未安於懷. 朱子書得見否. 如欲爲學, 莫切於此.

여기게 될 것이니, 세상을 살아감에 있어서 무한한 병통을 낳을 것입니다. 과오를 범하면서도 여전히 스스로 반성할 줄 모르고, 또 겸손한 마음으로 머리를 숙이며 간절하고 돈독한 태도로 이 학문에 노력을 가하지 않는다면, 한쪽으로 치우친 폐습弊習을 변화시킬 수 없을 것입니다. 이것이 '소탄' 두 글자가 평소에 빌미를 만들어 문제를 풀지 못한 까닭입니다. 그러므로 옛날의 군자는 격앙하여 오르내리는 것을 귀하게 여기지 않고, 이러한 뜻과 기운을 지니고 있어도 의리의 학문에 노력을 쌓아 혈기로 치우친 폐단을 해소했던 것입니다. 이는 숭상해야 할 태도이니, 유념하고 계신지 모르겠습니다. 멋대로 내뱉는 말을 두서없이 내뱉고 있으니 두렵습니다.

보내온 지초紙綃와 공첩空帖은 하나하나 적어 두고 돌려보내고자 합니다. 일전에 졸렬함을 생각하지 않고 더러 무익한 기량을 부리기도 했지만 이젠 늙고 병환도 심합니다. 구한다고 해도 번거로움을 감당하지 못하니 이 늙은이가 편안하게 여기는 도가 아닙니다. 상자에 가득하고 시렁에 넘치니 모두 그냥 돌려보내야 할 형편입니다. 설령 정성스러운 부탁이라고 해도 그대로 다할 수 없을 터이니 어쩌겠습니까? 아득히 먼 거리에 편지를 부치려면 인편에 부탁하여 전할 수도 있겠지만 이렇게 특별히 하인을 멀리 보내 수고만 하고 빈손으로 돌려보내니 마음이 편안하지 않습니다. 『주자서朱子書』는 보았습니까? 학문을 하고자 한다면 이것보다 요긴한 것이 없습니다.

‖ **학천선생유집**鶴川先生遺集

【해제】

『학천선생유집』은 조선 중기 문신이자 학자인 이봉춘李逢春(1542~
1625)의 문집이다. 이봉춘의 호는 학천鶴川이고 자는 근회根晦이며 본관은
진성眞城이다. 그의 증조부는 이훈李熏이고 조부는 이한李漢이다. 부친은
이희성李希聖이고 모친은 양근김씨楊根金氏로 어모장군禦侮將軍 김세필金世
弼의 따님이다. 부인은 김진金璡의 따님으로 학봉鶴峰 김성일金誠一과 남매
지간이다.

이봉춘은 경상도 안동부安東府 일직현一直縣에서 태어났다. 그는 퇴계
선생의 족종손으로서, 일찍부터 퇴계 선생 문하에서 공부하였다. 그는
18세 때 어머니를 잃었고, 40세 때 아버지를 잃었는데, 비록 35세 때 문
과에 급제했으나, 병고에 시달리던 아버지를 돌보느라 관직에 머무는
기간은 길지 않았다. 아버지를 여읜 뒤에도 벼슬살이에 적극적으로 나
서지 않았으며, 만년에는 향리에서 후진을 가르치는 데 힘썼다. 84세로
세상을 떠났으며, 용암사龍巖祠에 배향되었다.

『학천선생유집』은 소략한 문집으로, 두 권으로 구성되어 있다. 서두
에는 이광정李光靖(1714~1789)의 「서문」과 「세계도世系圖」가 포함되어 있
고, 권1에는 시가, 권2에는 편지와 제문 및 부록이 수록되어 있다. 이광
정의 「서문」에서는 품행이 바르고 세속의 명리에 초연했던 이봉춘의

면모를 드러내고 있다. 권1에는 백여 수의 시가 수록되어 있는데, 류성룡柳成龍, 구봉령具鳳齡, 정구鄭逑 등과의 교유 관계가 드러나며, 자연을 읊으며 달관한 심정을 토로한 시도 다수 눈에 띈다. 권2에는 세 통의 편지와 네 편의 제문 및 부록이 수록되어 있다. 편지 가운데에는 김성일金誠一에게 보낸 것이 눈에 띄고, 제문은 권대기權大器, 류성룡, 정사성鄭士誠 등에 대한 것이다. 부록은 「묘갈명」, 「도산급문록陶山及門錄」, 「퇴도선생수간退陶先生手柬」을 포함하고 있다.

1. 학천 선생의 일생: 「묘갈명」[1)]

공의 휘는 봉춘逢春이고 자는 근회根晦이며 성은 이씨李氏이다. 그의 선조는 진보眞寶 사람으로, 시조의 휘는 석碩이고 고을의 아전으로서 생원시에 합격하였다. 그는 자수子修를 낳았는데 관직이 판전의사사에 이르렀고 송안군松安君에 봉해졌다. 그의 아들은 군기부정에 이르렀으니 휘는 운후云侯이다. 그 아들은 선산부사를 지냈는데 휘가 정禎이다.[2)] 그 아들은 인동현감을 지냈는데 휘가 우양遇陽이니 대대로 관직을 이어받았다. 고조부는 휘가 철손哲孫이고, 증조부는 휘가 훈壎이며, 조부는 휘가 한漢이고, 부친은 휘가 희성希聖인데, 이들은 모두 덕을 감추고 벼슬에

---

1) 『鶴川先生遺集』, 권2, 附錄, 「墓碣銘【并序】」, "公諱逢春, 字根晦, 姓李氏. 其先眞寶人, 始祖諱碩, 縣吏中生員, 是生諱子修, 官至判典儀寺事, 封松安君. 其後有軍器副正, 諱云侯. 善山府使, 諱禎. 仁同縣監, 諱遇陽, 世襲衣冠. 高祖諱哲孫, 曾祖諱壎, 祖諱漢, 考諱希聖, 皆隱德不仕. 妣楊根金氏, 益城君以鏗之孫, 禦侮將軍世弼之女. 公生於嘉靖壬寅, 卒於天啟乙丑, 享年八十四. 自幼重厚慤實如成人. 年十八丁內憂, 克盡情文. 服闋後文藝大振, 士林咸推許. 丙子擢文科, 選補成均館, 由學諭至典籍. 公之先府君, 夙嬰疾病, 一生以鍼藥爲命. 公侍湯之故, 不暇仕進. 辛巳歲先府君下世, 終其喪則忽忽無意於宦遊, 斂迹田間, 若將終身. 蓋公早登溪門, 習聞緖論, 不屑名韁, 固有所受之也. 久而起廢, 調刑部員外, 出補盈德縣, 以疾未赴. 嘗曰, 吾性坦疎, 與世齟齬, 林壑是吾分. 苟合則吾不爲也. 在京師一未嘗造詣公卿間, 以此少援而多擠, 公怡然不介於意. 歲癸巳, 行朝未返, 嶺伯韓公孝純以公, 權守新寧醴泉大丘等邑, 或赴或不赴. 其在醴也. 小吏以印假封白, 公卽成一絶云, 印亦假封官亦假, 人長飢立馬長飢, 臨民不必論眞假, 賑貸推誠不假爲, 雖一時偶吟而實濟活赤心之所發也. 晩節, 又入國子爲直講. 時宰以耆老久次合辭, 將叙右而公自知不耦於世, 卽棄官歸鄕里, 惟以訓誨後進爲事. 每遇佳境輒觴詠自遣. 鶴髮韶顔望之若神仙焉. 平生不立異以自高, 不隨俗以自汚. 篤於孝友, 謹於喪祭, 至於營爲則大小不入於心. 年老而窮益甚, 晏如也. 公娶聞韶金氏, 生員贈判書璡之女. 性淑愼, 奉先接下, 各盡其道, 宗族慕悅之. 先公二十年而卒, 享年六十四, 公及淑人俱窆于府東牛嶧山午向之麓, 同原而異室也. 有一男一女, 男敬遵, 進士, 女權詹忠義, 側室, 子三瞻遵學官, 晩遵益遵. 進士, 四男一女, 男長曰爾樟, 生進俱. 中次二人, 未娶而夭, 季曰爾椅. 女幼學權貴達. 側室, 男爾樬. 忠義一男三女, 男曰拯, 女皆嫁爲士人妻, 安柟, 全厚耉, 金启亨, 三人也. 學官之弟二人各有子而幼曾玄孫男女蕃衍不可勝載. 銘曰, 朝署遺賢, 誰執其咎. 位不滿德, 責報于後. 傳家儒素, 種學續文. 旣啬其始, 長裕于昆. 鬱鬱佳城, 惟洛之滸. 兩美連塋, 永保來許. 從孫通訓大夫行豐基郡守爾松撰."
2) 참고로 여기서 말하는 云侯는 퇴계 선생의 고조부이고, 禎은 증조부이다.

나아가지 않았다. 모친은 양근김씨楊根金氏로 익성군益城君 김이갱金以鏗의 손녀이며, 어모장군 김세필金世弼의 따님이다. 공은 가정嘉靖 임인년(1542)에 태어났고 천계天啓 을축년(1625)에 세상을 떠났으니 향년 84세이다.

공은 어려서부터 중후하고 성실한 것이 어른과 다르지 않았다. 18세에 모친상을 당했는데, 정성과 예절을 다하였다. 상복을 벗은 후에는 글재주를 크게 떨쳤는데, 사림士林에서 모두 인정하고 칭찬하였다. 병자년(1576)에 문과에 급제하여 성균관成均館에 선발되었는데 벼슬은 학유에서 전적에 이르렀다. 공의 부친은 일찍부터 병에 걸려 평생 침과 약으로 생명을 유지했으니, 공은 부친을 곁에서 돌보느라 벼슬에 나아갈 여력이 없었다. 신사년(1581)에 부친이 세상을 떠났지만 상喪을 마치고도 홀연히 벼슬살이에 뜻을 두지 않았고, 전야田野에서 종적을 감춘 채 여생을 마치려는 태도를 취했다. 공은 일찍부터 퇴계 선생의 문하에 들어가 서론緖論을 익히고 들으면서 명리名利의 굴레를 달갑게 여기지 않았으니, 본래 퇴계 문하에서 얻은 바가 있었기 때문이다.

한참 후에 다시 등용되어 형부원외에 임명되었고 영덕현盈德縣에 보직되었으나 병으로 부임하지 않았다. 일찍이 말하길 "내 성품은 거칠고 소탈하여 세상과 잘 어울리지 않으니, 숲과 골짜기에 거처하는 것이 나의 분수에 맞다. 구차하게 영합하는 행동을 나는 하지 않겠다"라고 하였다.

공은 서울에 있을 때 한 번도 공경公卿의 주변에 나아가지 않았다. 그 때문에 도움을 주는 사람도 없었고 많은 배척을 받았지만 개의치 않고 의연하였다. 계사년(1593)에 아직 어가御駕가 돌아오지 않았을 때, 영백嶺伯 한효순韓孝純3)이 공으로 하여금 신령, 예천, 대구 등의 읍지에서 임시로 수령을 맡게 하였는데, 공은 부임하기도 하고 부임하지 않기도 하였다. 공이 예천에 있을 때 말단 관리가 도장을 거짓으로 찍어서 아뢰니, 공이 즉시 시 한 수를 지어서 말하길 "도장을 빌리면 관직도 역시 빌릴 수 있거늘, 사람들은 오랫동안 굶주렸고 말도 마찬가지이네. 백성들 앞에서 진짜와 가짜를 논할 필요가 없으니, 사람들 구제하는 것에 거짓 없이 성실함을 다하게나"라고 하였다. 이는 비록 일시적으로 어쩌다 옳은 것이지만 실로 사람들을 살리고자 하는 내면의 마음이 표현된 것이다.

만년에는 국자감國子監에 들어가 직강直講이 되었다. 당시의 재상이 원로로서 오래 머물렀다 하여 함께 상소를 올리고자 하였고, 공에게 관직을 주려고 하였는데, 공은 스스로 시대에 적합하지 않음을 깨닫고 관직을 버리고 향리로 돌아가 오직 후진을 양성하는 데 전념했다. 매번 아름다운 경치를 만나면 술잔을 들고 읊으면서 자신을 위로하였다. 학鶴과 같은 흰머리에 생기 넘치는 얼굴이 마치 신선과 같았다. 평생 기이한 것을 내세워 우쭐하지 않았고, 세속을 따라서 자신을 더럽히지 않았다. 효성과 우애가 두터웠고, 상례와 제례 때에는 근엄하였으며, 현실적 이득은 크건 작건 마음에 두지 않았다. 나이가 들수록 가난이 심해졌는데도 편안하게 생각하였다.

---

3) 韓孝純(1543~1621)의 자는 勉叔이고 호는 月灘이다. 1568년 생원이 되고, 1576년 식년문과 병과로 급제하였다. 임진왜란 당시에 전라도관찰사 등을 역임하면서 지역의 방비와 군량조달 등에 공을 세웠다. 이후 이조판서, 우의정, 좌의정 등을 역임하였으며, 1621년(광해군 13)에 판중추부사로 세상을 떠났다. 인조반정 후 폐모론에 가담한 죄로 관직이 추탈되었으며, 1908년에 신원되었다. 저서로 『神器秘訣』, 『陣設』 등이 있다.

공은 문소김씨閒韶金氏를 아내로 맞이했는데, 생원이자 판서에 추증된 김진金璡의 따님이다. 성품은 정숙하며 윗사람을 받들고 아랫사람을 대하는 데 도리를 다했으니, 집안사람들이 흠모하고 기뻐했다. 공보다 20년 먼저 세상을 떠났으니 향년 64세이다. 공과 부인 모두 부府의 동쪽 우역산牛嶧山 기슭 오향午向 방위에 장사지냈는데, 묘역은 같았고 묘실은 달랐다.

공은 1남 1녀를 두었는데 아들 경준敬遵은 진사이고, 딸은 충의위 권첨權詹에게 시집갔다. 측실에서 난 아들이 셋인데, 학관 첨준瞻遵과 만준晩遵 및 익준益遵이 있다. 진사에게는 4남 1녀가 있는데 장남은 이장爾樟으로 생원과 진사시에 모두 합격하였다. 그 아래 두 아들은 결혼도 하기 전에 요절하였고, 막내는 이의爾椅이다. 딸은 유학幼學 권귀달權貴達에게 시집갔다. 측실에게서 난 아들로 이수爾綬가 있다. 충의는 1남 3녀를 두었는데 아들은 증拯이고, 딸은 모두 시집가서 사인士人의 아내가 되었으니, 안우安楀, 전후구全厚耉, 김계형金啓亨 세 사람이다. 학관의 동생 두 사람에게도 각기 아들이 있지만 나이가 어리며, 증손, 현손 남녀는 매우 많아서 모두 적을 수 없다.

명銘에서 말하였다. 조정이나 어진 이들 가운데 누가 그의 허물을 잡을 것인가? 지위가 덕에 충분히 맞지 않았으니 후세에 보답이 있어야만 하리. 대대로 선비의 바탕을 이어서 학문을 심고 문덕文德을 이었다네. 처음에는 인색함이 있었지만, 후세에는 오래도록 넉넉할 것이네. 깊고 깊은 무덤이 낙동강 옆에 있다네. 두 아름다운 무덤을 영원히 보전하여 주기를 바라노라.

종손 통훈대부通訓大夫 풍기군수豊基郡守 이이송李爾松4)이 쓰다.

2. 「학천선생유집 서문」[5]

학천鶴川 이공李公이 세상을 떠난 지 이백여 년이 지났는데, 그 후손

---

4) 李爾松(1598~1665)의 본관은 眞寶이고 자는 壽翁이며 호는 開谷이다. 의성 출신이다.
   李希聖의 증손으로, 조부는 李得春이고, 부친은 종묘서직장 李義遵이며 모친은 豊山金
   氏로 현감 金大賢의 딸이다. 金應祖의 문인이다. 1635년 증광문과에 갑과로 급제하여
   성균관전적에 제수되었다. 이어서 공조좌랑·예조좌랑·병조좌랑·성균관직강·예
   조정랑·춘추관기주관·병조정랑을 거쳐 1643년 함평현감으로 나갔다가, 1647년 다
   시 내직으로 들어와 형조정랑을 제수받았다. 그 뒤 풍기군수로 나가서는 어떤 호족
   의 모함으로 파면되었다가, 1652년에 다시 예조정랑으로 서용되었으나 이듬해에 아
   버지의 상을 당하였다. 喪期를 마치고 나서는 벼슬길을 단념하고 靑城山에 들어가
   洛皐草堂을 짓고 학문을 닦았다. 1656년에 부름을 받고 나가 성균관전적을 거쳐, 통
   례원상례에 올랐으나 사양하였다. 1665년 예빈시정에 제수되어 肅拜를 나갔다가 서
   울 객관에서 죽었다. 성품이 강직하고 청렴하여 예조정랑으로 있을 때에는 정랑의
   신분으로서 인조가 內苑에 別殿을 지으려는 것을 끝까지 만류하였고, 함평·풍기의
   외직에 있을 때에는 고을 백성들에게 칭송을 들었다. 저서로는 『開谷文集』이 있다.
5) 『鶴川先生遺集』, 「序」, "鶴川李公旣歿二百餘年, 其後孫春恒宗洙以遺文一帙來示余, 且曰,
   先祖位不達, 著述止此, 懼其又湮沒而無傳, 重爲子孫之不幸. 往年蓋嘗託於大山先生, 讎校而
   將序之, 未及而今不幸矣, 今而屬吾子. 余辭以非人而不得, 則且告之曰. 士之尙論, 非徒誦讀
   其詩書, 而又必先論其平生行事好惡趨嚮之如何耳, 是以孟子又必曰論其世也. 蓋當考亭講道之
   日, 士之生於是時, 何其幸也. 而文章氣槩如陸放翁, 英偉辯博如陳龍川, 猶自處於繩約之外,
   不樂聞儒賢禮法之論, 況其餘子紛紛過門而不入者乎. 陶山卽海東之考亭也, 士之生於是時, 又
   何其幸也. 而一時自好之徒, 往往不屑於函丈之間, 其能登門請益, 終始靡解, 日親乎仁義道德
   之輝光, 則雖其才地有高下, 觀感有淺深, 德業有大小, 而要之皆聖人之徒也. 若吾鶴川李公,
   以退陶先生之族子, 蚤得所依歸, 贏糧負笈, 執經承誨, 惜其當日講授次第, 今無以考其一二.
   獨有師門寂寥手簡及與人書, 稱某與金士純兄弟來寓陶山等數語而已. 然當是時也, 上有嚴師,
   下有畏友, 進而受薰陶之化, 退而被切磋之益, 以聰穎之資, 而加好學之工, 以篤實之力, 而磨歲
   月之久, 則其見聞之高明, 造履之敦篤, 固自超然於俗學之外矣. 遊於匠石之園, 擧皆規矩之內
   也, 從乎夷羿之圃, 盡是彀率之中也, 學乎安定之門, 言談擧止, 不問而可知也. 夷考其可見之
   行, 則居家孝友, 及物忠信. 妙年釋褐, 進塗方闊, 而枘鑿寡合, 安乎守拙, 位止於郞潛郡紱之間
   而不悔也. 方假守襄陽也, 題中假封一絶云, 臨民不必論眞假, 賑貸推誠不假爲. 卽此一時謾詠,
   其誠心濟物之意, 藹然於篇章言句之外. 推此志也, 豈止於一郡一縣之間而已哉. 迺不得少展於
   當世, 而斂然退藏於溪庄樵社寂寞之濱, 用詩書訓後進, 每遇佳辰令節, 或扁舟或理屐, 徜徉觴
   詠, 以極其風流蕭散之趣, 而人之望之若神仙焉者八十餘年. 若公者豈非先辦得好惡趨嚮之正,
   而深有得於師門低頭退步幽貞坦夷之訓, 能若是乎. 公之諸子諸孫, 不墜家聲, 至今多兟兟之盛
   意者, 公篤行之效, 不食之報, 愈久而愈長也. 遂撮其平生大體而論之, 若其詩韻之淸亮雅健,
   有不待言而著, 亦是公之餘事也. 上之七年癸卯四月日韓山李光靖謹序."

춘항春恒6)과 종수宗洙7)가 유문遺文 한 질을 가지고 와서 나에게 보여 주었다. 그러면서 말하길 "선조께서 지위가 영달하지 못했고, 저술하신 것도 여기에 그쳤습니다만, 그것조차 흔적 없이 사라져 전승되지 못해 거듭 자손의 불행이 되지 않을까 두렵습니다. 일전에 대산大山 선생8)께 부탁을 드려서 교정을 보고 서문을 붙이려고 하였지만, 이루지 못하고 지금의 불행에 이르게 되었으니, 이제 어른께 부탁드리고자 합니다"라고 하였다. 나는 적합한 사람이 아니라고 여겨 사양했지만, 끝까지 거절하지 못하여 일단 다음과 같이 고한다.

선비가 옛 인물을 논함에 그 시를 외우고 글을 읽을 뿐 아니라, 반드시 그 평생의 행실과 호오好惡 및 지향이 어떠한지를 논하니, 그리하여 맹자 또한 "그 시대를 논한다"9)라고 말하였다. 대개 고정考亭 선생10)이 도를 강론할 때를 맞이하여, 선비가 그 무렵에 태어났다면 얼마나 좋았

---

6) 李春恒(1719~1791)의 자는 國芳이다. 안동의 일직면 출신이다.
7) 李宗洙(1722~1797)의 본관은 眞城이고 자는 學甫이며 호는 后山이다. 大山 李象靖과 小山 李光靖 형제를 스승으로 섬기면서 스스로 后山이라 불렀다고 한다. 金宗德, 柳長源과 함께 湖門三老라고 불리었다. 저서로는 『近思錄語類輯錄』 · 『感興註解』 · 『退溪詩集箚疑』 등이 있다.
8) 李象靖(1711~1781)의 자는 景文이고 호는 大山이며 본관은 韓山이다. 시호는 文敬이다. 1735년(영조 11)에 증광문과에 급제하여 연원찰방과 연일현감 등을 역임하였다. 정언 · 예조참의 · 형조참의 등에 임명되었으나 모두 사양하고 안동 지역에서 강학에 힘써 퇴계의 학풍을 크게 진작시켰으며 그리하여 당세의 宗師로 일컬어졌다. 문집으로 『大山集』이 있다.
9) 『孟子』 「萬章下」에서 "천하의 훌륭한 선비와 벗하는 것으로도 만족하지 못하면, 또 위로 거슬러 올라가 옛사람을 논구한다. 그의 詩를 외우고 그의 글을 읽으면서도 그의 인물됨을 알지 못한다면 되겠는가? 이 때문에 그의 그 시대를 논구하는 것이다. 이것이 바로 위로 거슬러 올라가 옛사람과 벗하는 일이다"(以友天下之善士爲未足, 又尙論古之人. 頌其詩, 讀其書, 不知其人, 可乎? 是以論其世也, 是尙友也)라고 하였다.
10) 考亭은 朱熹를 가리킨다. 考亭은 주자가 만년에 거처했던 곳으로, 1192년에 이곳에 考亭書院을 짓고 학문을 강론했다.

겠는가? 그러나 문장과 기개가 육방옹陸放翁[11]과 같고, 탁월함과 박식함이 진용천陳龍川[12]과 같아도 오히려 법도 바깥에 스스로를 두고, 현명한 유학자의 예법에 관한 논의를 듣는 것을 즐거워하지 않았으니, 하물며 그 밖의 사람들, 즉 분분하게 집 앞을 오가면서도 들어오지 않는 사람들이야 말할 필요가 있겠는가? 퇴계 선생은 해동海東의 주자朱子이니, 선비가 그 시대에 태어났다면 얼마나 큰 행운이겠는가? 그러나 그 시절 자호自好하는[13] 자들은 종종 선생에게 찾아오는 것을 달갑게 여기지 않았으니, 능히 문하에 나아가 가르침을 청하길 시종 게을리하지 않고, 날마다 인의와 도덕의 광휘를 가까이할 수 있었다면 비록 그 재능에 높고 낮음이 있고, 느끼고 살핌에 깊고 얕음이 있으며, 덕업에 크고 작음이 있다고 해도, 결국에는 모두 성인의 무리일 것이다.

우리 학천 이공과 같은 분은 퇴계 선생의 족종손으로, 일찍부터 귀의할 바를 얻어서 양식과 책 상자를 짊어지고 찾아와 경전을 붙잡고 가르침을 받았다. 그러나 당시에 수업을 받은 차례에 대해 지금에 와서 그 일부라도 고찰해 볼 수 없는 것이 애석하다. 다만 스승 문하의 쓸쓸

---

11) 陸游(1125~1209)는 南宋의 시인이다. 자는 務觀이고 호는 放翁이다. 그의 시는 나라의 상황을 개탄한 시나 전원의 한적한 생활을 주제로 한 것이 많다. 벼슬길이 여의치 못하였으나, 정치적으로는 主和派와 대립하는 主戰論을 주장하였으며, 이 점에서는 주자와 같은 노선을 취했다. 저술에 『劍南詩稿』가 있다.

12) 陳亮(1143~1194)은 南宋의 婺州 永康 사람이다. 자는 同甫이고 학자들은 龍川先生이라 불렀다. 재주와 기상이 뛰어났고, 군사에 대해 논하기를 즐겼으며, 당시의 국제 정세와 관련하여 主戰派의 입장을 견지했다. 사람들의 시기를 받아 수차례 투옥되었지만 의기가 꺾이지 않았다. 1193년 進士가 되었지만 얼마 지나지 않아 세상을 떠났다. 永康學派를 창립하여 공리적인 성취와 실용적인 학문을 강조했다. 朱熹와 친밀했으나 학문적으로는 王道와 霸道 관련 논쟁을 벌이며 대립했다. 저서에 『龍川文集』이 있다.

13) 自好란 현명한 덕은 없지만 자신의 몸가짐을 깨끗하게 지닐 줄 아는 향리의 사람을 뜻한다. 『孟子』 「萬章上」에 용례가 있다.

한 수간手簡[14]과 어떤 사람에게 보낸 편지에 아무개와 김사순金士純 형제가 도산서당에 와서 지내고 있다는 등 몇 마디 말이 기록되어 있을 뿐이다. 그러나 당시에 위로는 엄한 스승이 있었고, 아래로는 경외하는 벗이 있어서, 나아가서는 훈도의 교화를 받고 물러나서는 절차탁마의 도움을 받았으니, 총명한 자질로 학문을 좋아하는 공력을 발휘하고, 독실한 노력으로 갈고닦는 세월을 길게 가져갔다면, 그의 견문의 고명함과 조예의 독실함이 진실로 속학俗學의 바깥에서 초연했을 것이다.

뛰어난 장인匠人의 동산에서 놀면 모든 물건이 규구規矩를 벗어나지 않을 것이고, 활쏘기 명수의 밭에서 지내면 모든 기술이 활쏘기의 법도에 맞을 것이며, 호안정胡安定[15]의 문하에서 배우면 언론과 행동을 물어보지 않아도 알 수 있을 것이다. 살펴볼 수 있는 행실을 고찰해 보면, 집안에서는 효도와 우애를 구비했고, 타인을 대할 때에는 충성스럽고 미더웠다.

젊은 나이에 출사하여 벼슬길이 열리려고 하였으나, 모난 자루와 둥근 구멍이 합치하는 경우가 드문 법이어서 분수에 만족하고 소박한 처지를 지켰으니, 관직이 낭관과 지방관에 그쳤지만 후회하지 않았다. 바야흐로 양양襄陽의 임시 수령이 되자, 가봉假封된 수령 인장에 쓴 절구 한 수에서 "백성들 앞에서 진짜와 가짜를 논할 필요가 없으니, 사람들 구제하는 것에 거짓 없이 성실함을 다하게나"[16]라고 하였다. 이는 순간

---

14) 『鶴川先生遺集』권2, 附錄에 「退陶先生手簡」이 수록되어 있다.
15) 胡瑗(993~1059)은 송대의 학자이자 관료로서, 자는 翼之이고 시호는 文昭이다. 湖州教授 및 太常博士 등을 역임했으며, 安定先生으로 불린다. 저서에 『論語說』·『洪範口義』·『周易口義』·『春秋口義』등이 있다.
16) 『鶴川先生遺集』권1에 실린 「假守襄陽作」을 말한다.

적으로 읊은 것이지만 그의 성실한 마음과 백성을 구제하려는 뜻이 문
장과 구절 바깥에 가득하다. 이러한 뜻을 미루어 갈 수 있었다면 그의
공적이 어찌 군郡과 현縣 정도에 그쳤을 것인가?

그러나 당시에는 조금도 뜻을 펼치지 못한 채, 시냇가의 집과 초부樵
夫가 사는 마을, 적막한 물가에 물러나 숨어 살면서 시서詩書를 통해 후
학을 가르쳤다. 매번 아름답고 좋은 시절을 만나면 언제나 조각배를 타
거나 나막신을 끌면서 오갔고, 덧붙여 시를 읊으면서 풍류와 함께 한적
함을 누리는 흥취를 다했으니, 사람들이 신선처럼 바라본 것이 팔십여
년이었다. 만약 공과 같은 분이 호오好惡와 지향의 올바름을 먼저 판별
하여, 머리를 숙이고 뒤에 거닐며, 고요하고 올바르게 사는 것의 평탄함
을 중시하는 사문師門의 가르침[17]을 깊이 체득하지 못했다면 어찌 이와
같을 수 있었겠는가?

공의 자식들과 손자들이 집안의 명성을 망가뜨리지 않았고, 지금까
지도 중후한 인정을 지닌 훌륭한 이들이 많은 것은 공이 뿌린 독실한
행실의 효험이자 후세에 남긴 음덕의 보답이다. 이는 시간이 갈수록 더
욱 오래 유지될 것이다. 마침내 그 평생의 대체를 요약하여 논하니, 그
시운詩韻의 청량함과 고아하고 굳건한 품위는 말하지 않아도 저절로 드
러날 것이다. 이 또한 공이 남긴 업적이리라.

상지칠년 계묘년(1783) 4월 모일 이광정李光靖[18]이 삼가 쓰다.

---

17) 퇴계가 奇大升에게 보낸 편지에 "常須退一步低一頭"라는 표현이 나오며, 黃俊良에게
보낸 편지에도 "惟低一頭退一步, 勿太近前"라는 표현이 나온다. 한편,「陶山雜詠」에서
幽貞門을 읊은 내용에 "道在幽貞覺坦夷"라는 표현이 나온다.
18) 李光靖(1714~1789)의 본관은 韓山이고 자는 休文이며 호는 小山이다. 大山 李象靖
(1711~1781)의 동생으로 密庵 李栽(1657~1730)에게 수학하였다. 1728년 이인좌의

3. 시

1) 「배 안에서 즉흥적으로 읊다」[19)

푸른 산은 석양을 끼고 있고	靑山帶夕陽
그림자 잠긴 강의 물결은 푸르네.	蘸影江波綠
잎새 하나 둥실 떠 있으니	一葉泛橫截
하빈河濱을 노닐다가 저녁 무렵 정박하네.	河濱聊晩泊

2) 「우연히 읊다」[20)

어제의 비는 오늘 아침에 그치고	昨雨今朝歇
가을바람은 객창을 두드리네.	秋風過客窓
벌레는 왜 이렇게 울어 대고	那堪蟲喞喞
시름 속에 흐르는 물소리 들리네.	愁聽澗瀧瀧

3) 「관어대[21) 절구 두 수」[22)

해와 달이 시야에 나타나고	日月眼邊透

난이 일어났을 때 부친이 의병을 일으키자, 15세의 나이로 종군하였다. 퇴계의 학문을 흠모하여 형 이상정의 지도를 받으며 경학과 성리학을 공부하였다. 經術로 천거되어 童蒙敎官 등에 제수되었다. 당시 학자에 따라 구구하던 禮說을 정리하여 안동지방의 표준 예설이 되게 하였다. 18세기 후반 퇴계학맥을 계승한 유학자로 형 이상정과 함께 북송 때 도학자 程顥·程頤 형제에 비유되었다. 저술로『小山集』,『朱語要略』등이 있다.

19)『鶴川先生遺集』, 권1,「舟中卽事」.
20)『鶴川先生遺集』, 권1,「偶吟」.
21) 觀魚臺는 경북 영덕군 영해면 上臺山에 있는 정자로서 동해안의 명승지이다. 이와

천지는 발 아래에 보이네.   乾坤脚下看

가슴에 여덟, 아홉을 삼키고[23]   胸中呑八九

십주[24]를 밟을 수 있으리라.   可蹴十洲間

옥토끼는 관어대 옆에서 나오고   玉兎臺邊出

금까마귀는 앉은 자리 아래에 보이네.   金烏座下看

황홀하게 시간을 열어 가니   怳疑開子丑

내 몸은 아득한 태초에 있도다.   身在混濛間

4) 「이지성[25]의 초당에 제하다」[26]

붉은 살구 푸른 복숭아에 꽃 절로 지는데   紅杏碧桃花自落

초당의 봄날 다하고 손님이 처음 찾아왔네.   草堂春盡客初廻

그대여 봄빛 저물었다고 아쉬워하지 말게나.   憑君莫恨韶光晚

날이 갠 풍경 맑고 고와서 술잔을 잡을 만하다네.   霽景淸妍可把杯

관련하여 牧隱 李穡이 지은 「觀漁臺賦」가 유명하다.

22) 『鶴川先生遺集』, 권1, 「觀魚臺二絶」.

23) 포부가 웅대함을 말한다. 司馬相如의 「上林賦」에서 "楚나라에는 七澤이 있는데 그 가
운데 하나인 雲夢澤은 사방이 구백 리인데, 雲夢澤 같은 것 여덟아홉 개를 삼키어도
가슴속에 조금도 거리낌이 없다"(楚有七澤, 其一曰雲夢, 方九百里, 呑若雲夢者八九, 其於
胸中曾不蒂芥)라고 하였다.

24) 十洲는 祖洲·瀛洲·玄洲·炎洲·長洲·元洲·流洲·生洲·鳳麟洲·聚窟洲를 가리키는
데, 모두 신선들이 사는 곳이다.

25) 李志成이 누구인지는 불분명하다.

26) 『鶴川先生遺集』, 권1, 「題李志成草堂」.

5) 「새벽에 읊다」27)

옥 같은 샘물에서 맑은 물이 솟아오르니　　　　　玉泉淸水湧涓涓
남은 인생 백 세까지 늘리겠구나.　　　　　　　可引餘齡到百年
초탈28)이 반드시 세속 밖을 향하지는 않는 법　　蟬脫不須超物外
인간세에서도 신선이 될 수 있다네.　　　　　　人間亦可作神仙

6) 「서간서재의 네모진 연못」29)

누가 맑은 샘물 찾아서 거울 하나를 열었나.　　誰覓淸泉開一鑑
밤 사이 달이 배회하는구나.　　　　　　　　　夜來留得月徘徊
산승 또한 마음 맑히는 노래 이해하니　　　　　山僧亦解澄心曲
고요히 원광을 대하며 티끌에 물들지 않네.　　　靜對圓光不染埃

7) 「구봉령30)에 대한 만사」31)

당당한 풍모 시대를 풍미했고　　　　　　　　風度軒軒動一時
조양의 상서로운 빛 조정에 빛났네.32)　　　　　朝陽瑞彩煥朝儀

---

27) 『鶴川先生遺集』, 권1, 「曉吟」.
28) 蟬脫이란 매미가 껍질을 벗듯 超脫하거나 換骨奪胎하는 것을 말한다.
29) 『鶴川先生遺集』, 권1, 「西澗書齋方塘【書齋王考直長公所築】」.
30) 具鳳齡(1526~1586)의 본관은 綾城이고 자는 景瑞이며 호는 栢潭이다. 외종조 權彭老
　에게 『小學』을 배웠으며, 1545년 퇴계의 문하에 들어가 수학하였다. 1546년 사마시
　에 합격하였으며 1560년 별시문과에 乙科로 급제하였다. 이후 承文院副正字·戶曹佐
　郎·吏曹佐郎·兵曹參判·刑曹參判 등을 역임하였다. 당시의 조선은 동서로 당쟁이
　시작되는 무렵이었으나 그는 중립을 지키고자 힘썼다. 시문이 뛰어났으며 『渾天儀記』
　를 짓는 등 천문학에도 조예가 깊었다. 저서로는 『栢潭文集』과 그 속집이 있다.
31) 『鶴川先生遺集』, 권1, 「輓具栢潭【鳳齡】」.
32) 봉황과 같은 상서로운 모습으로 조정에서 벼슬한 것을 말한다. 朝陽은 산의 동쪽을

큰 재주에도 경륜 모두 펼치지 못했지만 　　　　　宏才未展經綸業

성대한 덕은 폐불蔽芾의 시33)에 남아 있네. 　　　　盛德惟留蔽芾詩

세상 다스려 태산과 같은 명망 얻었고 　　　　　鎭物幾收山嶽望

초야에 살며 백담의 기약 이루었네. 　　　　　　棲身早結栢潭期

오늘 남쪽 고을이 스승 잃어 통곡하니 　　　　　南州此日樑摧慟

나의 사사로움을 위한 것은 아니라네. 　　　　　不獨區區爲我私

8) 「류성룡에 대한 만사」34)

우주의 영웅 떠나갔으니 　　　　　　　　　　宇宙英雄過

천지의 맑은 기운 사라졌네. 　　　　　　　　　乾坤淑氣空

산속의 구름도 멈칫하고 　　　　　　　　　　　山中雲蹔駐

강 위의 학도 흔적이 없네. 　　　　　　　　　　江上鶴無蹤

살랑거리는 바람 멀리서 불어오고 　　　　　　　灑灑風何遠

도도한 물길 다함이 없구나. 　　　　　　　　　　泱泱水不窮

좋은 거문고 소리 누가 이어 가랴. 　　　　　　　瑤琴誰繼響

백발의 노인 애태울 따름이네. 　　　　　　　　　白首更忡忡

　　말한다. 봉황이 오동나무에 깃드는 상서로움을 노래한 것으로 『詩經』「卷阿」에 "봉
　　황이 우니 저 높은 언덕이고, 오동이 나니 저 조양이로다"(鳳凰鳴矣, 于彼高岡, 梧桐生
　　矣, 于彼朝陽)라는 내용이 있다.
33) 『詩經』「甘棠」에서 "무성한 감당나무를 자르지도 말고 베지도 말라. 소백께서 그 그
　　늘에 쉬셨던 곳이니라"(蔽芾甘棠, 勿剪勿伐, 召伯所茇)라고 하였는데, 周나라 文王 때
　　南國의 백성들이 召伯의 선정에 감사하는 뜻에서 그가 머물고 쉬었던 감당나무를
　　소중히 여겨서 이렇게 노래한 것이라고 한다. 따라서 蔽芾의 시란 선정을 베푼 지방
　　관이 떠난 뒤에 백성들이 그 은덕을 잊지 않고 부르던 노래를 의미한다.
34) 『鶴川先生遺集』, 권1, 「輓柳西厓【成龍】」.

9) 「닭을 풀어놓다」[35]

홀연 상산[36)에 오덕랑[37]을 풀어놓으니	忽放商山五德郎
새벽 알리는 일[38] 소리 길게 뽑아야 하리.	司晨須報漏聲長
본래 이 녀석들 나쁘지 않으니	從來此物元非惡
남쪽 창가 『주역』 읽는 책상 곁에 있네.	伴我南窓讀易牀

10) 「병산[39]을 지나며 감흥이 일어」

헛된 명성은 모두 외적인 것이니	浮名都是外
불멸하는 것이 진정 영광스럽다네.	不朽者眞榮
버드나무 위에 광풍이 불고	柳上狂風過
연못 안에는 맑게 갠 달이 비치네.	潭心霽月明

산이 높아 우러르는 마음을 품고	山高存景仰
물결은 푸르러 맑은 기운 감도네.	水綠挹澄淸
백발 되어 돌아온 곳에	白首重來處
어찌 깊이 흠모하는 마음[40]이 없겠는가.	寧無蟻慕情

---

35) 『鶴川先生遺集』, 권1, 「放鷄」.
36) 지금의 안동시의 서후면 자품리에 있는 산이다.
37) 五德이란 닭이 지닌 다섯 가지 덕을 말하며, 五德郎은 닭을 달리 표현한 것이다. 『韓詩外傳』에 "머리의 벼슬은 文이고, 날카로운 발톱은 武이고, 적과 용감하게 싸우는 것은 勇이고, 먹이를 서로 나누어 먹는 것은 仁이고, 어김없이 새벽의 시간을 알리는 것은 信이다"라고 하였다.
38) 司晨은 닭처럼 새벽을 알리는 일을 맡아보는 것을 뜻한다.
39) 屛山은 안동시 풍산면 하회 낙동강 근방에 있는 산 이름으로 근처에 병산서원이 있다.
40) 蟻慕란 흠모하여 따르는 것을 뜻한다. 『莊子』 「徐无鬼」에 "개미는 양고기를 좋아하여 모여든다. 양고기는 누린내가 나기 때문이다. 舜임금의 행동에도 누린내 나는 구석이 있다. 그래서 백성들이 좋아하여 모여드는 것이다"(蟻慕羊肉, 羊肉羶也. 舜有羶行,

4. 편지

1) 「김성일에게 답하는 편지」[41]

편지를 받고서 지내시는 바가 평안하심을 알게 되었으니 위로가 됩니다. 이곳은 겨우 불행을 면하였습니다. 아내의 병세 또한 회복되었지만, 도적의 형세가 여전히 거세어 사방을 분탕질하고 있습니다. 천자의 군대가 평양을 한 번 씻어 버린[42] 이후에 끊어져 소식이 없으니 무엇 때문인지 모르겠습니다. 조만간 영嶺을 넘는다면 거의 섬멸할 것이지만, 오는 것이 너무 늦어져서 다시 회복할 가망이 끊어졌습니다. 이미 너무 애통하고 분하게 여기면서 굶주린 상태로 길에서 서로를 바라볼 뿐이니 차마 쳐다보지 못하겠습니다. 왜적이 평정되면 행재소行在所로 향하고 싶지만 행구行具와 남겨진 자산도 모두 소진되었으니 탄식할 뿐입니다. 귀하가 계신 곳으로 가고 싶지만,[43] 길은 호남湖南을 경유해야 하고 강을 건너기도 매우 어려우니 어찌해야 할지 모르겠습니다.

百姓悅之)라는 말이 나온다.

41) 『鶴川先生遺集』, 권2, 「答金鶴峯【癸巳(1593)二月廿九日】」, "前承惠書, 仍審鎭履平裕, 仰慰. 此處僅免. 妻病亦蘇而賊勢尙熾, 焚蕩四境. 天兵一盪平壤後斷無消息, 未知因何故也. 早晚若逾嶺, 則庶幾殲滅, 而其來太遲, 其蘇之望絶矣. 已極痛憤而餓殍相望於道路. 尤不忍見. 竢賊平, 欲向行在所而行具留資, 掃盡可嘆. 欲向貴道路由湖南, 渡江甚難, 柰何."

42) 天兵은 임진왜란에 참전한 명나라 원군을 말하며, 朝明연합군은 1593년 음력 1월에 평양성 전투에서 승리하면서 평양성을 탈환하였다. 다만 1월 말 벽제관 전투에서 朝明연합군이 패하였고, 이로 인해 명나라 군대는 개성으로 퇴각하게 된다.

43) 당시 鶴峯 金誠一은 경상도관찰사로서 각 지역을 돌면서 의병 규합과 군량미 조달에 힘쓰다가 1593년 4월에 晉州의 公館에서 세상을 떠났다.

5. 제문

1) 「류성룡에 대한 제문」[44]

공은 완염琬琰[45]과 같은 자질과	惟公琬琰之質
규벽奎璧[46]과 같은 정밀함을 지녔고	奎璧之精
원대한 마음과	遠大心期
탁 트인 흉금을 지녔었네.	脫灑襟靈
학문의 근간이 시서詩書에 있었으니	業基詩禮
문장을 꾸미는 것은 여사에 불과했네.	餘事文章
기수沂水[47]와 낙수洛水[48]의 학문적 연원을 고찰했고	沂洛探源
진실로 커다란 방책을 실천하였네.	允蹈大方
비결을 제시하고 핵심을 살폈으며,	發鍵睹奧
고기의 맛을 알고 마루에 오를 수 있었네.[49]	嚌胾造堂
청명한 시대의 훌륭한 모범이 되었으니	羽儀淸時
봉황이 해 뜨는 언덕에서 울었네.[50]	鳳鳴朝陽

---

44) 『鶴川先生遺集』, 권2, 「祭柳西厓文」.

45) 옛날 周나라 廟堂의 서쪽 행랑에 비치했던 寶玉을 말한다.

46) 28宿에 속하는 奎宿와 璧宿의 병칭으로, 옛날에 文運을 주관한다고 여겼다.

47) 『論語』 「先進」에 "늦봄에 봄옷이 만들어지면…… 沂水에서 목욕하고, 舞雩에서 바람 쐰 뒤에 노래하며 돌아오겠다"(莫春者, 春服旣成……浴乎沂, 風乎舞雩, 詠而歸)라는 曾點의 말이 나오는데, 沂란 곧 공자 문하의 학문을 지칭한다.

48) 程明道와 程伊川 형제가 洛河 근처에 있는 河南의 洛陽에 살았으므로 그들의 학문을 洛學이라 칭한다. 따라서 洛이란 二程의 학문을 지칭한다.

49) 韓愈의 「送高閑上人序」에서 "외물을 사모하여 본업에 전심하지 못하는 자는 모두 마루에 오르지 못하고 고기를 맛보지 못한다"(夫外慕徙業者, 皆不造其堂, 不嚌其胾者也)라고 하였다. 여기에서 마루에 오르거나 고기를 맛본다는 말은 높은 경지에 오르는 것을 비유한 말이다.

50) 태평한 시대의 상서로운 조짐을 의미한다. 『詩經』 「大雅 · 卷阿」에 "저 높은 산봉우리

화답하는 노래51)와 생황, 큰 종이 울리고　　　　賡歌笙鏞

보불黼黻의 문채가 빛났네.　　　　黼黻賁揚

일찍이 황각黃閣52)에 올라서　　　　夙登黃閣

나라의 경륜을 책망하였네.　　　　責望綸經

좋은 운 회복하고 나쁜 운 다하여서53)　　　　回泰否極

다시금 승평昇平에 이르렀네.　　　　再陶昇平

만년에는 고향으로 돌아갔지만　　　　晚退江湖

두 가지 걱정54)은 더욱 절실했네.　　　　二憂彌切

죽을 때까지 임금을 잊지 못했으니　　　　沒不忘君

온몸을 피로 적실 정도였네.　　　　徹表瀝血

이제는 한 명의 노신老臣도 남아 있지 않으니55)　　　　不憖一老

하늘은 과연 무슨 마음을 지녔는가.　　　　天實何心

어진 사람이 장수하지 못했으니　　　　仁者罔壽

이치 역시 믿기 어렵네.56)　　　　理亦難諶

좋은 거문고 소리 끊어졌고57)　　　　瑤琴響絶

봉황이 울고, 동쪽 산등성이 오동나무 서 있구나"(鳳凰鳴矣, 于彼高岡, 梧桐生兮, 于彼朝陽)라고 하였는데, 봉황은 태평한 시대에만 출현하고, 또 봉황이 깃들이는 오동나무 역시 산등성이에는 나지 않는데 태평한 시대에만 그곳에 나온다고 한다.

51) 賡歌란 舜임금과 皐陶가 서로를 권면하며 화답한 노래를 말한다.

52) 黃閣은 재상의 청사이다.

53) 『周易』에서 否卦는 운이 나쁜 괘이고, 泰卦는 운이 트이는 괘인데 否卦 다음에 泰卦가 온다.

54) 二憂란 조정에 나가면 백성들을 걱정하고 물러나면 임금을 걱정한다는 말이다. 宋나라 재상 范仲淹의 「岳陽樓記」에 "묘당의 높은 지위에 있으면 백성들을 걱정하고, 강호의 먼 곳에 있으면 그 임금을 걱정한다"(居廟堂之高則憂其民, 江湖之遠則憂其君)라고 하였다.

55) 이 말은 하늘이 국가를 위해서 元老를 이 세상에 남겨 두려 하지 않는다고 한탄하는 것을 말한다. 『詩經』「小雅·十月之交」에 "원로 한 분을 아껴 남겨 두어서 우리 임금을 지키게 하지 않는구나"(不憖遺一老, 俾守我王)라는 말이 나온다.

56) 여기에서의 이치란 어진 사람이 장수한다는 이치를 말한다. 『論語』「雍也」에 "어진 사람은 장수한다"(仁者壽)라는 말이 나온다.

옥연玉淵[58]의 물결은 차구나.　　　　　　　　　　玉淵波寒

제월霽月이 물에 잠겨 있으니　　　　　　　　　　霽月虛涵

누가 학문의 물결을 띄우겠는가.　　　　　　　　　孰挹文瀾

선비들은 지도자를 잃었고　　　　　　　　　　　士失領袖

나라에는 시초와 거북[59]이 없네.　　　　　　　　國無蓍龜

애통함이 끝이 없으니　　　　　　　　　　　　痛纏紀極

공적으로도 사적으로도 그렇다네.　　　　　　　以公以私

탄환을 그치게 하는 구덩이의 역할[60]　　　　　止丸甌臾

공에게는 작은 일이었네.　　　　　　　　　　　在公細事

그러나 남은 실마리 떨어지지 않았으니　　　　　岡隆遺緒

이는 공의 대의라네.　　　　　　　　　　　　是公大義

나는 공에 대하여　　　　　　　　　　　　惟我於公

또한 공의 보살핌을 받들거늘　　　　　　　亦承眷顧

하물며 동경계를 맺은 사람은 어떠하랴.　　　況同庚契

누차 별에서의 만남을 기약하니　　　　　　屢期辰晤

이제는 백발만 남아 있구나.　　　　　　　白髮獨遺

노인은 눈물을 쏟으며　　　　　　　　　　老淚縱橫

거듭 옷깃을 적시네.　　　　　　　　　　　更沾襟處

---

57) 道學의 전승이 끊어졌다는 의미이다. 瑤琴은 옥으로 장식한 좋은 거문고이다. 朱熹의 「齋居感興」에서 "보배 상자 속에 瑤琴이 비었으니 끊어진 弦을 장차 어찌할 것인가. 일어나 여운을 고르니 龍門에 남은 노래 있어라"(瑤琴空寶匣, 絃絶將如何. 興言理餘韻, 龍門有遺歌)라고 하였다.

58) 참고로 柳成龍이 지은 정사 이름이 玉淵精舍이다. 지금의 경북 안동시 풍천면 광덕리에 남아 있으며, 芙蓉臺 근처에 자리하고 있다.

59) 蓍龜란 점을 칠 때 쓰는 蓍草와 거북으로, 국가에서 그처럼 믿고서 의지할 수 있는 원로를 비유할 때 쓰는 표현이다.

60) 탄환을 그치게 하는 구덩이가 있다는 것은 세상을 안정시킬 인물이 있을 것이란 뜻이다. 『荀子』 「大略」에 "구르는 탄환은 甌臾에서 그치고, 떠도는 말은 지혜로운 사람에게서 그친다"(流丸止於甌臾, 流言止於智者)라는 말이 있다.

홀로 만송정萬松亭[61]을 저버리니 　　　孤負松亭

깨끗한 술을 묻을 뿐이라네. 　　　祇藏淸酌

옛날의 의식을 접하노니 　　　宛接舊儀

혼령이여 만약 임하여 계신다면 　　　不昧者爽

부디 헤아려 주시옵소서. 　　　尙鑑于玆

오호, 슬프도다. 　　　嗚呼哀哉

2) 「정사성[62]에 대한 제문」[63]

아, 슬프도다. 　　　嗚呼哀哉

그대는 아무 병환도 없었는데 　　　君昔無疾

지금 어찌 변고를 당했는가. 　　　君今何遽

예전의 그대는 도란도란 이야기했는데 　　　君昔言言

어찌 그대 아무 말도 없는가. 　　　君胡無語

백발을 슬퍼하는 내 모습 　　　我哭白髮

그대 어찌 알아보지 못하는가. 　　　君豈不知

한 잔의 술 올리니 　　　一杯聊奠

눈물 두 줄기 턱으로 흐르네. 　　　雙淚交頤

---

61) 원문의 松亭은 萬松亭을 말하는 듯하다. 萬松亭은 안동시 풍천면 하회마을에 있는
소나무 숲으로, 柳成龍의 형인 柳雲龍(1539~1601)이 강 건너편 바위 절벽 부용대의
거친 기운을 완화하고 북서쪽의 허한 기운을 메우기 위해 소나무 1만 그루를 심었다
고 해서 萬松亭이라 한다.

62) 鄭士誠(1545~1607)의 본관은 淸州이고 자는 子明이며 호는 芝軒이다. 7세 때 金彦璣
에게 수학하였으며, 10세 때는 具鳳齡에게 옮겨서 배우다가 1561년 퇴계의 문하에
들어갔다. 1590년 遺逸로 천거되어 泰陵參奉을 지내고 현감을 역임하였다. 저술로『芝
軒集』,『易學啓蒙質疑』가 있다.

63) 『鶴川先生遺集』, 권2, 「祭鄭子明【士誠】文」.

6. 부록

1) 「도산급문록」64)

이봉춘의 자는 근회根晦이며, 진성眞城 사람으로서 안동에 거처하였다. 호는 학천鶴川이다. 과거에 급제하였고, 퇴계 선생의 문하에서 배웠다. 퇴계 선생이 손자 이안도李安道65)에게 보낸 편지에 이봉춘과 정사성鄭士誠66) 무리가 도산서재陶山書齋에 있으면서 수시로 와서『논어』와『맹자』등에 대해 질문했다는 기록이 있다. 호는 학천鶴川이다. 벼슬길에 나아가려는 뜻을 접고, 시詩와 음주飮酒로 스스로 즐길 따름이었고, 벼슬은 직강直講에 머물렀다.

---

64) 『鶴川先生遺集』, 권2, 附錄, 「陶山及門錄」, "李逢春, 字根晦, 眞城人, 居安東, 號鶴川. 登第, 遊門下. 先生寄孫安道書云, 李逢春鄭士誠輩在陶山書齋, 時來質語孟等書云云. 號鶴川. 絶意仕進, 以詩酒自娛, 官止直講."

65) 李安道(1541~1584)의 본관은 眞城이고 자는 逢原이며 호는 蒙齋이다. 퇴계의 장손이자 軍器寺僉正 李寯의 아들이다. 어머니는 奉化琴氏로 훈도 琴梓의 딸이다. 조부에게 학문을 배워 성리학에 조예가 깊었으며, 퇴계 문하의 여러 名儒와 교유하였다. 저술로 『蒙齋文集』이 있다.

66) 鄭士誠(1545~1607)의 본관은 淸州이고 자는 子明이며 호는 芝軒이다. 안동 출신이다. 아버지는 사섬시첨정 鄭枓이며, 어머니는 安東權氏로 權軾의 딸이다. 7세 때 金彦璣에게 수학하였으며, 10세 때는 具鳳齡에게 옮겨서 배우다가 1561년에 퇴계의 문하에 들어갔다. 1568년(선조 1) 진사시에 합격하였다. 1587년 泰陵參奉에 제수되었다. 1589년 관직을 사퇴하고 낙향하였다가 1591년 다시 集慶殿參奉, 內資寺의 봉사·주부를 거쳐 양구현감으로 나갔다가 낙향, 학문 연구에 힘썼다. 1596년『易學啓蒙質疑』를 썼고, 이듬해 창녕의 火旺山城에 가서 郭再祐와 같이 의병활동에 가담하였다. 저술로 『芝軒文集』이 있다.

2) 「퇴계 선생의 편지」[67]

날씨가 맑고 화창합니다. 학업에 매진하는 바가 청승淸勝하리라 생각합니다. 저는 여전히 직책에서 벗어나지 못해서 번민이 깊습니다. 그대들이 나의 「도곡陶曲」[68]을 전파한다고 하는데, 그것은 제가 경황이 없을 때의 글이어서 매우 마음이 편치 못하니, 제발 널리 퍼뜨리지 말아 주십시오. 베껴 쓴 초본은 거두어서 보내 주시길 바랍니다. 홍생洪生[69]은 나이가 어리고 사리를 잘 모르니, 그대들이 말리지 않고 함께 전파한다면 더욱 온당치 않을 것이니 그래서 감히 말씀드립니다. 학문에 힘쓰시길 바랍니다.

3) 「퇴계 선생의 편지」[70]

김사순金士純[71] 형제와 이봉춘 무리가 우경선禹景善[72]과 도산陶山에 와

---

67) 『鶴川先生遺集』, 권2, 附錄, 「退陶先生手柬【丙寅(1566)四月十九日】」, "淸和. 想鍊業淸勝. 況尙未解脫, 悶悶. 就中聞君等傳去陶曲, 方當滉顚沛之日, 尤甚未安, 千萬勿播. 所謄草本, 幷收封寄來爲望. 洪生年少不解事, 君等不禁而共傳播, 又爲未穩, 故敢云. 餘冀勉勉."

68) 「陶曲」은 「陶山雜詠」 또는 「陶山十二曲」을 의미하는 것으로 보인다. 「陶山雜詠」은 퇴계가 禮安에 陶山書堂을 세우고 제자들에게 성리학을 가르치며 사물을 대하는 감회와 학문의 수양을 읊은 것으로 漢詩 48수로 되어 있다. 「陶山十二曲」은 이를 歌唱하기위해서 우리말로 표현한 시조로서 前六曲, 後六曲의 형태로 되어 있다.

69) 누구를 지칭하는지 확실하지 않다.

70) 『鶴川先生遺集』, 권2, 附錄, 「又【答柳希范書, 丁卯(1567), 見續集】」, "士純兄弟與李逢春輩, 約禹景善來寓陶山. 禹尙不來, 士純等亦艱於往來. 觀其勢, 不如移寓山寺之爲便也."

71) 金誠一(1538~1593)의 본관은 義城이고 자는 士純이며 호는 鶴峰이다. 1556년 金復一(1541~1591)과 함께 퇴계의 문하에서 『書經』・『易學啓蒙』・『心經』・『大學疑義』 등을 수학하였다. 1564년 진사가 되어 성균관에 들어갔으며 1568년 증광문과에 병과로 급제하여 승문원권지부정자가 되었으며 1569년 정자를 거쳐 검열・대교 등을 역임하였다. 이후 다양한 내직과 외직을 역임하였다. 1590년 通信副使로 일본에 다녀왔

서 얼마간 머물 것을 약속하였다고 하는데, 우경선은 아직 오지 않았고, 김사순 등도 왕래하기가 불편하니, 그 형편을 살펴보면 산사山寺로 옮겨 머무는 것이 나을 것입니다.

다. 이후 부호군을 거쳐 대사성이 되어 승문원부제조를 겸하였으며 1592년 형조참의를 거쳐 경상우도병마절도사로 재직하였다. 그해 임진왜란이 발발하자 좌천되었다가 류성룡의 간청으로 경상우도초유사에 임명되어 경상도로 돌아왔다. 의병장 郭再祐(1552~1617)의 의병활동을 고무시켰으며 경상도 인근의 지역을 돌며 의병을 규합하였다. 그리고 관군과 의병 사이에 의견을 조화시켜 전투력을 향상시키는 데 힘을 기울였다. 1593년 경상우도순찰사를 겸하게 되었으며 경상도 각 고을에서 왜군에 대한 항전을 독려하다가 병으로 사망하였다. 저서로는 『喪禮考證』·『海佐錄』 등이 있으며 1649년에서야 『鶴峰集』이 간행되었다.

72) 禹性傳(1542~1593)의 자는 景善이고 호는 秋淵이며 본관은 丹陽이다. 縣令 禹彦謙의 아들이며, 許筠의 부친 대사헌 許曄의 사위이다. 퇴계의 문인으로서 金誠一·李逢春·鄭士誠 등과 교유했다. 1561년에 진사시에 합격하였으며, 1568년 증광문과에 급제하였다. 東人이었다가 李潑과의 갈등으로 인해 南人의 거두가 되었다. 임진왜란 때 의병을 모집하여 많은 전공을 세우고, 海鹽과 식량을 조달하여 난민을 구제하였다. 사후 이조판서에 추증되었고, 시호는 文康이다. 퇴계를 독실하게 따라서 『退溪先生言行錄』을 짓기도 했다. 저서에는 『易說』·『理氣說』·『癸甲日錄』 등이 있다.

비지선생문집貴趾先生文集

【해제】

『비지선생문집』은 남치리南致利(1543~1580)의 문집이다. 남치리는 본관이 영양英陽이고 자는 의중義仲이며 호는 비지貴趾이다. 부친 남신신南藎臣과 모친 초계변씨草溪卞氏 사이에서 태어났다. 그는 스무 살 무렵에 금난수琴蘭秀(1530~1604)를 통해서 퇴계 선생의 문하에 들어갔으며, 곤궁한 환경 속에서도 심지를 굳건히 하고 학문에 몰두하여 당시에 퇴계 문하의 안자顏子로 칭송되었다. 남치리는 1564년에 퇴계 선생을 따라 청량산淸凉山 유람에 동행하는 등 선생을 가까이에서 모셨고, 구봉령具鳳齡(1526~1586), 권호문權好文(1532~1587), 류운룡柳雲龍(1539~1601), 이덕홍李德弘(1541~1596), 권우權宇(1552~1590) 등과 긴밀히 교유하였다. 한편, 그는 퇴계 선생 사후에 선생의 유문遺文을 교정하고 발간하는 데 공헌했다. 예컨대 1575년에 여강서원에서 『리학통록理學通錄』을 교정했으며, 1578년에는 『계몽전의啓蒙傳疑』를 교정했다. 그는 성리학은 물론 다방면의 학문에 조예가 깊었고, 행실 면에서도 자신에게 엄격하고 독실하였지만, 안타깝게도 서른여덟의 나이로 세상을 떠났다. 1653년(효종 4) 노림서원魯林書院에 위패가 봉안되었다.

『비지선생문집』은 총 네 권으로 되어 있다. 권1과 권2에는 시부詩賦 및 편지가 수록되어 있고, 권2에는 편지 및 제문祭文, 잡저雜著, 묘지명墓

誌銘이 수록되어 있다. 권3과 권4는 부록에 해당하는데, 권3에는 세계도 世系圖, 연보年譜, 행장行狀, 묘표墓表, 제문祭文, 만사輓詞 등이 수록되어 있고, 권4는 언행잡록言行雜錄 등을 포함하고 있다. 한편, 권두에 허목許穆과 이광정李光靖의 서문이 있고, 권말에 정유번鄭維藩 등의 발문이 있다.

『문집』의 내용을 조금 더 구체적으로 보면, 권1과 권2에는 시와 만사 14수, 부 4편, 편지 약 30통, 제문 1편, 잡저 1편, 묘지명 2편, 유묵遺墨 1점이 실려 있다. 시에는 퇴계 선생의 시에 차운한 것, 이덕홍에게 주는 것이 눈에 띄며, 편지는 이덕홍, 권호문, 구봉령, 권우 등에게 보낸 것인데, 내용 면에서는 학문을 강론한 것이 많으며, 대상으로는 권우에게 보낸 편지가 많다. 한편, 제문은 퇴계 선생에 대한 것이고, 잡저는 『계몽전의』 뒤에 부가한 글이다.

한편, 권3과 권4의 내용에서 「연보」는 집안의 후손인 남두원南斗元 (1655~1713)이 정리했고, 「행장」은 권우가 지었으며, 「묘표」는 류성룡이 지었다. 제문과 만사는 권우, 권호문, 구봉령, 배용길裵龍吉(1556~1609) 등이 지은 것이고, 「언행잡록」에는 남치리의 언행에 대한 단편적 기록 30여 가지를 수집해 놓았다.

끝으로 『비지선생문집』은 한국국학진흥원에서 발간한 영남선현문집국역총서의 하나로 2019년에 완역본(김순미 역)이 출간되었으며, 본 선역選譯에서 이를 참고하였음을 밝힌다.

1. 비지 선생의 일생: 「행장【송소 권우1)】」2)

군의 성은 남씨南氏이고 이름은 치리致利이며 자는 의중義仲이다. 영양英陽 사람으로 집안의 계보는 이러저러하다. 남군은 가정嘉靖 계묘년(1543) 10월 모일某日에 태어났다. 태어나면서부터 영특하였고 어려서는 배울 줄 알았으니, 홀어머니의 가르침을 받들어 배우고 익힘에 게으르지 않았다. 이웃에서 "어린아이가 배우는 것이 아무개 집의 아이와 같다면 어찌 가르칠 수 없다고 걱정하겠는가?"라고 하였다. 약관을 넘어서 퇴계 선생의 문하에 드나들었는데, 때로 질문을 하면 인정을 받고는 하였다. 퇴계 선생께서 세상을 떠난 뒤에는 더욱 분발하고 추앙하면서 착실하게 독서했고, 또한 탄식하며 "오늘날 독실하게 스승을 믿는 사람이 몇이나 되겠는가?"라고 하였다. 비록 어머니를 위해 과거 공부를 포기할 수 없었지만, 그의 뜻이 추구하는 바는 이미 반듯하였다. 향시鄕試에서 몇 차례 합격했지만, 복시覆試에서는 성과를 내지 못하였다.

---

1) 權宇(1552~1590)의 본관은 安東이고 자는 定甫이며 호는 松巢이다. 秉節校尉 權甲成의 증손으로, 조부는 將仕郎 權燁이고, 부친은 생원 權大器이며, 모친은 訓導 李濟의 딸이다. 퇴계의 문인이다. 1573년 생원시에 합격한 뒤 과거공부를 그만두고 성리학에 전심하여 학문으로 이름이 높았다. 1586년 敬陵參奉에 제수되었다. 1589년 왕자(뒤의 광해군)의 사부에 제수되었으나 이듬해에 죽었다. 광해군이 즉위하자 스승인 권우의 옛 은혜에 보답하고자 좌승지를 추증하고 禮官을 보내어 제사지내게 하였다. 안동의 鏡光書院에 제향되었다. 저서로는 『松巢集』이 있다.

2) 『賁趾先生文集』, 권3, 附錄上, 「行狀【權松巢宇撰】」, "君姓南氏, 諱致利, 字義仲, 英陽人, 世系云云. 君以嘉靖癸卯十月某甲生. 生而開穎, 幼而知學, 奉寡母之訓, 學習不懈, 隣里謂曰, 童幼之學, 若某家兒, 何患不能敎也. 蹝冠遊退溪先生之門, 時有稟問, 間蒙印可. 山頹之後, 益感愼追仰, 著實讀書, 歎曰, 今日篤信先師者有幾人哉. 雖以親故, 不得脫然擧業, 而其志之所趍則已正矣. 屢中鄕選, 不利覆試. 丁丑遭內艱. 方親病湯藥憂悴. 旣喪哀毁盡禮, 啜粥面墨. 未葬患下部拳攣不能起, 親舊勸以疏食, 君堅執不可. 三年不出廬, 哀慕如一日. 喪未闋, 伯兄又逝, 講求變禮, 必欲合古. 天不福孝, 仍毁而病, 以庚辰三月某日某甲卒于家, 壽僅三十八, 惜

정축년(1577)에 어머니 상을 당하였다. 어머니의 병환에 탕약湯藥 시

哉. 君資稟淸高, 神姿端雅. 立志篤實, 剛果不撓, 深以擇術趨向爲急. 自三十後益自用力, 欲學
古人之學. 其事親也, 色養順志, 病致憂喪致哀, 與兄弟友愛. 絶意生産, 視人之富貴, 恬如也.
其學以容貌辭氣齊莊敬恭, 爲下手用功處, 以爲不制於外, 無以養其中. 終日危坐, 不見少懈,
不苟言不苟動. 其於讀書, 必欲字求其義, 精密體認, 嘗曰, 讀書能不放過一字, 可知古人用意.
又曰, 學者須喫煩耐辛下眞切工夫, 眞踏前修直指之途. 又曰, 人之於學, 若三日飢者之於飮食,
何患不進也. 蓋此皆其所踐而得力者. 朋友或規以讀書寧疎毋密, 君曰, 朱子又不曰, 寧密毋疎
乎. 吾寧失於密, 不可失於疎也. 嘗以通書誠下章靜無而動有下輯註引朱子所論未發之中, 此條
恐非出於朱子, 以爲疑. 後看賀醫閭言行錄, 果謂朱子此說不是, 當是未定之說. 考大全集中此
乃與張敬夫書, 文公註云, 此書非是, 存之以見議論本末. 引之於此者, 纂修踈謬云云. 其看文
字不泛如此, 推類可知也. 其讀書之序, 以四書及程朱之書爲先, 以及諸經. 至於皇極經世書正
蒙啓蒙律呂新書皇極內篇諸家筮數天文諸書, 無不用力. 又於禮書, 深欲究之, 居喪循禮, 一依
家禮而必參諸禮經, 務欲不背於古. 嘗曰, 學者須去姑息苟便之念, 禮斯可行矣. 凡此雖不得究
竟成就, 而立志之篤如此. 獨不喜詩, 嘗曰, 與其學詩, 不如學筐. 蓋筐可以收放心, 而詩之流至
於蕩佚性情也. 嘗嫉學者徒多議論, 曰爲學須篤實眞著, 以致光輝自發, 可也. 徒言語者, 其心
不可知. 其誠實不僞, 如此. 又曰, 名爲學術而不於性情上用功, 發於事者做得來錯, 終不得是
當底道理. 其見如此故, 其得於銖寸之積者, 無非爲己著實之功, 非如表以致標榜, 縱橫以釣爵
祿者之比也. 其教童幼, 必先以小學三綱行實, 不及詞句. 嘗勸人以朱子書節要曰, 不止記誦,
必讀其書而踐其言, 斯可謂之讀矣. 於觀人必察其心術之微, 不輕交許, 其與相知言行纖微之失,
尤切規砭, 故人之知者少, 而知之者必敬畏之. 家甚貧苦, 至無代薪水者. 居室無戶牖, 妻子恒
苦飢寒. 朋友或慰之, 君曰, 人惟畏死, 故百事不得做, 吾輩只當以死自限耳, 終無動意, 口未嘗
言貧. 至於其病, 朋友視之, 家無一瓶之粟. 死無歛襲之具, 朋友致襚, 乃得歛而非其平生所怨
悔者. 其堅苦如此, 充其志, 誠古之所謂衣敝袍而不恥於狐貉者矣. 嘗曰, 古之所謂爲貧而仕者,
爲親老爲養也, 豈有爲己之貧而仕之理乎? 又人有不明仕止之義者, 以爲爲親不得已而仕, 如是
則有親者於仕止出處, 皆不得處以義也, 其可乎? 君旣病, 顧女子已笄而未嫁, 時兄喪未葬. 族
人或勸以循權以嫁之, 君不可, 曰吾女雖平生不成婚, 豈可爲邪? 其守禮堅執如此. 方疾病, 難
於起坐, 猶曰, 是偸心作主, 不廢冠帶. 見朋友講論, 達夜不倦, 將絶見朋友, 亦不去冠. 病少間
則說義理. 君嘗曰, 一息之存, 不可少懈. 其志亦可以無愧於其言矣. 蓋立心必欲正當而無虛僞
之雜, 制行必欲端飭而無矯異之弊. 讀書必欲精密而絶浮泛之習. 要歸宿於講理, 以爲行之本,
求當然於處事, 以驗知之實. 厭虛靜而樂平實, 訥於言語而篤於持守. 有探湯之疾而勉容物之廣,
知悅口之美而慨同志之罕, 可謂爲切問近思之學而知好之實踐之篤者矣. 嗚呼, 以君之資若志,
使之天假之壽, 得以益知其所未知, 以達手舞足踏之地, 益行其所未行, 以致日征月邁之極, 充
養之力久, 浸灌之功深, 則基址可廣而展拓恢弘之量自進, 氣質可生而應用周徧之才自長, 其所
成就, 豈止於此, 而在此學寥寥之時, 豈不爲玉少之可貴乎? 方且苦心刻礪, 必志於的, 不知有
他事, 而遽爾死矣. 嗚呼, 此短命之爲不幸, 而秀而不實之爲聖所悲也. 可勝惜哉, 可勝惜哉.
【缺】君旣歿, 顧其志其行, 有朋友不忍忘者. 平日所交遊者, 以宇知敬愛君者, 屬記其一二.
宇以病廢文墨之棄, 固不足以當之. 顧惟分義, 痛惜之深, 有不得辭. 玆草出如此, 冀相與訂正
之. 且請作墓誌, 不可無狀, 以求之, 若誌旣成則此狀可廢也. 謹狀."

66 퇴계학파의 사람들 5

중을 들면서 근심에 초췌해졌고, 상을 당한 뒤에는 슬픔에 몸이 상했으면서도 예를 다하였으며, 죽만 계속 먹다가 얼굴이 검게 되었다. 장사를 다 지내기도 전에 하체가 마비되는 증상을 겪어 일어설 수 없게 되었는데, 친구들이 소식疏食을 권했지만, 남군은 끝내 허락하지 않았다. 3년 동안 여막廬幕을 떠나지 않으면서 슬퍼하고 사모하기를 하루 같이 하였다. 상을 마치기도 전에 백형伯兄이 세상을 떠났는데, 변례變禮를 강구하면서도 반드시 고례古禮에 부합하고자 하였다. 하늘이 효자에게 복을 내리지 않아 결국 몸이 상하고 병을 얻었으니, 경진년(1580) 3월 모일에 집에서 세상을 떠났다. 향년 38세에 불과했으니 애석하도다.

남군의 타고난 자질은 맑고 고원하였고 풍채는 단아하였다. 뜻을 세운 것은 독실하였고, 또한 강건하고 과단성이 있어서 동요되지 않았고, 신중하게 학술을 선택하여 앞으로 나아가는 것을 급선무로 삼았다. 30세 이후로는 더욱 스스로 힘을 써서 옛사람의 학문을 배우고자 하였다. 부모님을 봉양할 때에는 얼굴빛을 부드럽게 하면서 섬겼고 뜻을 잘 따랐으며, 병환 중에는 크게 근심하였고, 돌아가셨을 때에는 슬픔을 다하였으며, 형제와는 우애가 있었다. 생업生業에는 마음을 두지 않았고, 남의 부귀를 보고서도 마음의 흔들림이 없었다.

그의 학문은 용모사기容貌辭氣에서 엄숙하고 공경스럽게 하는 것을 착수하여 힘쓸 곳으로 삼았으며, 외면을 제어하지 못하면 내면을 기를 수 없다고 여겼다. 종일토록 정좌靜坐하면서 조금도 나태함을 보이지 않았으니, 구차하게 말하지 않았고 구차하게 행동하지도 않았다. 그는 독서에 대해서 반드시 글자마다 의미를 탐구하고, 정밀하게 체인하였는데 일찍이 "독서에서 한 글자도 대충 넘어가지 않을 수 있다면 옛사람의 의도를 알 수 있다"라고 하였으며, 또한 "배우는 사람은 번거로움과 고생스러움을 참아 내면서 진실한 공부를 하여 정말로 전현前賢이 닦고 직접 가리킨 길을 밟아 가야 한다"라고 하였다. 또한 그는 "사람이 배울 때 마치 사흘 굶은 사람이 음식을 대하는 것처럼 한다면 어찌 진보가 없음을 걱정하겠는가?"라고 하였다. 대개 이러한 것들은 모두 그가 실천을 통해 힘을 얻은 부분이다. 벗들이 간혹 "독서할 때 차라리 성글게 할지언정 너무 치밀하게 하지 마라"3)라는 말을 법도로 삼았는데, 남군은 이에 대해 "주자朱子도 '차라리 치밀하게 살필지언정 성글게 하지 마'라고 하지 않았는가? 나는 치밀함으로 인해 실수할지언정 성글게 하다가 실수를 범하지는 않겠네"라고 하였다.

일찍이 『통서通書』 「성하장誠下章」의 "정무이동유靜無而動有" 아래의 집주輯註에서 주자가 논한 미발지중未發之中을 인용한 것을 가지고, 이 조목은 아마도 주자에게서 나온 것이 아닌 듯하다고 의심하였다. 나중에 하의려賀醫閭4)의 『언행록言行錄』을 보니 과연 "주자의 이 주장은 옳지 않으니, 마땅히 아직 확정되지 않은 주장이다. 『주자대전朱子大全』을 상고해 보니, 이것은 장경부張敬夫5)에게 보낸 편지로 주자는 주석에서 '이 편지

---

3) 『朱子文集』 권62, 「答張元德」에서 "글을 읽어 의리를 구하려면 거시적으로 볼지언정 너무 상세하게 보지 않으며, 대략을 볼지언정 너무 세밀하게 보지 말아야 비로소 남은 곳이 있게 됩니다"(大抵讀書求義, 寧略毋詳, 寧疎毋密, 始有餘地也)라고 하였는데, 그러한 취지를 말한다.
4) 賀欽(1437~1510)의 자는 克恭이고 호는 醫閭이다. 일찍이 陳獻章이 강론하는 것을 듣고는 그날로 즉시 벼슬자리를 내던지고 가서 스승으로 섬기면서 학문을 배웠다. 그 뒤에 의무려산으로 들어가서 理學에 전념하면서 마을 사람들을 감화시키니, 사람들이 의려 선생이라고 일컬었다.
5) 張栻(1133~1180)의 자는 敬夫이고 호는 南軒으로 四川省 廣漢 출신이다. 남송의 유학자로서 胡安國과 胡宏을 통해 내려온 湖湘學의 전통을 계승했다. 주자와 교류하면서 특히 주자의 中和舊說 정립에 커다란 영향을 미쳤다.

는 옳지 않지만 보존하여 의론의 본말을 보이고자 한다'6)라고 하였다. 이 말이 여기에 인용된 것은 편찬하는 과정에서 소홀하여서 생긴 오류이다"라고 하였다. 남군이 글을 보는 것이 이처럼 느슨하지 않았으니, 그런 점을 유추하여 알 수 있다.

그가 독서하는 순서는 『사서四書』 및 정자程子와 주자朱子의 글을 우선으로 하였다. 그리고 여러 경전의 경우에는 『황극경세서皇極經世書』, 『정몽正蒙』, 『역학계몽易學啓蒙』, 『율려신서律呂新書』, 『홍범황극내편洪範皇極內篇』은 물론 제가諸家의 산수算數, 천문天文에 관한 여러 책에 대해서도 힘을 쓰지 않음이 없었다. 또한 예서禮書에 깊이 탐구하고자 하였으며, 상중에 있으면서 예를 따를 때에는 줄곧 『주자가례朱子家禮』에 의거하였고, 반드시 여러 예경禮經을 참고하여 고례에 어긋나지 않게끔 힘썼다. 일찍이 "배우는 이는 고식姑息적이고 구차한 생각을 버려야만 예가 행해질 수 있다"라고 하였다. 무릇 이러한 점을 끝까지 성취하지는 못했지만, 그의 입지立志의 독실함이 이와 같았다. 다만 유독 시詩를 좋아하지는 않아서 일찍이 "시를 배울 바에는 차라리 산수算數를 배우는 게 낫다"라고 하였으니, 산수는 방심放心을 수습할 수 있지만, 시는 성정性情을 방탕하게 하는 데로 흐를 수 있기 때문이었다. 일찍이 학자들이 의론에만 몰두하는 것을 싫어하여 "배움이란 반드시 독실하고 참되게 하여, 빛이 저절로 드러나게 해야 한다. 언어만 가지고서는 마음을 알 수 없다"라고 하였다. 그의 성실하고 정직함이 이와 같았다. 또한 "명색이 학술을

---

6) 『朱子文集』 卷30, 「與張欽夫」에 기입된 주자의 自注 내용이다. 참고로, 이 편지는 일반적으로 中和舊說 첫째 편지로 일컬어지는데, 주자의 초기 철학을 이해하는 데 중요한 내용을 담고 있다.

한다고 하면서 성정性情에서 노력하지 않는다면 일에서 발휘되는 것도 잘못을 범하게 되어 결국 올바른 도리를 얻지 못한다"라고 하였다. 그의 견해가 이러했기 때문에 그가 조금씩 축적하여 체득한 바가 진정한 자기를 위한 착실한 공부가 아님이 없었으니, 겉으로만 칭찬을 구하거나 종횡으로 작록爵祿을 취하려는 사람과는 비교할 수 없었다.

그가 아동을 교육할 때에는 반드시 우선 『소학小學』과 『삼강행실도 三綱行實圖』를 우선했고, 낱말이나 문구를 따지지 않았다. 일찍이 누군가에게 『주자서절요朱子書節要』를 읽으라 권하면서 "읊고 외우는 데 그치지 말고 반드시 그 책을 읽고 그 말씀을 실천해야 하니, 그래야만 읽었다고 할 수 있다"라고 하였다. 사람을 관찰할 때에는 반드시 마음의 미묘한 부분까지 살폈으며, 가볍게 교제를 허락하지 않았으니, 서로 알고 지내는 과정에서 언행에서의 작은 실수가 있으면 더욱 절실하게 충고하고 경계했다. 그리하여 그를 알아주는 사람이 적기는 했지만, 그를 이해하는 사람이라면 반드시 경외심을 품었다.

그는 집안이 매우 가난하여 땔나무를 마련하고 물을 길어 오는 일을 대신할 사람도 없었다. 거처하는 방에는 지게문도 없었고, 처자식은 항상 굶주림과 추위에 고통을 겪었다. 간혹 친구가 위로를 건네면 남군은 "사람이 죽음을 두려워하기 때문에 온갖 일을 완수하지 못하는 것이네. 우리는 다만 죽음 때문에 자기 자신을 제한할 따름이네"라고 말하면서 끝내 동요하지 않았으니, 입으로 가난을 말한 적이 없었다. 그가 병들자 친구들이 보러 왔는데, 집안에 작은 단지 분량의 쌀도 없었다. 죽어서는 염습에 쓸 도구조차 없어서 친구들이 수의襚衣를 보낸 다음에야 겨우 염습할 수 있었으나, 그렇다고 하여 그가 평생 원망하거나 후회한 바가 아니었다. 고난에 대한 그의 굳건한 태도가 이와 같았으니, 그의 확고한 의지는 그야말로 옛사람이 말한 '초라한 차림을 하고서도 여우나 담비 가죽으로 만든 갖옷을 입은 사람 곁에서 부끄러워하지 않는 사람[7]'이라 할 수 있다.

그는 일찍이 "옛날의 '가난 때문에 벼슬한다'라는 말은 늙은 부모를 봉양하기 위해서이거늘, 어찌 자신의 가난으로 인해 벼슬하는 이치가 있겠는가? 사람들 가운데 벼슬하고 벼슬하지 않는 도리에 대해 밝지 못하여 '부모 때문에 어쩔 수 없이 벼슬한다'라고 여기는 경우가 있는데, 이와 같다면 부모를 모시고 있는 사람이 벼슬에 나아가는 여부나 출처에 관하여 도리에 따라 대처하지 못할 것이니, 어찌 옳단 말인가?"라고 하였다.

남군이 병들었을 때, 계례笄禮는 행했지만 미처 시집 못간 딸이 있었는데, 당시는 형의 상喪이 기년朞年을 지나지 않은 때였다. 족인族人이 간혹 권도에 따라 시집보낼 것을 권유하자 남군은 허락하지 않으면서, "제 딸이 비록 평생 혼인을 이루지 못하더라도 어찌 그럴 수 있겠습니까?"라고 하였다. 그가 단호하게 예법을 지키는 바가 이와 같았다.

병이 위중해져서 일어서고 앉는 것도 어려웠는데도 "이것은 태만한 마음이 주인이 되어서 그렇다"라고 말하고는 관대冠帶를 벗지 않았다. 친구를 만나 강론할 때에는 밤이 새도록 나태하지 않았으며, 목숨이 끊어지려고 할 무렵에도 친구를 만나면 역시 관모冠帽를 벗지 않았다. 또

---

7) 공자의 제자 子路를 가리킨 말이다. 『論語』「子罕」에서 공자가 "해진 솜옷을 입고서 여우나 담비 가죽으로 만든 갖옷을 입은 자와 같이 서 있으면서도 부끄러워하지 않는 자는 자로일 것이다"(衣敝縕袍, 與衣狐貉者, 立而不恥者, 其由也與)라고 하였다.

한, 병세가 조금 나아지면 의리를 논하였다. 남군은 일찍이 "숨이 붙어 있는 동안에는 조금도 나태할 수 없다"라고 하였으니, 그의 의지가 또한 그의 말에 부끄럽지 않았다고 할 수 있다.

대개 마음을 세움에 반드시 올바름을 지향했고, 허위虛僞가 끼어들지 않게 하였으며, 행동거지는 반드시 단정하고 삼가고자 하였기에 특이한 것을 구하는 폐단이 없었다. 독서에서는 반드시 정밀하게 하고자 하였기에 대충 지나치는 습관을 끊었다. 이치를 강론하는 데로 귀결하여 행동의 근본으로 삼았고, 일을 처리함에 마땅함을 구하여 앎의 실질을 증험하였다. 또한, 허정虛靜을 싫어하고 평실平實을 좋아하였으며, 말은 어눌했지만 붙잡아 지키는 데에는 독실하였다. 끓는 물에 손에 넣듯이 악惡을 미워했지만 널리 사람을 포용하려고 노력했으며, 맛있는 음식을 좋아하듯 의리를 대했지만 뜻을 같이할 사람이 적음을 개탄했으니, 절실하게 묻고 가까운 곳에서부터 생각하는 학문8)을 함으로써 알고 좋아하고 독실하게 실천한 사람이라고 할 수 있다.

아, 남군의 자질과 의지에 덧붙여 하늘이 수명을 더 보태 주어, 그가 알지 못했던 바를 더욱 알도록 하여 손과 발로 춤추는 경지에 이르고, 그가 행하지 못했던 바를 더욱 행하게 하여 나날이 매진하는 극치에 이르게 하여, 확충하고 함양하는 힘을 오래 쌓고, 몸에 스며들고 젖는 노력을 깊게 하도록 했다면, 터전이 넓어져 발전하고 선양하는 역량이 저절로 높아졌을 것이며, 기질이 생겨나서 두루 응용하는 재능이 저절로 자라났을 것이니, 그의 성취가 어찌 여기에 그쳤을 것이며, 학문에

---

8)『論語』「子張」에서 子夏가 "널리 배우고 뜻을 독실하게 하며, 절실하게 묻고 가까운 곳에서 생각하면 仁이 그 가운데 있다"(博學而篤志, 切問而近思, 仁在其中矣)라고 하였다.

적막한 지금의 때에 어찌 소중한 옥玉처럼 되지 않았을 것인가? 바야흐로 마음을 다해 각고의 노력을 하여 목적을 이루고자 했을 뿐, 다른 일이 있다는 것을 모르던 와중에 홀연 세상을 떠났다. 오호라, 이처럼 불행하게도 단명하고,9) 꽃은 피웠으나 열매를 맺지 못하는 것은 성인도 슬퍼한 바이다.10) 너무나도 애석하다. 너무나도 애석하다.【원문 누락】

　　남군이 세상을 떠나고 그의 뜻과 행실을 돌아보면서 친구들 가운데 차마 그를 잊지 못하는 이들이 있었다. 평소에 남군과 교유하던 자들이 내가 남군을 공경하고 아낀다는 점을 알아서 나에게 한두 가지라도 기술해 달라고 부탁하였다. 나는 병으로 글 쓰는 일을 그만두어서 본래 감당할 수 없었다. 그러나 인간적 도리를 생각하면 너무나 애통하여 사양하지 못하는 점이 있다. 이에 이렇게 급하게나마 글을 지으니 질정을 바란다. 또한 묘지명을 지어 달라고 청하기 위해서라도 행장이 없으면 안 되니, 만약 묘지명이 완성된다면 이 행장은 폐기해도 좋다. 삼가 행장을 짓는다.

---

9)　『論語』「雍也」에서 哀公이 제자 가운데 누가 학문을 좋아하느냐고 묻자 공자는 "안회라는 자가 있어 배움을 좋아했습니다. 분노를 옮기지 않았고 잘못을 거듭 저지르지 않았는데 불행하게도 단명하여 일찍 죽었습니다. 지금은 아무도 없으니, 배움을 좋아하는 자가 있다는 말을 들어 보지 못했습니다"(有顔回者好學, 不遷怒, 不貳過. 不幸短命死矣, 今也則亡, 未聞好學者也)라고 대답하였다.
10)　『論語』「子罕」에 "싹이 나고는 꽃 피지 못하는 경우도 있고, 꽃은 피었건만 열매를 맺지 못하는 경우도 있다"(苗而不秀者, 有矣夫. 秀而不實者, 有矣夫)라는 공자의 말이 나온다. 이에 대해서 皇侃은 안회가 大成하지 못하고서 일찍 죽은 것을 비유한 것이라고 하였다.

2. 「비지선생문집 중간 서문」[11]

『비지선생문집』 구본舊本은 유문遺文과 부록을 합하여 한 책으로 만들었다. 그러나 지금 초본의 시詩와 부賦, 그리고 스승과 친구 사이에 주고받은 편지와 시詩 여러 편을 보충하여 상책과 하책으로 정리하였다. 교감과 교정을 마치자 모두 이 일의 시말을 기술하지 않을 수 없다고 하기에 다음과 같이 기록한다.

옛날 우리 공부자孔夫子께서 칠조개漆雕開가 "아직 자신할 수 없다"라고 대답한 것을 기뻐하였는데,[12] 대개 보는 것이 분명하고 믿는 바가 독실하여 작은 성취에 안주하지 않았던 것을 기뻐한 것이다. 분명하게

---

11) 『賁趾先生文集』, 「賁趾先生文集重刊序」, "賁趾先生文集舊本, 以遺文附錄合爲一冊. 今補以草本中詩賦及師友書牘唱酬諸篇, 釐爲上下二冊. 讎校竄正訖, 僉曰妓事顚末, 不可以不叙也, 謹叙曰昔吾夫子說漆雕開未能信之對, 蓋說其見之明信之篤, 而不安於小成也. 見之明, 故知此道貫人己徹表裏而須臾不可離也. 信之篤, 故一言造次之對, 確乎若目有所睹而手有所指也. 不安於小成, 故爲山而期於成, 掘井而達乎泉, 必欲至乎眞知不疑之地, 則聖師之說也, 詎不信然矣哉? 若賁趾先生, 早歲摳衣於陶山之門, 以聰明敏睿之資, 著不得不措之工, 堅苦刻厲, 孶孶向道, 進而講之於師, 退而辨之於友. 義理本諸洙泗洛閩, 而彝倫事物之著, 天人性命之微, 禮儀常變之節, 天文象數, 邵子張子蔡氏父子之書, 無不究其當然所以然, 而反之於身則又至約也. 雖其貧廢困阨有不可堪者, 而退然自樂於無味之味, 鞠躬盡力, 死而後已, 則其見之固已明, 而信之又已篤矣. 至以賁趾名局, 則居下無位而志可專也. 舍車而徒, 以甘衆人之所羞, 而守節處義, 以自賁飾其所以行而已. 豈非當日漆雕氏之益求其自信, 而不安於小小補綴之志乎? 此師門許之以未可量, 儕友推之以不可及也. 倘使天假之年, 以逢其晩暮飽飫之工, 則上而續師門之遺響, 下而傳後學於無窮, 殆庶幾焉, 惜乎年纔三十八而卒早夭, 先生之志之業, 中道而止, 則斯文世道之不幸爲如何哉. 先生未及論著, 若干遺文, 重經煨燼. 元集則鶴洞鄭公維藩所採錄也, 年譜言行錄, 先生兄孫龍洞公斗元所裒輯也. 二公之辛勤掇拾於斷爛之餘, 以傳於後, 何其幸邪? 惟其存削記述之間, 不能無可議者, 伊湖金公世鏞瓠窩柳公顯時霽山金公聖鐸相與商確, 就質于密庵門下, 改成一本. 頃以新舊帙, 取正於大山公, 後又得龍洞公家藏草本, 參補釐正, 付之剞劂. 今距先生之世二百有八年, 而文集粗完以成. 事之顯晦, 莫不有數, 而先生之志與業, 或可因此而發之於曠世之後也歟. 上之十一年丁未秋七月日, 後學韓山李光靖謹序."

12) 『論語』 「公冶長」에 공자가 칠조개에게 벼슬을 시키려고 하자 칠조개는 "저는 아직 그에 대해 자신이 없습니다"(吾斯之未能信)라고 대답하였고, 공자가 이에 기뻐했다는 고사가 있다.

보았기 때문에 이 도道가 남과 자기를 관통하고 안과 밖을 모두 포괄하여 잠시도 떠날 수 없다는 것을 알았다. 독실하게 믿었기 때문에 한마디 대답하는 짧은 순간에도 마치 눈으로 보는 바가 있고 손으로 가리키는 바가 있는 것처럼 확고할 수 있었다. 작은 성취에 안주하지 않았기 때문에 산을 만들 때에는 완성을 기약하고, 우물을 팔 때에는 원천源泉에 닿을 수 있어서 반드시 참되게 알아서 의심하지 않는 경지에 도달하고자 하였으니, 공자가 기뻐한 것이 어찌 진실로 그러하지 않았겠는가?

비지賁趾 선생 같은 분은 어린 나이에 퇴계 선생의 문하에서 스승을 받들고, 총명하고 민첩한 자질로 "터득하지 못하면 그만두지 않는"[13] 공부를 하면서, 고통을 감내하고 분발하며 부지런히 도를 추구함으로써 나아가서는 스승과 강론하고 물러나서는 벗들과 토론하였다. 의리는 공자와 정자程子, 주자朱子에 근본을 두었고, 이륜사물彝倫事物의 드러남과 천인성명天人性命의 은미함, 예의상변禮儀常變의 절도, 천문상수天文象數 및 소옹邵雍, 장재張載, 채씨蔡氏 부자[14]의 서적까지 소당연所當然과 소이연所以然을 궁구하지 않음이 없었고, 자신에게서 반성할 때에는 또한 지극히 요점을 취했다. 비록 감당할 수 없는 빈곤과 어려움이 있었지만, 물러나 스스로 무미無味의 맛을 즐기면서 몸소 힘을 다하여 죽은 이후에야 그만두었으니, 본 것이 본래 이미 명료하고, 믿는 바가 또한 독실하였다.

비지賁趾[15]라고 편액을 이름한 것은 아래에 처하여 지위가 없었으면

---

13) 『中庸章句』제20장에서 "생각하지 않는다면 모르겠지만 일단 생각한다면 터득하지 못하면 그만두지 않는다"(有弗思, 思之, 不得, 不措也)라고 하였다.

14) 채씨 부자는 송대의 유학자인 蔡元定(1135~1198)과 그의 아들 蔡沈(1167~1230)을 말한다. 저작으로는 채원정의 『律呂新書』와 채침의 『書集傳』등이 있다.

15) '賁趾'라는 말은 『周易』賁卦 초구 효사의 "발을 꾸밈이니 수레를 버리고 걸어서 간

서도 뜻을 전일하게 하였기 때문이다. 수레를 버리고 걸어가면서 다른 사람들이 부끄러워하는 바를 달게 여겼고, 절개와 의로움을 지키면서 실천하는 바를 스스로 아름답게 꾸밀 뿐이었다. 어찌 당시에 칠조개가 스스로의 믿음을 더욱 구하느라 자잘하게 틈새를 메우는 것에 안주하지 않았던 마음가짐이 아니겠는가? 이로 인해 사문師門에서는 그가 나아갈 바를 헤아릴 수 없다고 인정했고, 여러 벗은 그에 미칠 수 없다면서 그를 높였다.

만약 하늘이 수명을 더 허락하여 그로 하여금 만년까지 마음껏 공부할 수 있게 하였다면 위로는 스승이 남긴 유업遺業을 잇고 아래로는 후학에게 전하는 바가 무궁했을 것이 거의 확실하지만, 애석하게도 겨우 38세에 요절하여 선생의 뜻과 성취가 중도에서 그쳤으니, 유학과 세상의 도의 불행함이란 어떠한 것인가? 선생은 저술을 남기지 않았고, 약간의 유문遺文도 거듭 훼손을 겪었다. 원집元集은 학동鶴洞 정유번鄭維藩16)이 채록하였고, 「연보」와 「언행록」은 선생의 형의 후손인 용간龍澗 남두원南斗元17)이 수습하였다. 두 분이 황폐해진 자료에서 남은 것을 고생스럽게 수습하여 후세에 전하였으니 얼마나 다행인가? 보존하고 삭제하며 기록하는 과정에서 의심스러운 것이 없을 수 없어서 이호伊湖 김세용金世鏞18), 호와瓠窩 류현시柳顯時19), 제산霽山 김성탁金聖鐸20)이 서로 함께 논

다"(貫其趾, 舍車而徒)에 연유하는데, 정도를 버리지 않고 어려운 길을 꿋꿋하게 간다는 뜻을 지닌다.

16) 鄭維藩(1583~1649)의 본관은 東萊이고 자는 康侯이며 호는 鶴洞이다. 柳成龍의 문인이다. 1624년 생원시에 합격하였다. 문집으로 『鶴洞集』이 있다.

17) 南斗元(1655~1713)의 본관은 英陽이고 자는 大樞이며 호는 龍澗이다. 남치리의 중형南致亨의 후손이다.

18) 金世鏞(1673~1742)의 자는 鳴于이고 호는 伊湖이며 본관은 義城이다. 錦翁 金學培의

의하여 확정하고, 밀암密庵[21] 문하에 나아가 질정하여 하나의 판본을 고
쳐서 완성하였다. 근래 새로운 판본과 옛날 판본을 가지고 대산공大山
公[22]에게 교정을 보았고, 나중에 용간공龍澗公에게 집안에서 소장하던 초
본草本을 얻어서 참고하고 보충하여 정리한 뒤에 판각하였다. 지금 선생
이 살던 때로부터 208년이 흐른 뒤에 문집이 거칠게나마 완성되었다.
일의 드러남과 사라짐에는 운수가 없지 않지만, 선생의 뜻과 성취가 이
로 인하여 여러 세대가 지난 뒤에 드러나게 되었다.

정조 11년 정미년(1787) 가을 7월 모일에

후학 한산韓山 이광정李光靖[23]이 삼가 서문을 쓰다.

아들이며, 安東 伊德에 살았다. 適庵 金台重, 葛庵 李玄逸, 密庵 李栽에게 수학하였다.
문집으로『伊湖集』이 있다.

19) 柳顯時(1667~1752)의 본관은 全州이고 자는 達夫이며 호는 壺窩이다. 아버지는 柳啓
輝이며, 어머니는 眞城李氏로 李朝英의 딸이다. 생원시에 장원하였지만 대과에는 나
아가지 않았다. 66세에 안동부의 추천으로 안동부내 都訓長이 되었다. 만년에『心經』
과『近思錄』을 연구하였다. 李栽와 태극에 대한 토론을 벌여 그에게 인정을 받았다.
저술로『壺窩遺稿』가 있다.

20) 金聖鐸(1684~1747)의 본관은 義城이고 자는 振伯이며 호는 霽山이다. 조부는 생원
金邦烈이고, 부친은 金泰重이다. 1735년 증광문과에 을과로 급제하여 사헌부지평이
되었고, 이어서 사간원정언, 홍문관수찬 등을 역임하였다. 1737년 李玄逸의 伸寃疏를
올렸다가 왕의 노여움을 사서 旌義에 유배되었다. 그 뒤 광양으로 이배되어 배소에
서 죽었다. 저술로『霽山文集』이 있다.

21) 李栽(1657~1730)를 말한다. 그의 본관은 재령이고 자는 幼材이며 호는 密庵이다. 葛
庵 李玄逸의 아들이다. 어려서부터 작은아버지 李徽逸과 李嵩逸에게 배웠다. 벼슬은
주부에 이르렀으나 사직하고 오직 학문에만 몰두하여 성리학 분야에서 성취를 일구
었다. 이재의 대표적 제자로 李象靖과 李光靖이 있다. 저술로『密菴文集』이 있다.

22) 李象靖(1711~1781)을 말한다. 그의 본관은 韓山이고 자는 景文이며 호는 大山이다.
부친은 李泰和이며, 모친은 載寧李氏로 李玄逸의 손녀이며 李栽의 딸이다. 1735년에
사마시와 대과에 급제했지만 벼슬에 머문 기간은 길지 않았으며, 주로 학문에 전념
하고 강학에 힘썼다. 다양한 저술과 편저를 남겼는데 대표적으로『大山集』,『退陶書
節要』,『理氣彙編』,『朱子語節要』등이 있다.

23) 李光靖(1714~1789)의 본관은 韓山이고 자는 休文이고 호는 小山이다. 大山 李象靖의
동생으로 密庵 李栽에게 수학하였다. 이황의 학문을 흠모하여 형 이상정의 지도를
받으며 경학과 성리학을 공부하였다. 과거에 나아가지 않았고, 만년에 학행으로 천

3. 시

1)-① 「퇴계 선생이 청량산을 유람할 때 지은 시에 삼가 차운하다」[24)

옛날에 들었던 청량산	昔聞淸涼山
지금 비로소 그 형세 살피네.	今始探形勢
그윽한 물굽이 맑고 깨끗하며	幽磵淸且潔
첩첩 봉우리 빼어나고 아름답네.	重巒秀而麗
암벽 타고 올라 굽어보니	攀躋試登臨
보이는 곳 얼마나 아득한가.	眼界何迢遞
신선의 흥취는 가슴속을 씻어 내고	仙興盪塵胸
신령한 바람에 옷소매 펄럭이네.	神飆振輕袂
가을 매미 허물 벗듯 가뿐하고	飄如玄蟬蛻
은하수 건너듯이 호탕하네.	浩若銀漢濟
문창성文昌星은 고아한 생각을 낳고	文昌入雅想
옛 자취는 지금도 밝고 드높네.	遺躅今昭揭
참된 비결은 전하기 어렵지만	眞訣縱難傳
오랜 바람 은연중 부합하네.	宿願暗相契
애석하게도 이 한 몸	還嗟一箇身
세속의 굴레 벗어나지 못했네.	未得超俗例
길게 휘파람 불며 밝은 달 쳐다보며	長嘯仰明月
벅찬 마음으로 맑은 시에 화답하네.	感慨賡淸製

거되었지만 학문에만 전념하였다. 문집으로 『小山集』이 있다.
24) 『賁趾先生文集』, 권1, 「敬次退溪先生遊淸涼山韻」.

1)-② 「원운」【퇴계 이황】 25)

연대사는 맑고 깨끗한 곳이니	蓮臺淸淨界
산을 마주하는 형세로다.	一山當面勢
단청처럼 빛나고 새로운데	金碧煥增新
불교의 가르침은 얼마나 교묘하고 화려한가.	象敎何詭麗
머무는 승려는 아는지 모르는지	居僧知不知
마중하여 번갈아 드나드네.	迎勞來更遞
대 위에서 일어나 바람 피하고	臺上起避風
당 앞에 앉아 소매를 맞대고 있네.	堂前坐接袂
함께 유람하는 이들 모두 뛰어나고	同遊盡英英
앞서 온 이들 또한 훌륭하였지.	曾到亦濟濟
술병 기울여 술잔 돌리고	傾壺細酌傳
포부 열어 담론을 펼치네.	開抱玄論揭
의견 달라도 번거롭다 여기지 않고	參差不厭煩
우연히 만났어도 깊은 교분 나누네.	邂逅或深契
어찌 주고받는 시가 없겠는가.	那無唱與酬
옛 현인들도 본래 그러했으니	前賢固有例
늙은 내가 선창을 하고	老我敢先挑

---

25) 『賁趾先生文集』, 권1, 「原韻」. 이 시는 『退溪文集』 권3에 「蓮臺寺」란 이름으로 실려 있다. 퇴계 선생은 1564년에 여러 제자와 함께 청량산에 있는 사찰인 연대사에 놀러 갔는데 당시에 주고받은 시 가운데 하나이다. 이 시의 말미에는 다음과 같은 설명이 부가되어 있다. "당시에 내가 영양 이대성, 봉성 금사임, 금문원, 광산 김신중, 김돈서, 영가 권시백, 김경방, 풍산 류경문, 류이득, 영양 이굉중, 영양 남성중과 함께 노닐었다. 나의 조카 이교와 손자 이안도가 따랐다. 예안 현감 포산 곽경정과 횡성 조사경, 봉성 금협지를 기다렸지만 오지 않았다."(時余與永陽李大成, 鳳城琴士任·琴聞遠, 光山金愼仲·金惇敍, 永嘉權施伯·金景龐, 豐山柳景文·柳而得, 永陽李宏仲, 英陽南成仲同遊. 滉姪喬, 孫安道從. 禮安宰苞山郭景靜及橫城趙士敬, 鳳城琴夾之, 期而不至.)

좋은 화답시 기다려 보노라.　　　　　　　　　　佇看諸盛製

2)-① 「퇴계 선생이 보현암26)에서 노닐 때 지은 시에 삼가 차운하다」27)

산이 겹겹이 둘러싸고 있어　　　　　　　　　山圍幾重重

세상일과 아득하게 단절되었네.　　　　　　　塵事逈相絶

골짜기에는 폭포수 밀려들고　　　　　　　　洞裏儲新瀑

바위 사이에는 고찰이 숨어 있네.　　　　　　巖間藏古刹

위태로운 곳 임하여 조심하니　　　　　　　　臨危發兢業

저절로 용렬함을 경계하게 하네.　　　　　　　自可警庸劣

한가함 속의 풍취를 만끽하니　　　　　　　　飽得閑中味

어째서 고기 먹는 즐거움28)만 찾겠는가.　　　何須芻豢悅

2)-② 「원운」【퇴계 이황】29)

내산은 여러 절경 갖추었고　　　　　　　　　內山諸勝具

외산은 더욱 가파르게 솟았네.　　　　　　　　外山更嶬絶

아래에는 만 길 높이의 절벽이고　　　　　　　下臨萬丈壑

중간에는 네다섯 암자 매달렸네.　　　　　　　中懸四五刹

다리 아파 위험한 곳 오르기 어려워　　　　　病脚澁登危

---

26) 普賢庵은 청량산에 있는 암자 이름이다.
27) 『賁趾先生文集』, 권1, 「謹次退溪先生遊普賢庵韻」.
28) 芻豢은 소, 돼지와 같은 가축의 고기를 말한다. 『孟子』「告子上」에서 "의리가 내 마음에 기쁜 것이 고기가 내 입에 맛있는 것과 같다"(義理之悅我心, 猶芻豢之悅我口)라고 하였다.
29) 『賁趾先生文集』, 권1, 「原韻」. 이 시는 『退溪文集』 권3에 「諸人遊外山, 況畏險中返, 坐普賢庵作」라는 이름으로 수록되어 있다.

용기 굽히고 용렬함을 감수하네.　　　　　　　　　　讓勇甘自劣

홀로 와서 방 안에 앉으니　　　　　　　　　　　　　獨來坐一室

초연하게 저절로 기쁨 느끼네.　　　　　　　　　　　超然自悟悅

3)「퇴계 선생을 애도하는 만사」[30]

천 년 동안 적막했던 우리나라에 도학 일으켜　　　　寥寥千載倡吾東

원류를 따라 거슬러 올라가 주자를 계승했네.　　　　沿沂源流續晦翁

경건함과 의로움을 함께 지켜 내면과 외면을 다스리고　敬義夾持齊內外

밝음과 성실함에 나아가 처음과 끝을 관통하였네.　　明誠互進貫初終

마음을 보존하고 덕을 닦아 후학을 열어 주고　　　　存心爲己開來學

도를 지키고 사특함을 막아 과거의 공적을 계승했네.　衛道閑邪繼徃功

하늘이 유학의 도를 버리심이 어찌 이리 급한지요.　　天喪斯文何太亟

선생의 자리 누가 이어서 어리석은 우리를 일깨울까.　皐比誰復擊羣蒙

4)「복괘를 보다가 깨우침이 있어 이굉중[31]에게 보이다」[32]

내가 복괘를 읽으며　　　　　　　　　　　　　　　我讀復一卦

---

30)『賁趾先生文集』, 권1,「退溪先生輓詞【辛未年, 1571】」.

31) 李德弘(1541~1596)의 자는 宏仲이고 호는 艮齋이고 본관은 永川이다. 할아버지는 習讀 賢佑이고, 아버지는 증참판 忠樑이며, 어머니는 나주박씨로 부사직 承張의 딸이다. 어려서 퇴계의 문하에 들어가 학문에 열중하여 스승으로부터 자식처럼 사랑을 받았다. 1578년 조정에서 이름난 선비 아홉 사람을 천거할 때 제4위로 뽑혀 집경전참봉이 되고, 이어 종묘서직장·세자익위사부수를 역임하였으며, 1592년 임진왜란이 일어나자 세자를 따라 성천까지 호종하였다. 훗날 호종의 공으로 이조참판에 추증되었다. 저서로는『周易質疑』·『四書質疑』·『溪山記善錄』·『朱子書節要講錄』·『艮齋集』등이 있다.

32)『賁趾先生文集』, 권1,「看復卦有得, 呈李宏仲【德弘○癸酉年, 1573】」.

방에서 복희와 문왕을 뵙네.　　　　　　一室對羲文

움직일 때의 오묘함을 보고자 하면　　　　欲觀動時妙

매번 고요한 곳에서 논하게 되네.　　　　每於靜地論

적연하고 감응함에 주재가 있음을 알거니와　寂感知有主

닫히고 열리는 과정에는 무엇이 근본이 되는가.　翕闢誰爲根

미혹되어 흉한 것[33]은 내가 두려워하는 바이니　迷凶是我懼

늘 깨어 있으라 일깨워 주네.　　　　　喚告惺惺君

5) 「다시 앞의 운을 써서 이굉중에게 드리다」[34]

복희씨가 처음으로 음양을 만들어　　　　羲皇肇奇耦

세 성인[35]이 문文으로써 계승했네.　　　　三聖繼以文

상을 보고 은미한 말 음미하고　　　　　觀象玩微辭

정자와 주자의 논의를 공경하여 우러르네.　欽仰程朱論

누가 교차하고 변화하는 오묘함을 탐구하여　誰探交變妙

나에게 움직임과 고요함의 근본을 말해 줄까.　告我動靜根

의심 품고 돌아갈 곳 몰랐으니　　　　　持疑迷所歸

감개가 그대와 같았네.　　　　　　　感慨同於君

6)-① 「이굉중의 '득得' 자에 차운하다」[36]

내가 이굉중의 시를 읽고　　　　　　我讀玄仲詩

---

33) 『周易』 復卦의 "멀리 가지 않고서 되돌아온다"(不遠復)에 대하여 왕필의 주석에서
"돌아오는 것이 빠르지 않아 마침내 혼미함에 이르니, 흉하다"(復之不速, 遂至迷, 凶)
라고 하였다.
34) 『賁趾先生文集』, 권1, 「又用前韻呈李玄仲」.
35) 伏羲, 文王, 孔子를 말한다.

그대가 자못 체득이 있음을 기뻐하네.　　　　　喜君頗有得

시내 남쪽에서 십여 년　　　　　　　　　　溪南近十載

몽매함을 헤치고 해와 달을 보았지.　　　　披蒙覩日月

함께 생활한 지 이제 며칠이던가.　　　　　聯床今幾日

세 모퉁이[37]에서 기쁘게 서로 질의하니　　三隅欣相質

그대 좋은 말 아끼지 마시게.　　　　　　　善言君莫惜

그대 위해서 무릎 굽힐 수 있네.　　　　　爲君膝可屈

6)-② 「또 '득得' 자에 차운하다」[38]

집을 지으면서 기초가 확고하지 않으면　　立屋基未定

담장을 만들 수 없다네.　　　　　　　　　垣墻修不得

수많은 전쟁 있던 곳 외로이 서니　　　　　孤立百戰地

음산한 기운은 해와 달을 가리네.[39]　　　　淫氛翳日月

약 하나로 해결하지 못한 마당에　　　　　一藥未打疊

어찌 노둔한 자질을 바꾸랴.　　　　　　　如何變鹵質

옛날 현인은 이러한 의미를 비유하여　　　昔賢喩此義

팔뚝을 펴고 굽히는 것 같다고 했지.[40]　　擬臂伸與屈

---

36) 『賁趾先生文集』, 권1, 「次李宏仲得字韻」.

37) 『論語』 「述而」에서 "한 모퉁이를 가르쳐 주었는데도 나머지 세 모퉁이를 알아채어 반증하지 못한다면 더 가르쳐 줄 것이 없다"(擧一隅, 不以三隅反, 則不復也)라고 하였는데, 세 모퉁이에서 서로 질의하였다는 말은 퇴계 선생의 문하에서 배움을 얻으면서 부지런히 함께 공부한 것을 가리킨다.

38) 『賁趾先生文集』, 권1, 「又次得字韻」.

39) 전쟁 있었던 곳이나 음산한 기운이란 마음에서 私欲이 수시로 발생하는 상황을 비유한 것이다.

40) 朱子의 『論語或問』 「顏淵」에서 "(마음에서 사욕과 천리가 다투는 것은) 이김과 이기지 못함, 예로 돌아감과 돌아가지 못함이 손을 뒤집는 것과 같고, 팔뚝을 굽히고 펴는 것과 같다"(是其克與不克, 復與不復, 如手反復, 如臂屈伸)라고 하였다.

6)-③ 「원운」[41)

들건대 도에 깊이 나아가는 것은	我聞深造道
다만 스스로 체득해야 한다네.	只是要自得
부지런히 힘써서 공을 쌓으면	乾乾若有功
삼 개월 동안 인仁을 어기지 않을 수 있네.[42)	不違可三月
삼가 두려워하며[43) 초심을 지키고	惕若厲初心
강건함은 오묘한 자질을 귀하게 여기네.	強矯貴妙質
궁하고 통함은 본래 때가 있으니	窮通自有時
한 번 좌절한다고 원망할 필요 없네.	不必恨一屈

함께 공부하는 것[44)에 어찌 인연이 없겠는가.	麗澤豈無緣
가까이 대하며[45) 마음 서로 부합했네.	傾蓋心相得
산속에서 의지하는 벗이 되어[46)	山中蓬與麻
근 한 달을 함께 지냈지.	聯床近一月

---

41) 『賁趾先生文集』, 권1, 「原韻」. 이 시는 『艮齋集』 권1에 「呈南義仲【二首】」이란 이름으
로 수록되어 있다.

42) 『論語』 「雍也」에서 공자는 "안회는 그 마음이 3개월 동안 仁을 떠나지 않았고, 그
나머지 사람들은 하루나 한 달에 한 번 仁에 이를 뿐이다"(回也, 其心三月不違仁, 其餘
則日月至焉而已矣)라고 하였다.

43) 『周易』 乾卦에서 "군자가 종일토록 부지런히 힘써 저녁까지 삼가 두려워하면 허물이
없으리라"(君子終日乾乾, 夕惕若厲, 无咎)라고 하였다.

44) 麗澤이란 朋友가 함께 학문을 강습하여 서로 이익을 줌을 뜻한다. 『周易』 兌卦에서
"두 못이 연결된 형상이 兌이니, 군자가 이를 본받아 붕우 간에 강습한다"(麗澤兌,
君子以朋友講習)라고 하였다.

45) 傾蓋如故의 준말이다. 『史記』 「鄒陽列傳」에서 "흰머리가 되도록 오래 사귀었어도 처
음 본 사람처럼 느껴질 때가 있고, 수레 덮개를 기울이고 잠깐 이야기했지만 오랜
벗처럼 느껴질 때도 있다"(白頭如新, 傾蓋如故)라고 하였다.

46) 그와 사귀게 되면 자연히 바르게 되는 친구를 말한다. 『荀子』 「勸學」에서 "쑥이 삼밭
에 나면 붙잡아 주지 않아도 곧아진다"(蓬生麻中, 不扶而直)라고 하였다.

병들면 약이 있는 줄 알듯이   有病知有藥

의문이 있으면 흔쾌히 질문했지.   有疑欣有質

지금은 쓸쓸함이 깊어서   如今落莫甚

내 마음 움츠러들게 하네.   使我心自屈

7)-① 「김륭[47])의 운을 써서 이굉중에게 드리다」[48]

산사 창가에는 절로 정적이 감도는데   禪窓自靜寂

나그네는 날마다 홀로 시 짓네.   幽客日孤吟

밤은 천지가 고요해서 좋고   夜愛乾坤靜

아침에는 비바람 심하여 놀라네.   朝驚風雨深

사람들 모두 즐길 것을 탐하는데   人皆貪就玩

나라고 어찌 마음이 없겠는가.   吾豈獨無心

한스럽구나, 담장이 낮아서   却恨垣墻淺

일전에 미처 끊어내지 못한 것이.   從前未斷禁

7)-② 「또 이굉중에게 드리다」[49]

사귐을 따져 보니 지금까지 몇 해인가.   論交今幾載

산사에서 함께 노닐며 기뻤다네.   山寺喜同遊

당당한 걸음에서 그대의 마음 알겠고   闊步知君意

---

47) 金隆(1549~1594)의 자는 道盛이고 호는 勿巖이며 본관은 咸昌이다. 퇴계의 문인으로 『小學』·『家禮』·『太極圖說』·『通書』 등을 수학하였다. 1592년 임진왜란이 일어나자 격문을 지어 여러 고을에 돌려 起兵할 것을 호소하였으며, 이듬해 學行으로 참봉에 천거되었다. 저술로 『勿巖集』·『三經講錄』·『小學釋義』 등이 있다.

48) 『賁趾先生文集』, 권1, 「用金道盛【隆】韻呈李宏仲」.

49) 『賁趾先生文集』, 권1, 「又呈李宏仲」.

중도에서 그만둠은 나의 근심일세.　　　　　　　　半塗是我憂

연원에서는 비록 날로 멀어지지만　　　　　　　　淵源雖日邈

서책에서는 지금도 구할 수 있다네.　　　　　　　簡策可今求

스승의 가르침 저버리지 말게나.　　　　　　　　莫負師門敎

결국 높은 곳에서 쉬기를 기약하세.　　　　　　　終期峻處休

7)-③ 「차운」50)

내가 관서觀書를 읊은 시51)를 읽고서　　　　　　我讀觀書詠

이어서 「청야음」52)을 읊었네.　　　　　　　　　因吟淸夜吟

구름 흐르니 연못은 저절로 맑아지고　　　　　　雲飛塘自淨

달 이른 뜨락은 얼마나 깊은가.　　　　　　　　月到院何深

인적 없어 잡생각 들지 않고　　　　　　　　　　人靜無他念

하늘은 비어 본래 마음과 같구나.　　　　　　　天空等本心

한 치의 아교를 흐르는 물에 던지니53)　　　　　寸膠投活水

맑은 흥취 절로 금하기 어렵네.　　　　　　　　淸興自難禁

---

50) 『賁趾先生文集』, 권1, 「次韻」. 이 시는 『艮齋集』 권1에 「次南義仲用金道盛【隆】韻寄示」
　　라는 이름으로 수록되어 있다.

51) 朱子의 시 「觀書有感」을 말한다. 그 시에서 "반 이랑 네모진 못에 한 거울이 열리어,
　　하늘빛 구름 그림자가 함께 배회하네. 묻노니 어찌하면 저처럼 맑을까, 원천에서
　　콸콸 쏟아져 나오기 때문이네"(半畝方塘一鑑開, 天光雲影共徘徊. 問渠那得淸如許, 爲有
　　源頭活水來)라고 하였는데, 학문을 통해 심성을 수양하는 즐거움을 읊은 내용이다.

52) 邵雍이 지은 오언절구의 시로서 도를 체득한 경지를 밝혔다. 그 시에서 "달은 하늘
　　한복판에 이르고, 바람은 물 위에 불어오네. 이와 같은 맑은 깨끗한 경지를 아마도
　　아는 사람 많지 않으리"(月到天心處, 風來水面時. 一般淸意味, 料得少人知)라고 하였다.

53) 작은 힘을 가지고 큰일을 이루어 보려 했다는 말이다. 아교는 물의 탁한 기운을 가
　　라앉힌다. 『抱朴子』「嘉遯」에서 "한 치 아교로 황하를 다스릴 수 없다"(寸膠不能治黃
　　河)라고 하였는데, 이것을 인용하여 주자가 「二詩奉酬敬夫贈言并以爲別」이란 시에서
　　"어찌 알겠는가? 조그마한 아교가 천 길의 혼탁함을 구제할 줄을"(豈知一寸膠, 救此
　　千丈渾)이라고 하였다.

옛날 정자의 문하에서	憶昔程門下
눈 속에 함께 있던54) 생각을 하네.	相從雪裏遊
두 사람이 시습의 즐거움을 누리는데	兩君時習樂
나만 홀로 살면서 근심했네.	惟我索居憂
끊어진 맥은 지금 비록 멀지만	墜緒今雖遠
연원은 다시금 구할 수 있네.	淵源更可求
공경하며 서로 힘쓰니	欽哉于胥勗
날마다 편안하여 부끄러움이 없네.	無愧日休休

4. 부賦

1) 「폐석」55)

성군이 세상을 다스릴 때에는	惟聖王之御世
귀와 눈을 활짝 열어 사방에 미치니	廓聰明其四達
선한 말을 올리는 깃발56)과 비판하는 말을 적는 나무57)를 두었고	

---

54) 이른바 程門立雪의 고사를 말한다. 『二程外書』에 다음과 같은 기록이 나온다. "游酢와 楊時가 처음 程伊川을 만났다. 정이천은 눈을 감고 앉아 있었는데, 유초와 양시가 곁에 서 있었다. 정이천이 눈을 뜨고는 '그대들은 아직도 여기에 있는가? 날이 저물었으므로 그만 쉬도록 하게'라고 했다. 문을 나섰는데 문밖에 눈이 한 척이나 쌓여 있었다."(游楊初見伊川, 伊川瞑目而坐, 二子侍立. 旣覺, 顧謂曰, 賢輩尙在此乎, 日旣晚, 且休矣. 及出門, 門外之雪深一尺.)

55) 『賁趾先生文集』, 권1, 「肺石」. 폐석은 '붉은 돌'이라는 뜻으로 周代에 大司寇가 이 붉은 돌을 조정에 설치해 놓고 억울한 백성들에게 거짓 없는 붉은 마음을 가지고 이 붉은 돌 위에 앉아 사실을 하소연하도록 하여 그들의 억울함을 처리해 주었던 데서 온 말이다. 『周禮』, 「秋官·大司寇」 참조.

56) 요임금은 기를 세워 두고 선한 말을 올리는 사람으로 하여금 기 아래에 서게 하였

위아래의 실정을 막게 하지 않았도다.	情上下其無閼
호소할 곳 없는 사람이 어쩌지 못할까 염려하여	慮無告之或滯
속마음 드러낼 수 있는 돌을 마련했으니	嘉陳肺之有石
억울함 풀어 줄 곳을 얻었고	旣伸枉之得地
곤궁한 백성은 마땅한 자리를 얻었도다.	肆窮民之獲所
생각건대 왕도정치의 급선무는	稽王政之首務
무엇보다 어진 정치를 베푸는 것이거늘	最施仁之先擧
다만 한 사람의 하찮은 몸으로	然一人之眇躬
주광58)으로 귀를 가리고 홀로 거처하며	蔽黈纊而獨處
구중궁궐에서 천 리 거리처럼 떨어져 있으면서	阻千里於九重
하루에도 무수한 일을 처리하므로	理萬機於一日
만약 사무에서 요체를 잃으면	倘所務之失要
백성의 실정과 멀어질까 두렵도다.	恐輿情之或隔
고아, 과부, 노인, 아이처럼 의지할 곳 없는 사람에게는	況孤獨老幼之無賴
은혜 베푸는 것59)을 더욱 급하게 해야 하니	尤惠鮮之最急
진실로 스스로 처지를 전달할 수 없으니	苟不能於自達
슬프고 괴로운 마음 누가 말해 주겠는가.	哀困悴之孰白

다. 『大戴禮記』, 「保傳」 참조.

57) 순임금은 表木을 세워 백성으로 하여금 정치의 잘못된 점을 적어 놓도록 하였는데,
   그 나무를 誹謗之木이라고 한다. 『呂氏春秋』, 「自知」 참조.

58) 黈纊은 冕旒冠 양쪽으로 귀에 닿을 만큼 늘어뜨린 누런 솜방울을 말한다. 왕이 잘잘
   못을 함부로 듣지 않겠다는 뜻을 담고 있다. 『淮南子』 「主術訓」에 "그러므로 옛날
   임금들이 면류관 앞에 旒를 늘어뜨리는 것은 보는 것을 가리기 위한 것이며, 주광을
   늘어뜨려 귀를 막는 것은 듣는 것을 가리기 위한 것이다"(故古之王者, 冕而前旒所以蔽
   明也, 黈纊塞耳所以掩聰)라는 내용이 보인다.

59) 惠鮮은 은혜를 베풀고 살아나게 한다는 말로 『書經』 「無逸」에 "文王이 소민을 품어
   보호하고, 홀아비와 홀어미에게 은혜를 베풀어 살아나게 하였다"(懷保小民, 惠鮮鰥寡)
   라는 말이 나온다.

이에 나라 안에 돌을 세워서	爰立石今國之中
차별 없이 대하는 어진 덕을 드러내어	表一視之仁德
폐석이라 이름하고 밝게 알려	揭肺號而昭布
의지할 곳 없는 사람에게 억울함 달랠 길을 보이고	示伸理於煢獨
그 아래에 자식처럼 모여들게 하여	俾子來於其下
스스로 속마음을 드러내게 하였도다.	得自陳其肺腑
천하의 피폐하고 병든 이들이	擧天下之殘疾
모두 고개를 들고 달려와 호소하니	咸引領而赴訴
폐석은 백성들로 인해 좋은 이름 얻고	石因民而加美號
백성은 폐석을 통해 아픔과 고통을 하소연하네.	人依石而愬疾苦
고통이 이를 통해 그치기도 하고	疾痛由是而或已
억울함이 이를 통해 표출되기도 하네.	寃抑因玆而得露
이미 하소연할 곳 없는 이에게도 잔혹하지 않거늘[60]	旣無告之不虐
하물며 홀아비나 과부처럼 멸시받는 이들임에랴.	矧鰥寡之忍侮
백성들이 진심을 모두 쏟아 낼 때	民腎腸之旣輸
사방으로 귀를 열었으니 누가 막겠는가.	豁四聰其誰遏
차마 남을 해치지 못하는 마음의 단서를 확장하고[61]	推不忍之端緒
다친 사람을 보살피는 것[62]과 같은 지극한 은택을 넓혀	擴如傷之至澤

---

60) 순임금이 요임금을 칭송한 말을 차용한 것이다. 『書經』「大禹謨」에 "아, 너의 말이 옳다. 진실로 이와 같다면 아름다운 말이 숨겨지는 바가 없으며, 들에는 버려진 현자가 없어서 만방이 다 편안할 것이니, 여러 사람에게 상고하여 자기를 버리고 남을 따르며, 하소연할 곳 없는 자들을 학대하지 않으며 곤궁한 자들을 폐하지 않음은 오직 帝堯만이 이에 능하셨다"(兪, 允若玆, 嘉言罔攸伏, 野無遺賢, 萬邦咸寧, 稽于衆, 舍己從人, 不虐無告, 不廢困窮, 惟帝時克)라고 하였다.

61) 『孟子』「公孫丑上」에 "사람을 차마 해치지 못하는 마음을 지니고서, 사람을 차마 해치지 못하는 정치를 행한다면, 천하를 다스리는 것은 손바닥 위에서 굴리는 것처럼 쉬울 것이다"(以不忍人之心行不忍人之政, 治天下可運於掌上)라는 말이 나온다.

62) 『孟子』「離婁下」에 "문왕은 백성 보기를 다친 사람을 보듯 하였다"(文王視民如傷)라는 말이 나온다.

누워 있는 병든 자를 돌본다면 　　　　　　　　　　奠疲癃於枕席

누가 원망하고 탄식하겠는가. 　　　　　　　　　　孰騰怨而興咨

아름답구나, 이 납작한 폐석은 　　　　　　　　　　懿有扁之斯石

밟아도 낮아지지 않는구나.[63] 　　　　　　　　　　顧踐履之不卑

백성의 마음 전달되고 왕의 은택 내려지니 　　　　　下情達兮王澤降

백성과 왕의 마음이 돈독하게 합치하여 　　　　　　胳兩情之交孚

나라의 형세 반석에 올려놓네. 　　　　　　　　　　措國勢於盤石

험악한 민심을 황금 단지[64]에 진정시키니 　　　　鎭民嵒於金甌

직접 대궐문을 나서지 않고서도 　　　　　　　　　　身不出於門闥

억조창생의 탄식을 살필 수 있네. 　　　　　　　　　察恫瘝於兆億

저 왕실의 저울과 추 　　　　　　　　　　　　　　彼王府之衡石

제도로서 따를 수 있지만 　　　　　　　　　　　　縱制度之可法

어찌 이 폐석을 한 번 세워서 　　　　　　　　　　豈若妓石之一立

단단하게 나라의 명맥을 수립하는 것만 하겠는가. 　樹國脈於不拔

그러나 세울 수 있는 터전의 유무는 　　　　　　　然立基之有地

군주의 덕이 깊고 얕은가에 달려 있네. 　　　　　　係君德之溥博

진실로 근본 없이 세워 둔다면 　　　　　　　　　　苟無本以扶植

덩그러니 있을 뿐 무슨 이득이 있겠는가. 　　　　　但塊然兮何益

아, 덕이 쇠하고 폭정이 일어나 　　　　　　　　　噫德衰而暴作

갓난아이가 어미를 잃은 지 오래되고 　　　　　　　久赤子之失乳

욕망만 채우면서 학정을 일삼으니 　　　　　　　　逞己欲而肆虐

---

63) 『詩經』「白華」에서 "납작한 이 돌은 밟는 자도 낮아지네. 그대가 나를 멀리함이여, 나로 하여금 병들게 하는도다"(有扁斯石, 履之卑兮. 之子之遠, 俾我底兮)라고 하였다.

64) 金甌는 국가의 영토를 뜻하는 말로 南朝 梁의 武帝가 "우리나라는 마치 황금 단지와 같아서 하나도 상하거나 부서진 곳이 없다"(我家國猶若金甌, 無一傷缺)라고 말했다는 고사에서 유래한 것이다. 『梁書』, 「侯景列傳」 참조.

어찌 사랑과 자비에 마음을 두겠는가.　　　　　　寧有心於字撫

폐석은 이미 나라 안에서 사라졌고　　　　　　　　石已撤於國內

백성은 쓴 독에 눈살을 찌푸리네.　　　　　　　　　民蹙頞於荼毒

싸우다 우물에 떨어져도 돌을 던지니　　　　　　爭下井而投石

어찌 폐석을 통해 마음을 터놓겠는가.　　　　　　詎因石而披腹

하늘에 소리쳐도 누구에게 호소하겠는가.　　　籲旻天而誰訴

기꺼이 도랑에 버려지고 골짜기 메우리.　　　　　甘棄溝而塡壑

어찌 폐석을 다시 세우겠는가.　　　　　　　　　　　豈肺石之復立

원망이 날로 쌓이는 것을 개탄하니　　　　　　　慨怨讟之日積

위나라 무당이 비방하는 이를 감시하거늘[65]　　衛巫監謗兮

주나라 여왕의 잔혹한 폭정을 슬퍼하네.　　　　慘周厲之殘虐

명광궁[66]에 간언의 말을 던지니　　　　　　　　　投甎明光兮

무조[67]의 잔혹함을 애통해하는구나.　　　　　　痛武瞾之嚴酷

오직 송나라 태조에게 취할 것이 있으니　　　　獨有取於宋祖

조정에 등문고[68]를 설치하였다.　　　　　　　　鼓登聞兮置局

천 년 뒤에 황하도 맑아질 것이니　　　　　　　　際河淸於千載

위대한 성군이 탄생하리라.　　　　　　　　　　　　偉聖明之誕作

그러나 인심을 자칫 잃으면　　　　　　　　　　　　然民心之或失

원망과 탄식이 그 사이에서 나오리라.　　　　　有怨咨之間作

비록 이 폐석을 다시 세우기 어렵지만　　　　　雖此石之難復

---

65) 周의 厲王이 자신의 학정을 비난하는 자들을 감시하기 위하여 衛巫로 하여금 불평하
　　는 자들을 가려내어 처형하게 하였다고 한다. 『國語』, 「周語」참조.
66) 明光宮은 漢의 武帝가 건립한 궁전 이름으로 未央宮 서편에 있었는데 후대에는 대궐
　　을 뜻하는 말로 쓰였다.
67) 唐의 則天武后를 가리킨다.
68) 登聞鼓는 백성들의 忠諫이나 冤情을 듣기 위해 조정에 달아 두었던 북으로 宋 太祖가
　　처음으로 설치하였다.

원컨대 사대문을 활짝 열어서　　　　　　　　　　願四門之洞闢

간담을 드러내고 피를 쏟으며　　　　　　　　　　庶披肝而瀝血

궁궐 문에서 부르짖기를 기약하노라.　　　　　　　期一叫乎閭闔

2) 「군주와 신하가 서로 바르니 나라가 넉넉하다」69)

굶주려 야윈 천지를 세우고　　　　　　　　　　　立捐瘠之天地

강호의 숨은 근심을 품도다.　　　　　　　　　　　抱江湖之隱憂

자신을 먼저 바르게 하기를 기약하고　　　　　　　期一己之先正

왕정을 보좌하며　　　　　　　　　　　　　　　　矢黼黻乎皇猷

예경의 유훈을 살피고　　　　　　　　　　　　　　目禮經之遺訓

나라를 살찌울 비책을 깨우치며　　　　　　　　　　悟肥國之要道

모두 바르게 하여 결함이 없게 하니　　　　　　　　咸以正而罔缺

이것이 군주와 신하의 커다란 보배로다.　　　　　　寔君臣之大寶

하나가 되어 함께 이룸을 궁구하니　　　　　　　　究一體之相成

진실로 나라의 운명이 달렸도다.　　　　　　　　　實國命之所寄

---

69) 『賁趾先生文集』, 권1, 「君臣相正國之肥」. 『禮記』 「禮運」에 있는 다음 내용에서 제목을
가져온 것이다. "음악으로써 편안히 하여 순하게 함에 도달하지 못하면 밥을 먹어도
살이 오르지 않는 것과 같으니, 사지가 이미 바르며 피부가 풍만한 것은 사람이 살
찐 것이고, 부자가 돈독하고 형제가 화목하고 부부가 화합함은 집이 살찐 것이고,
대신이 법을 따르고 작은 신하가 청렴하며 관직이 서로 질서가 있고 군신이 서로
바름은 나라가 살찐 것이고, 천자가 덕으로써 수레를 삼고 음악으로써 마부를 삼으
며 제후가 예로써 서로 함께하고 대부가 법으로써 서로 차례하며 사가 신의로써
서로 이루고 백성이 화목함으로써 서로 지킴은 천하가 살찐 것이니, 이것이 바로
大順이라고 하는 것으로, 대순이라는 것은 산 사람을 봉양하고 죽은 사람을 장송하
며 귀신을 섬기는 바의 떳떳한 예이다."(安之以樂而不達於順, 猶食而弗肥也. 四體旣正,
膚革充盈, 人之肥也. 父子篤, 兄弟睦, 夫婦和, 家之肥也. 大臣法, 小臣廉, 官職相序, 君臣相
正, 國之肥也. 天子以德爲車, 以樂爲御, 諸侯以禮相與, 大夫以法相序, 士以信相考, 百姓以睦
相守, 天下之肥也. 是謂大順, 大順者, 所以養生, 送死, 事鬼神之常也.)

서로 인도함에 옳고 그름이 나뉘고	判相導之邪正
매번 살찌고 수척함을 달리 하네.	每肥瘠之立異
그러므로 군주 노릇도 매우 어렵고	故爲君之實難
또한 신하 노릇도 쉽지 않네.	又爲臣之不易
삼가고 공손하게 처신하니	儼恭己而穆穆
군주의 조칙이 엄중하게 내려지면70)	渙大號之綸綍
삼가면서 몸을 바치고 충직한 태도로서	謹致身而謇謇
신중하고 조심스럽게 애를 쓰도다.	惕小心而兢業
그러나 성인이 나이면 허물이 없을 수 없으니	然非聖不能無過
어찌 서로 힘쓰고 권면하지 않으랴.	盍相勉以胥勗
앞에서 순종하지만 말고 잘못을 바로잡아71)	無面從而弼違
간곡하게 지극한 마음을 아뢰어야 하고	詔丁寧之至意
선을 작게 하고 악을 크게 하지 말 것이며72)	勿善小而惡大
마음의 충정을 간곡하게 다할 것이다.	致夷曲之懇至
서로 경계하고 권면할 것이니	庸相警而諄諄
어찌 잠시라도 태만할 수 있겠는가.	寧暫息之或弛
나무가 먹줄을 따르듯이73)	譬木榦之從繩

---

70) 『周易』 渙卦에서 "(민심이) 흩어질 때 큰 명령을 몸에 땀이 나오듯이 내린다"(渙汗其 大號)라고 하였는데, 여기에서 '渙大號'란 땀이 한 번 나오면 다시 들어갈 수 없는 것처럼 번복할 수 없는 엄중한 제왕의 호령을 뜻한다.

71) 『書經』「益稷」에서 "내가 잘못하거든 그대가 바로잡아 나를 도울 것이니, 내 앞에서 는 순종하는 척하다가 물러나서는 뒷말을 하는 일이 없도록 하라"(予違汝弼, 汝無面 從退有後言)라고 하였다.

72) 漢昭烈이 "작은 선이라고 해서 지나치지 말고, 작은 악이라고 해도 행하지 말라"(勿 以善小而不爲, 勿以惡小而爲之)라고 하였다. 한편 이는 『書經』「伊訓」에서 "당신은 덕 에 있어서 비록 작더라도 소홀히 여기지 마십시오. 온 세상이 경하할 것입니다. 당 신은 부덕한 일에 있어서 비록 크지 않더라도 행하지 마십시오. 그 종사를 무너뜨릴 것입니다"(爾惟德罔小, 萬邦惟慶, 爾惟不德罔大, 墜厥宗)라고 한 것과 뜻이 통한다.

73) 『書經』「說命」에서 "나무가 먹줄을 따르면 곧게 되고, 임금이 간언을 따르면 위대하

활이 도지개로 바로 잡히듯이	同弓軆之載檠
그릇된 마음 고쳐서 도에 맞게 하라.	格非心兮當道
하나라도 어긋나지 않게 하고	靡一事之失正
현능한 사람 등용하고 굽은 사람 억제하니	登賢能兮抑枉
어찌 한 사람이 정사를 위태하게 하겠는가.	詎一人之害政
사대문을 활짝 열어 두면	四門谿其洞闢
온갖 백성의 마음이 성대하게 이를 것이니	萬情森其必達
올바른 도를 크게 열어서	廓正道之大開
삿된 기운이 침입하지 못하게 하도다.	無邪氣之間闖
조정과 백성이 한결같이 올바르게 되어	朝廷萬民莫不一於正兮
마침내 천지 또한 순조롭게 되리라.	竟天地之亦順
손과 발이 마비되는 것을 없애고[74]	去手足之痿痺
넓은 집의 윤택함을 얻게 되면[75]	有厦屋之富潤
만물이 넉넉하고 사령[76]이 나타나며	百物阜兮四靈臻
성대하게 순조로이 통하게 하고 미더움을 체인하네.[77]	藹達順而軆信
난세를 다스릴 약석을 준비하고	措治亂之藥石
태평한 때를 진작하는 양육을 펼치도다.[78]	布興平之粱肉

게 된다"(惟木從繩則正, 后從諫則聖)라고 하였다.

74) 손발의 마비란 도덕적 마음이 발휘되지 않는 상태를 비유한다. 『二程遺書』에서 정명
  도는 "醫書에 '手足이 마비되는 것이 不仁이다'라고 했는데 이 말이 仁을 가장 잘 표
  현했다. 인한 사람은 천지만물을 한 몸으로 여겨서 무엇이든 자기가 아닌 것이 없
  다"(醫書言手足痿痺爲不仁, 此言最善名狀. 仁者以天地萬物爲一體, 莫非己也)라고 하였다.
75) 『大學章句』 傳6章에서 "부유함은 집을 윤택하게 하고 덕은 몸을 윤택하게 한다"(富潤
  屋, 德潤身)라고 하였다.
76) 四靈은 용·기린·거북·봉황을 말하며 상서로움의 징조이다.
77) 『禮記』 「禮運」에서 "미더움을 체득하여 천하에 순조로이 통하게 한다"(軆信而達順)라
  고 하였다.
78) 藥石은 약과 침을 말하고, 粱肉은 좋은 밥과 고기를 뜻한다. 『後漢書』 「崔駰列傳」에서
  "무릇 형벌이라는 것은 난세를 다스리는 약석이요, 덕교라는 것은 태평할 때 진작하

인이 피부에 스며들고 뼈에 사무쳐   仁浹肌而淪骨

다투어 실컷 먹고 배를 두드리니   爭含哺而鼓腹

즐겁고 여유 있어 나라가 풍요롭고 평안하구나.   熙熙皥皥國體之豐泰兮

어느 것인들 서로 바르게 하여 이룬 것이 아니겠는가.   何莫非相正之攸致

번갈아 찬성과 반대의 뜻을 개진하면서[79]   迭都兪而吁咈

요순 시대의 지극한 다스림을 우러르고   仰唐虞之至理

서로 가르치고 함께 닦으면서   胥教誨而交修

삼대의 위대한 통치를 흠모하네.   欽三代之盛治

서로 다투는 후대의 모습 개탄하거늘   慨交訟之世降

가난하여 굶주린 기색을 불쌍히 여기고   悶顑頷之飢色

심장을 도려내는 아픔을 애통하게 여기네.[80]   痛心頭之剜剟

누가 나라를 살찌울 생각을 하는가.   疇有念於肥國

당 현종의 용모가 수척하다는 말[81]에 침을 뱉고   唾唐宗之貌瘦

단지 명성만 좋아하고 실질이 없도다.   徒好名而無實

다행히 천 년 만에 오는 경사스러운 만남에   幸千載之慶會

우리 동방에 복록이 있음을 기뻐하도다.   嘉大東之有祿

는 훌륭한 음식이다"(夫刑罰者, 治亂之藥石也. 德教者, 興平之粱肉也)라고 하였다.

79) 都兪는 찬성, 吁咈은 반대를 뜻하는 말로, 堯임금이 신하들과 정사를 토론할 때 찬성과 반대의 의견을 기탄없이 개진하였던 데서 유래한다. 일반적으로 밝은 임금과 어진 신하가 서로 뜻이 맞아 政事를 토론하는 것을 뜻한다.

80) 백성의 극심한 생활고를 묘사한 표현이다. 唐의 시인 聶夷中의 「詠田家」에서 "2월에는 새 고치실을 미리 팔고, 5월에는 새 곡식을 미리 팔아서, 눈앞의 상처를 치료하기 위해 심장의 살을 깎아 내는구나"(二月賣新絲, 五月糶新穀, 醫得眼前瘡, 剜却心頭肉)라고 하였는데 심장의 살이란 곧 마음속으로 가장 아끼는 사물을 비유한 것이다.

81) 唐의 玄宗이 직간을 잘하는 韓休를 등용하여 재상으로 삼은 후에 즐거워하지 않는 모습을 보였다. 좌우에서 "한휴가 조정에 들어온 뒤로 하루도 기뻐하는 날이 없으신데 어찌 스스로 근심하면서도 그를 내치지 않습니까?"라고 물으니, 현종이 "내가 비록 수척해졌지만 천하는 반드시 살찔 것이다"(吾貌雖瘦, 天下必肥)라고 하였다. 『舊唐書』, 「韓休列傳」 참조.

그러나 집과 나라가 간혹 충분히 살찌지 못하고   然家國或未盡肥兮

때로 굶어 죽은 이가 생기기도 하니   時餓莩之間作

또한 각자 몸을 바르게 하고 서로 질정하기를   亦各正身而相正兮

지금에 이르러 깊이 갈망하도다.   深有望於今日也

5. 서신

1) 「이굉중에게 답하다」[82]

근래 상사上舍 권정보權定甫[83]를 통해 두 분이 문답한 논의를 보았는
데, 성찰하여 일깨우는 바가 많았습니다. 함께 강론함을 그치지 않고
마무리를 지었으니 우리 학문의 다행스러움을 어찌 말로 다 표현하겠

---

82) 『賁趾先生文集』, 권1, 「答李宏仲【癸酉, 1573】」, "近因權上舍定甫氏, 獲見答問之論, 多所
省發. 相與講明不輟, 以成厥終, 此學之幸, 何可勝言? 因錄鄙見 還報權上舍. 早晩當塵淸几,
伏望一一指敎. 因棄前日所辨復卦說, 想已洞察無疑. 近見朱子答呂約書云, 至靜之時, 但有
能知能覺者, 而無所知所覺者, 於易卦爲純坤不爲無陽之象, 若論復卦, 則須以有所知覺者當之,
不得合爲一說. 中庸或問論中和處, 亦有此意, 而小註引此條以明之. 先師所論此條云, 純坤不
爲無陽之象, 乃未發也, 復卦則須以有所知覺者當之, 乃已發也. 如此則似與前日鄙意契合. 故
謾錄稟知, 伏乞還敎可否. 且所論爲敬之事, 亦已細究之矣, 迄今反復不得. 但正衣冠尊瞻視爲
爲敬之事者, 未見大謬. 近看朱書論敬處, 亦多類此, 使人有下手著脚處也. 或有舍此而言敬者,
則深辨之. 以此觀之, 則前日鄙意似不至甚誤. 伏乞虛心平氣忘彼我之私, 深究明察, 反以見敎,
深所願望."

83) 權宇(1552~1590)의 본관은 安東이고 자는 定甫이며 호는 松巢이다. 아버지는 忍齋
權大器, 어머니는 眞城李氏로 訓導 李濟의 딸이자 退溪의 재종질이다. 退溪와 月川 趙穆
문하에서 수학하였으며 南致利·金垓·李德弘 등과 서로 만나거나 서간으로 강론하
였다. 또한 柳成龍·金誠一·具鳳齡·權好文 등의 사랑과 공경을 받았다. 1573년 사마
시에 합격하여 생원이 된 후 오로지 학문에 힘쓰고자 하여 14년간 향리에 있었으나,
1586년 선조의 부름으로 敬陵參奉에 임명되었다. 1587년 아버지의 복상 중 왕자사부
로 임명되었으나 1590년 39세의 나이로 세상을 떠났다. 문집으로 『松巢集』이 있다.

습니까? 이를 계기로 저의 견해를 기록하여 권 상사께 보냈습니다. 조만간 깨끗한 책상을 놓고 하나하나 가르침을 구하기를 바랍니다.

이어서 앞서 논변했던 '복괘復卦'에 관한 주장에 대해 아뢰니, 생각하기에 이미 의심이 없이 살폈을 것입니다. 근래 주자朱子가 여자약呂子約[84]에게 보내는 편지를 보니 "지극히 고요할 때에는 단지 지각할 수 있는 능력만 있을 뿐 지각되는 바는 없습니다. 이것은 『주역』의 괘에서 순수한 곤괘坤卦에 양陽이 없는 모양에 해당합니다. 만약 '복괘'를 논할 경우에는 지각되는 대상이 있는 것으로 보아야 하니 양자를 하나로 간주할 수는 없습니다"[85]라고 하였습니다. 또한 『중용혹문中庸或問』에서 중화中和를 논한 곳에서도 또한 이러한 의미가 있는데, 소주小註에서 이 조목을 인용하여 밝혀 놓았습니다.

퇴계 선생께서 이 조목을 논한 것에 따르면 "'순곤불위무양지상純坤不爲無陽之象'은 미발未發의 때이고, '복괘즉수이유소지각자당지復卦則須以有所知覺者當之'는 이발已發의 때이다"라고 하였으니, 그렇다면 일전에 저의 견해와 부합하는 것 같습니다. 그러므로 외람되이 기록하여 아뢰니 어떠한지 가르침을 주시길 바라겠습니다.

또한 경敬을 실천하는 일을 논한 것에 대해서도 이미 상세하게 논구해 보았지만, 지금까지 반복하여도 체득하지 못했습니다. 그러나 의관을 바르게 하고 시선을 엄숙하게 함을 경을 실천하는 일로 여기는 것[86]

---

84) 子約은 呂祖儉(1137~1181)의 자로서, 여조겸은 주자의 벗인 呂祖謙의 동생이다.

85) 『朱子文集』 권48의 「答呂子約」에 나오는 내용이다.

86) 『論語』 「堯曰」에서 孔子가 子張에게 다섯 가지 미덕을 가르쳐 주면서 "군자는 의관을 바르게 하고, 시선을 엄숙하게 한다"(君子正其衣冠, 尊其瞻視)라고 하였다. 程頤 또한 敬을 논하면서 이러한 방법을 중요하게 거론하였는데 예컨대 『二程遺書』 권18에서

에는 큰 오류가 없어 보입니다. 근래 주자의 글에서 경을 논한 곳을 보아도 역시 많은 곳에서 이와 비슷했으니 사람들에게 착수할 곳이 있게끔 하였습니다. 간혹 이것을 버리고 경을 말하는 경우에는 깊이 변론하였습니다. 이를 통해 보건대 일전의 제 생각이 크게 잘못된 것은 아닐 듯합니다. 마음을 비우고 기운을 편안하게 가져서 나와 남의 사사로움을 잊고, 깊고 명료하게 고찰하여 재차 가르침을 주시길 깊이 바랍니다.

2) 「어떤 사람에게 답하다」[87)

【질문】

장경부張敬夫에게 답하는 편지의 '이면裏面'에 대한 해석을 일전에 아뢰어 논의했습니다만 끝내 확정하지 못했습니다. 그리하여 삼가 이별한 뒤에 생각한 바를 다시 질문드립니다.

"근엄하게 의관을 바르게 하고 시선을 엄숙하게 한다면 그 안에 자연스레 敬이 놓여 있어서 비록 구체적 겉모습이 없어도 敬을 저절로 확인할 수 있다"(儼然正其衣冠, 尊其瞻視, 其中自有箇敬處, 雖曰無狀, 敬自可見)라고 하였다.

87) 『賁趾先生文集』, 권1, 「答或人」, "【질문】答張敬夫裏面解, 前日稟議, 竟未決定. 故謹以別後所見追問. 已發之後, 中何嘗不在裏面. 【此已發之裏面與裏面底道理之裏面不同意.】【답변】謹按南軒書曰, 在中之義作中外之中未安云云. 若只說作裏面底道理, 然則已發之後, 中何嘗不在裏面乎? 朱子答書曰, 若謂已發之後, 中又只在裏面, 則又似向來所說以未發之中, 自爲一物, 與已發者不相涉入, 而已發之際, 常挾此物以自隨也. 南軒又答曰, 蓋未發之時, 此理亭亭當當渾然在中, 發而中節, 卽其在中之理, 形乎事事物物之間, 而無不完也, 非是方其發時, 別爲一物, 以主張之於內也. 詳此二先生三書之語, 裏面同是一裏面, 恐不可兩截看也. 先生所以云特以南軒誤見, 故不復致察於其辭, 不可執此而致疑也, 如何? 【질문】答袁機仲, 忽然半夜一聲雷下辭, 前日丈侍, 以鄙意爲不足留念, 故雖不敢自以爲是, 心中不能無疑, 今復再稟, 須更沈思, 不以鄙言而忽之. 又棄而又以爲不可, 則愚見果可疑矣. 說得太郎當了【羅】, 只少箇柱杖卓一下【那】, 便是一回普說矣. 【답변】愚意以爲只字有宛轉之義, 便是字有承接之義. 若曰郎當了【那】, 則只字方有宛轉意, 卓一下【爲尼】, 則便是字亦有承接之意矣. 少箇字, 乃是不自滿足之意, 不可以此而疑之, 如何? 【太郎當太子너모只少箇】少【字져기恐此相對說郎當舞態허적시다.】"

이발已發 이후에 중中이 어찌 '이면'에 있지 않은 적이 있습니까?[88]

【여기에서 '이발의 이면'과 '이면의 도리'라고 할 때의 '이면'은 그 의미가 다릅니다.】

【답변】

삼가 보건대 장남헌張南軒의 편지에서 다음과 같이 말하였습니다.

'재중在中의 의미'를 '중외中外(안과 밖)의 중'으로 보는 것은 타당하지 않은 것 같습니다.…… 만약 다만 '이면의 도리'라고만 말하면 이발 이후에 '중'이 어찌 일찍이 이면에 있지 않은 적이 있겠습니까?[89]

주자는 답신에서 다음과 같이 말하였습니다.

만약 이발 이후에 중이 또한 이면에 있다고 한다면 일전에 말한 미발의 중이 자연히 한 사물이 되어 이발의 것과 서로 간섭하지 않고 이발의 때에 항상 이 사물을 끼고 스스로 따를 것입니다.[90]

장남헌이 또한 답신에서 다음과 같이 말하였습니다.

대개 미발의 때에 이 리理는 정정당당亭亭堂堂하여 혼연히 중中에 있다가 발하여 절도에 맞으면 중에 있는 리가 사물과 사태의 사이에서 드러나 완전하게 되지 않음이 없는 것이지, 바야흐로 발할 때에 따로 어떤 사물이 있어서 안에서 주재하는 것이 아닙니다.[91]

---

88) 이 구절은 『朱子文集』 권31 「答張敬夫」(1171)에 보인다.
89) 이 구절은 『南軒文集』 권20의 주자에게 보내는 다섯 번째 편지에 보인다.
90) 이 구절은 『朱子文集』 권31 「答張敬夫」(1172)에 보인다.
91) 이 구절은 『南軒文集』 권20의 주자에게 보내는 아홉 번째 편지에 보인다.

장남헌과 주자 두 선생이 세 통의 편지에서 하신 말씀을 상세히 고찰하면, '이면'이란 동일한 하나의 '이면'이므로 두 가지로 나누어 볼 수 없습니다. 퇴계 선생께서 특별히 장남헌이 잘못 보았다고 말씀하셨으므로 재차 그 말을 세밀하게 살피지 않은 것이니, 이를 고집하여 의심해서는 안 됩니다. 어떻게 생각하십니까?

【질문】

주자가 원기중袁機仲[92]에게 답한 글에서 "갑자기 한밤중의 한 소리 우레에"라고 했는데,[93] 그 아래의 말에 대해 일전에 스승을 모시고 강론할 때 저의 생각이 유념할 바가 못 된다고 하셨는데, 그리하여 비록 감히 스스로 옳다고 여기지 않았지만, 마음으로는 의심이 없지 않아 지금 재차 아뢰니 거듭 숙고하셔서 저의 말을 소홀히 하지 말아 주십시오. 다시금 아뢰었는데 또한 불가하다고 여기시면 저의 견해가 과연 의심할 만하겠습니다.

설명이 너무 장황하여 주장자拄杖子를 한 번 세워서 쾅 하고 쳐서 남을 깨우칠 방법이 없기에 한 차례 장광설長廣舌을 하였습니다.

---

92) 袁樞(1131~1205)는 宋代의 학자로서 자가 機仲이다. 司馬光의 『資治通鑑』이 지나치게 방대하다고 여겨서 『通鑑紀事本末』을 저술했고, 이로써 紀事本末體를 확립하였다.

93) 『朱子文集』 권38의 「答袁機仲」 세 번째 편지에 있는 내용이다. 해당 편지 끝에서 주자는 원기중에게 보낸 시를 언급하면서 말하길, "제가 '갑자기 한밤중의 한 소리 우레에 모든 門戶가 차례로 열리네. 만약 無 속에 有가 있는 象을 알면 자네가 복희씨를 만나고 온 것을 인정하겠노라'라고 했는데, 설명이 너무 장황하여 拄杖子를 한 번 세워서 쾅 하고 쳐서 남을 깨우칠 방법이 없기에 한 차례 長廣舌을 하였습니다"(忽然半夜一聲雷, 萬戶千門次第開, 若識無中含有象, 許君親見伏羲來. 說得太郞當了, 只少箇拄杖卓一下, 便是一回普說矣)라고 하였다.

【답변】

제 생각으로는 '지只' 자에 완곡하게 입장을 바꾸는 뜻이 있고, '변시
便是' 자에 이어 주는 뜻이 있는 것 같습니다. 만약 '낭당료郞當了나'라고
하면 '자' 자에 바야흐로 완곡하게 입장을 바꾸는 뜻이 있고, '탁일하卓一
下하니'라고 하면 '변시' 자에 또한 이어 주는 뜻이 있다고 보아야 합니
다. '소개少箇' 자는 또한 스스로 만족하지 못한다는 뜻이니, 이 때문에
의심할 수는 없을 듯한데 어떻습니까? 【太郞當의 '太' 자는 '너무'라는 뜻이고,
'只少箇'의 '少' 자는 '조금'이라는 뜻이니, 아마도 상대하여 말한 것 같습니다. '郞當'은 춤
추는 모양이니 '허적시다'는 뜻입니다.】

3) 「권정보에게 답하다」[94]

간절하게 바라는 가운데 홀연 편지를 받고 크게 일깨움과 가르침을
받으니 그립고 감격스러운 감정이 마음에서 교차합니다. 저는 근래 풍
병風病을 얻어서 수일 동안 누워서 신음하고 있는데 부득이 여기에 왔으
니 형편에 따를 뿐입니다. 이번 모임은 본래 서원書院의 일상적인 절목
과 유생儒生의 출입 규칙을 논의하기 위한 것이었는데 결말을 알 수 없
습니다. 『리학통록理學通錄』[95]의 일을 어찌 힘껏 논의하고 싶지 않겠습

---

94) 『賁趾先生文集』, 권2, 「答權定普【丙子年四月初七日, 1576】」, "勤企之餘, 忽承手字, 多受
　　警誨之益, 缺然之懷感激之情, 並交于中. 僕近得風病, 臥吟數日, 不得已來此, 隨波耳. 此會本
　　欲更議書院日用間節目及儒生入院之規, 而時未知結末矣. 理學通錄事, 豈不欲力論. 但權丈之
　　來未必可, 單辭又未必見采於先入爲主之心則奈何. 徒自慨恨而已. 好學論, 前所云云, 曾已更
　　詳之, 已知鄙見之誤. 俟面剖, 而未果焉, 尤增恨然. 他條更俟他日詳稟. 餘祝萬分調攝."
95) 『理學通錄』의 원래 제목은 『宋季元明諸子理學通錄』이다. 退溪가 여러 서책에서 南宋부
　　터 明代에 이르는 성리학자들의 언행과 사적을 뽑아서 정리한 책이다. 1576년(선조
　　9) 趙穆 등 문인들이 안동에서 초간본을 간행하였다. 그 뒤 1743년(영조 19)에 도산

니까? 그러나 권씨權氏 어른96)께서 오시는 것이 확실치 않고, 일방적인 주장 또한 선입견에 따른 마음에 의해 채택되지 않을 것인데 어찌하겠습니까? 다만 스스로 한탄할 뿐입니다. 「호학론好學論」97)에 대해 일전에 말씀하신 것에 관해서는 이미 자세히 살펴보았고, 이미 저의 견해의 오류를 깨우쳤습니다. 직접 뵙고 분석하기를 기다렸지만 그렇게 하지 못했으니 더욱 슬픕니다. 다른 조목도 나중을 기다려 상세하게 아뢰겠습니다. 끝으로 최대한 조섭調攝하시길 바라겠습니다.

4) 「권정보에게 답하다」98)

보내신 편지를 받고 부모님을 모시는 여가에도 학문을 그만두지 않음을 생각하니 애처롭고 위로가 되는 마음을 그칠 수 없습니다. 저는 보살핌을 입어서 병세에 조금 차도가 있어서 궤연几筵을 모시고 있을

서원에서 12권 6책의 목판본으로 重刊되었고, 그 뒤에도 여러 차례에 걸쳐 중간되어 12권 8책본, 10권 5책본 등 여러 판본이 전해지고 있다.
96) 權好文(1532~1587)을 가리킨다. 권호문의 자는 章仲이고 호는 松巖이다. 퇴계의 문인으로 靑城山에 無悶齋를 짓고 독서와 作詩로 일생을 보냈다. 저서에 『松巖集』이 있다.
97) 「顔子所好何學論」을 가리킨다. 北宋의 程頤가 太學에서 공부하고 있을 때, 당시 學官으로 있었던 胡瑗이 顔子가 좋아한 것이 어떠한 학문인지에 대해서 試題를 내자 정이가 이에 대해 답하면서 지은 글이다.
98) 『賁趾先生文集』, 권2, 「答權定普【丁丑年十二月, 1577】」, "伏承垂問, 仍想侍奉餘暇, 問學不廢, 哀感哀慰, 不能已已. 致利蒙眷, 賤證差歇, 祗奉几筵而已. 下諭齒益壯而學不進者奉讀, 起懶警發多矣. 在高明尚患如此況, 如致利者何足道哉. 荒迷之中, 鈍滯日甚, 目前之事, 尚茫然未記, 此外何足云也. 本是昏魯之質, 無望進步者久矣. 所望於朋友之間有年, 而朋友間高明聰俊者, 例多陵躐博涉, 未有耐煩喫辛反躬踐履眞踏前修直指之途者, 此則常切浩歎. 伏願高明循循以進時以自得之餘, 施及鄙朴, 使或得免於無狀之歸者, 深所冀幸. 學蔀通辨, 謹納還耳. 仍達理學通錄誤字甚多, 且有意增損者, 不知何人敢如是, 私竊怪. 仰今已印行甚廣, 上以誣先師, 下以自誣誣人之罪, 似不可勝贖也. 今將善後計將安出. 每一念至, 不能不爲之歎慨也. 且聞竹山將刊啓蒙傳疑云, 已聞之否. 若未得善校, 其誤必甚於通錄, 亦可懼也. 但國恤事擾, 未知能無礙耳."

뿐입니다.99) 편지에서 나이는 많아지는데 학문이 진보하지 않는다는 내용을 읽고 나서 저의 나태함을 일깨우고 분발시키는 바가 많았습니다. 선생께서도 그러한 상황을 걱정하시는데 저 같은 사람이야 말해서 무엇하겠습니까? 혼란한 가운데 둔하고 막힘은 날로 심해져서 눈앞의 일도 아득하여 기억하지 못하니 그 밖의 일은 거론할 필요가 있겠습니까? 본래 어둡고 노둔한 자질이라 진보를 기대하지 못한 지 오래입니다.

친구들 사이에서 기대한 지 몇 년이 되었는데 그들 가운데 고명하고 총명한 이들은 단계를 건너뛰고 넓게만 섭렵하는 경우가 많으니, 번거로움과 고생을 참으면서 자신에게 돌이켜 실천하고 진정으로 선현이 직접 가리킨 길을 밟아 가는 사람이 없으니, 이 점을 항상 간절하게 탄식하였습니다. 엎드려 바라건대, 선생께서 차근차근 나아가고 때에 맞게 자득한 나머지를 비루하고 거친 사람들에게 베풀어서 그들이 혹시라도 크게 형편없는 사람이 되지 않도록 해 주시길 깊이 바라겠습니다.

『학부통변學蔀通辨』100)을 삼가 돌려드립니다. 덧붙이자면 『리학통록』의 오자誤字가 매우 많은 데다가 임의로 더하고 뺀 것이 있습니다. 누가 감히 이렇게 했는지 모르겠지만 매우 괴이합니다. 지금 이미 매우 넓게 간행, 유포되었으니 위로는 스승을 기만하고 아래로는 자신과 남을 기만한 죄를 면할 수 없을 것입니다. 지금 향후의 대책을 잘 내어야 합니다. 이 생각이 들 때마다 탄식하지 않을 수 없습니다. 지금 죽산竹山101)

---

99) 几筵은 삼년상 동안 신주를 모셔 두는 곳이다. 남치리는 정축년(1577) 5월에 어머니의 상을 당하였다.

100) 『學蔀通辨』은 明代 陳建(1497~1567)이 지은 책으로 불교와 육상산 및 왕양명의 학설에 대하여 『朱子文集』·『朱子語類』·『朱子年譜』 등을 근거로 그 오류를 논하였다. 진건은 廣東의 東莞 출신으로, 자는 廷肇이고 호는 淸蘭이다.

에서 『계몽전의啓蒙傳疑102)를 간행한다고 하는데 이미 들으셨는지요? 만약 교정을 잘 하지 않는다면 오류가 『리학통록』보다 심할 것이니 역시 걱정입니다. 그러나 국상國喪103) 때문에 일이 어지러우니 어려움은 없을지 모르겠습니다.

5) 「권정보에게 답하다」104)

근래 직접 왕림해 주서서 지금까지 감사할 따름입니다. 지금 또한 보내신 편지를 받고서 근래 두루 평안하심을 알게 되었으니 위로되고 감사하는 마음이 깊습니다. 저는 아직 병이 온전히 낫지를 않았고, 간간히 다른 증상도 침범하여서 오랫동안 병석에 누워 있는 상황입니다.

『계몽전의啓蒙傳疑』는 모름지기 선생께서 살펴보신 후에 내놓아야 할 것입니다. 만약 제가 다시 교정을 보게 되면 격례格例에 맞지 않는 곳이 있는지 알지 못할 것이니, 무슨 도움이 되겠습니까? 마땅히 분수에 따라 교정을 마친 뒤에 이李 봉사奉事105)에게 돌려주어야 할 것입니다. 만

---

101) 竹山은 경기도 안성시 죽산면을 말한다. 당시에 퇴계의 문인 潛齋 金就礪(1539~?)가 竹山의 지방관으로 재임하고 있었다.

102) 『啓蒙傳疑』는 주자의 『易學啓蒙』에 대한 주해서로, 퇴계가 57세인 1557년에 완성하였다. 목판으로 발간된 것은 『退溪文集』 초간본이 간행된 때인 1600년으로, 안동 예안의 도산서원에서 간행되었다.

103) 1577년 11월에 仁宗의 妃인 仁聖王后(1514~1577)가 승하하였다.

104) 『賁趾先生文集』, 권2, 「答權定普【八月, 1579】」, "項日枉訪, 迨今仰感. 今又伏承垂問, 仍審近日尊履萬福, 慰謝並深. 致利未見快差, 而間有他證來侵, 長在困臥中耳. 啓蒙須更淸覽然後可出. 若但易利覆校, 則未知其格例違誤處, 何益之有. 乞須隨分畢校以還李奉事, 若有相聞之便, 敢不歷言其曲折邪. 近得柳副提學書, 深有向慕之懷, 使致利爲致于左右云. 李令公珥氏所校通錄來此, 其所論標紙處早晚親閱, 當知其可否耳. 南冥行狀, 若有通問鄭進士之便, 因便付還之意轉致切仰."

105) 누구를 말하는지 확실치 않다.

약 소식을 전할 인편이 있다면 어찌 감히 그 곡절을 자세히 말씀드리지 않겠습니까?

근래 류柳 부제학[106]의 편지를 받았는데, 깊이 흠모하는 마음이 있는지라 저로 하여금 선생께 말을 전하게 하였습니다. 이이李珥 대감[107]이 교정한 『리학통록理學通錄』이 여기에 왔는데, 거기에서 논한 것과 표제를 조만간 직접 보게 된다면 그 가부를 마땅히 알 수 있을 것입니다.

남명南冥 선생[108]의 행장은 정鄭 진사[109]에게 안부를 전할 인편이 있다면 그 인편을 통해 저에게 돌려 달라는 뜻을 전해 주시길 간절히 바랍니다.

6. 제문

1) 「퇴계 선생을 애도하는 제문」[110]

아, 우리 선생이시여.	惟我先生
기상은 광악[111]처럼 우뚝하고	氣鍾光嶽
바탕은 금옥처럼 순수하였네.	質粹金玉

---

106) 西厓 柳成龍(1542~1607)을 말한다.
107) 栗谷 李珥(1536~1584)를 말한다.
108) 南冥 曺植(1501~1572)을 말한다.
109) 누구를 말하는지 확실치 않다.
110) 『賁趾先生文集』, 권2, 祭文, 「祭退溪先生文【辛未正月十四日, 1571】」.
111) 三光五嶽의 줄임말이다. 三光은 日, 月, 星을 말하고, 五嶽은 泰山, 華山, 衡山, 恒山, 嵩山을 말한다.

천 년 전의 단서를 이어서 　　紹千載緒

우리 동방의 학문을 열었네. 　　開大東學

계신 자리는 봄바람처럼 따스했고 　　春風座上

흉금은 가을 달처럼 맑았네. 　　秋月襟懷

일찍 고향으로 돌아오셔서 　　早退丘園

마음을 도와 함께했네. 　　心與道偕

어진 사람 반드시 복을 누려 　　仁必獲祐

장수하리라 생각했지만 　　謂享考壽

어찌 알았으랴, 수명이 　　何意終天

일흔에 그치실 줄을. 　　止不踰矩

산이 무너지고 들보가 부러진 듯하니 　　山頹樑折

후학들은 어디에 의지하랴. 　　後學何依

소자가 문하에 입학하여 　　小子摳衣

지금까지 7년을 모셨는데112) 　　七年于玆

세상일에 골몰하느라 　　汨沒塵冗

꿈속에 있는 듯 깨닫지 못하고 　　如寐未覺

결국 자포자기하고 말았으니 　　終歸暴棄

부끄러움만 더할 따름이네. 　　祗增慚悼

지금 영원히 떠나셨으니 　　今焉永隔

그 모습 아득히 멀어졌네. 　　儀刑杳邈

여전에 엎드려 통곡하오니 　　伏哭柩前

오장이 끊어지는 듯하네. 　　五內如割

삼가 보잘것없는 제물 올리며 　　敬奠菲薄

---

112) 南致利의 『年譜』에 따르면, 1563년 21세 때 琴蘭秀를 따라 퇴계 선생께 인사드리고 문하에 들어갔다.

작은 정성을 드러내니   用表微忱

영령께서 계시다면   不亡者存

강림하소서.   庶幾鑑臨

7. 부록

1)「묘표【서애 류성룡】」[113]

만력 경진년(1580) 3월에 남의중南義仲이 세상을 떠났다. 윤4월 경신

---

113) 『賁趾先生文集』, 권3, 附錄上,「墓表【西厓柳成龍】」, “萬曆庚辰三月戊辰, 南君義仲卒. 越閏四月庚申, 朋友斂襚與賻, 葬君于大峴之廳谷. 其明年, 又相與言曰, 斯人也旣不幸至此, 又無以顯諸幽, 無乃夷于衆鬱者, 以沈泯于後. 於是趙君宗道, 爲之購工治石. 樹三尺之表于墓南, 間以權生字之狀, 屬余曰願爲銘. 余平日從君遊久, 未嘗不敬服君志行之美. 今君之辻也, 悼惜之情, 實有不得無言者, 謹受而敍之曰. 君諱致利, 義仲其字也. 其先寧海人, 後徙安東. 高祖諱貞貴, 錄事昌德宮. 曾祖諱敬彛, 通贊通禮門. 祖諱軏, 訓導. 考諱蓋臣, 妣草溪卞氏進士百源之女. 君生八歲而孤, 能辦志勵業, 不待敎督, 隣黨稱之. 退溪李先生以道義訓後進, 君甫踰冠, 慨然登門, 得先生奬許. 先生歿而君猶感奮不懈. 早以親故, 事擧子業, 再與鄕選, 輒不利于省試, 恬如也. 暨晚, 益專心爲己之學, 其於正容謹節讀書窮理之功, 日有所事, 其進甚銳, 同類皆自以不及. 丁丑遭卜夫人憂, 情文俱備, 雖甚瘠, 猶執禮不變, 足不出山門者三年. 喪未闋而伯兄逝, 君固已毁, 至是又居兄喪次, 葬而歸. 病遂劇不能起, 享年纔三十八. 初君困於貧窶, 薪水之供及資隣比, 居無以庇風雨, 妻子苦寒饑. 聞者皆動色而君斷不以爲憂, 惟閉門讀誦而已. 或慰懇之, 輒曰, 人惟畏死故百事不得做, 吾輩固應以死自守耳. 君之病也, 有女子笄而圖歸者, 以兄喪未碁, 止. 所親, 以君病已危, 勸且循權, 君翩然不許, 其制事處正如此. 君配宜寧南氏, 二男驥慶虎慶, 四女皆在室. 嗟夫, 今世之士, 以儒自名者多矣. 寧有能於俗學之外, 知有聖賢之學而志之者乎. 志焉而能潛修篤行, 不以得喪欣慽貳之者乎. 以君之才之識, 已足以自見於世而獨不汲汲於進取. 顧乃悅義理之芻豢而味衆人之所不味, 斥去浮僞, 堅苦刻勵, 以求造乎日章之實, 其志已可貴矣. 若夫平生所處貧窮憂撓, 皆人之所難堪者, 而君又爲安意順受, 方且以爲進學力行之地而自勵焉. 至於窮死而無怨悔色, 豈無所得於己而可勉爲也哉. 內之重者, 外不得不輕, 君於此, 已必有過人者矣. 余他日觀君之爲人, 固愛其雅靚純篤. 至於論學, 雖知其切實, 尙恐有滯礙處. 君之未死前數日, 得君之書札而讀之, 其論又明白開爽, 不但如前日之見. 余是以知君之學, 又日進而其來未可量也. 天不假年而至於斯, 命矣夫. 銘斯有辭銘曰, 有嘉穀於斯, 其田也良, 其種也時, 其耘也勤. 以待日至之期, 將食其積, 未秋以萎, 歸咎丁誰. 銘以表幽,

일에 친구들이 수의襚衣와 부의賻儀를 거두어 대현大峴[114]의 청곡廳谷에 장사지냈다. 이듬해 친구들이 또 서로 논의하여 말하길 "이 사람이 불행하게도 이렇게 되었는데 또한 묘소에 그를 기리는 바가 없다면 초라한 다른 묘소와 다름이 없어서 후세에는 사라져 버릴 것이다"라고 하였다. 이에 조종도趙宗道[115]가 그를 위해 기술자를 사서 돌을 다듬어 묘소 남쪽에 3척 높이의 비석을 세우고, 그 사이에 권우權宇가 지은 행장을 가지고 와서 나에게 명銘을 지어 달라고 부탁하였다. 나는 평소에 그를 따라 오래 교유하면서 그의 뛰어난 뜻과 행실에 경복敬服하지 않음이 없었는데, 지금 그가 세상을 떠남에 애석한 마음이 들어 실로 말하지 않을 수 없는 바가 있어서 삼가 행장을 받고서 다음과 같이 기술한다.

남군南君의 이름은 치리致利이고, 의중義仲은 그의 자이다. 그의 선조는 영해寧海 사람인데 나중에 안동安東으로 이주하였다. 고조부의 이름은 정귀貞貴이고 창덕궁녹사昌德宮錄事를 지냈다. 증조부의 이름은 경이敬彝이고 통례문통찬通禮門通贊을 지냈다. 조부의 이름은 식軾이고 훈도訓導를 지냈다. 부친의 이름은 신신藎臣이고 모친은 초계변씨草溪卞氏로 진사 변백원卞百源의 따님이다. 남군은 태어난 지 8년 만에 아버지를 여의었는데, 능히 뜻을 갖추고 학업에 힘써서 누가 가르치거나 단속할 필요가 없었으니, 이웃에서 칭찬하였다. 퇴계退溪 선생께서 도의道義로써 후학을 가르치고 있었는데, 남군은 약관이 넘은 나이에 분연히 문하에 올라 퇴계 선생의 칭찬과 인정을 받았다. 퇴계 선생께서 돌아가신 뒤에도 남군

以永其思."
114) 경상북도 봉화군에 있는 산 이름이다.
115) 趙宗道(1537~1597)의 자는 伯由이고 호는 大笑軒이며 본관은 咸安이다.

은 여전히 감화되어 분발함에 나태함이 없었다.

일찍이 부모님 때문에 과거 공부에 힘써서 두 차례 향시鄕試에 합격
했지만 성시省試에서는 거듭 탈락했는데, 그럼에도 마음이 평온하였다.
만년에 이르러 더욱 위기지학爲己之學에 마음을 쏟아서 용모를 바르게
하고, 삼가고 절제하며, 독서와 궁리窮理의 노력을 날마다 행하니, 진보
가 매우 빨라서 동학들이 모두 미치지 못하겠다고 하였다.

정축년(1577)에 모친 변씨 부인이 세상을 떠나자 인정人情과 예문禮文
을 모두 갖추었고, 비록 매우 수척하였는데도 변함없이 예를 행하였으
니, 3년 동안 산문山門을 벗어나지 않았다. 상喪을 아직 마치기도 전에
백형伯兄이 세상을 떠났으니, 남군은 이미 몸이 쇠하였음에도 상차喪次에
머무르다가 장례를 치르고서 집으로 돌아갔다. 결국 병이 심해져서 회
복하지 못했으니, 향년 38세에 불과했다.

초년에 남군은 살림이 곤궁하여 고생하였으니, 땔나무나 먹을 물조
차 이웃의 도움에 의지했다. 거처는 비바람도 막을 수 없었고, 아내와
자식은 추위와 배고픔으로 고생했다. 이를 들은 사람들은 모두 낯빛이
변했지만 남군은 단연코 개의치 않았으니, 문을 닫고 책을 읽고 암송할
뿐이었다. 어떤 사람이 그를 가엾게 여기고 위로하자 이에 "사람들이
죽음을 두려워하기 때문에 수많은 일을 완수하지 못하니, 우리는 응당
죽음을 무릅쓰고 스스로를 지켜야 한다"라고 말하였다. 남군이 병들었
을 때, 딸아이가 계례笄禮를 치르고 시집가려고 준비 중이었는데, 형의
상喪이 아직 기년朞年이 되지 않았다고 하여 중지시켰다. 가까운 이들이
남군의 병이 위중한 상황이므로 권도權道를 따를 것을 권하였는데 남군
이 단호하게 거절하였다. 그가 일을 처리함에 올바름을 견지하는 바가

이와 같았다. 남군의 아내는 의령남씨宜寧南氏이고, 두 아들은 기경驥慶과 호경虎慶이며, 네 딸은 모두 출가하지 않았다.

아! 요즘 선비들 가운데 유자儒者라고 자처하는 사람이 많다. 그러나 어찌 속학俗學 외에 성현의 학문이 있다는 것을 알아 거기에 뜻을 둔 자가 있겠는가? 또한, 뜻을 두었더라도 잠심潛心하여 닦고 독실하게 행하여 얻음과 잃음 및 기쁨과 슬픔에 따라 마음을 바꾸지 않는 자가 있겠는가? 남군의 재능과 식견은 이미 세상에 저절로 드러나기에 충분했지만 홀로 나아가고 얻음에 급급해하지 않았다. 도리어 의리를 맛있는 음식처럼 좋아하여 사람들이 맛보지 못한 것을 음미하였고, 헛되고 거짓된 것을 배척하였으며, 각고의 노력을 가하여 날로 밝아지는 실질을 이루고자 하였으니, 그의 뜻이 이미 고귀하다고 할 수 있다. 그가 평생 처했던 가난과 곤궁, 근심은 모두 사람들이 감당하기 어려워한 것인데도 남군은 또한 편안한 마음으로 너그럽게 받아들이면서 바야흐로 학문에 나아가고 힘써 실천하는 토대로 여기면서 스스로 면려하였다. 곤궁하여 죽음에 이르렀지만 원망하고 후회하는 기색이 없었으니, 어찌 자신에게서 얻은 바가 없이 애쓴다고 이룰 수 있는 경지이겠는가? 내면이 중후한 사람은 외면도 가벼울 수 없으니, 남군은 이런 측면에서 분명 남들을 능가하는 점이 있다.

나는 나중에 남군의 사람됨을 보고서 그의 바르고 단정하며 순수하고 독실한 점을 매우 사랑하였다. 학문을 논한 것에 대해서는 비록 그의 절실함을 알았지만, 오히려 막히는 부분이 있을까 걱정하였다. 남군이 세상을 떠나기 며칠 전에 그의 편지를 받아서 읽어 보니, 그가 논한 바가 명백하고 탁 트여서 이전의 견해와 다른 정도에 그치지 않았다.

그리하여 나는 남군의 학문이 날로 진보하여 그 장래를 예단할 수 없다는 것을 알았다. 그러나 하늘이 수명을 허락해 주지 않아서 지금에 이르렀으니, 운명이란 말인가. 명銘을 지어 거기에서 다음과 같이 말하노라. "여기에 좋은 종자가 있고 그 밭도 비옥하니, 때에 맞게 씨를 뿌리고 힘써 김매어 주었도다. 시간이 흐르기를 기다려 수확한 것을 먹고자 하였는데, 가을이 되기도 전에 시들어 버렸으니, 누구에게 잘못을 따지겠는가? 명을 지어 묘소에 기록하여 그에 대한 그리움을 남기노라.

  2) 「제문【송암 권호문】」[116]

  아, 선비가 세상에 살면서 뜻을 가진 자도 드물고, 뜻이 확고한 자도 거의 없다. 다투어 영달榮達 속에서 괴롭게 시달리니, 누가 가벼운 가죽옷을 입고 살진 말을 타는 것을 바라지 않겠는가? 저마다 얼굴은 윤택하게 하고 말은 교묘하게 하거늘, 명예와 이익을 다투는 와중에 땅에 다리를 제대로 세우고 있는 자가 드물다.

  아, 우리 의중義仲은 홀로 포의布衣의 본분을 지킬 줄 알았으니, 쇠로 된 수레바퀴가 이마 위를 굴러간다고 해도 꿈쩍도 하지 않을 사람이다.

---

116) 『眞趾先生文集』, 권3, 附錄上, 「祭文【松巖權好文】」, "嗚呼, 士之生世者, 鮮有志, 志之有定者幾希. 爭隤穡於榮達, 孰不耽於輕肥? 紛爲貌澤而言慧, 名利場中立脚者稀. 嗟我義仲, 獨知分於布韋, 雖鐵輪轉旋於頂上而動不得. 豈令素心淵淪而天飛? 耐簞瓢之屢空, 樂不改於寒饑. 自遊退溪先生之門, 益慕斯文之依歸, 於聞道也, 豈耳剽而臆忖? 於應物也, 豈口是而心非? 把聖賢之遺書, 携士友而討精微, 喜論道而講禮, 冀言行之無違. 幾懷珠而蘊玉, 竟川媚而山輝, 望風者若聞蘭香, 較藝則頻捷棘圍. 我愛年富而氣剛, 托道契於圓機, 蓬生麻兮沙在泥, 擬此生之相依. 寧知天聾而鬼祟, 使吾公似草露之待日晞? 嗟我義仲, 幽明隔兮泣麻衣. 承訃而不忍吊, 負雞絮兮杜巖扉. 今者披墓草兮秋凄凄, 慘寒山之落暉. 願一叙其舊好, 敢彈淚而奠菲. 思罄欵兮縱不得聞, 格英靈兮依俙. 嗚呼哀哉."

어찌 평상시의 마음을 연못에도 빠지고 하늘로도 날아가도록 하겠는가? 한 그릇의 밥과 표주박의 물로 연명하는 가난을 감내하며, 추위와 굶주림 속에서도 즐거움을 바꾸지 않았다.

퇴계 선생의 문하에 출입하면서부터 사문斯文에 귀의할 것을 더욱 흠모하였으니, 도를 들음에 어찌 귀동냥하여 억측하였겠는가? 사람을 대함에 어찌 입으로는 옳다고 하고 마음으로는 그르다고 여겼겠는가? 성현이 남긴 책을 잡고 사우들을 이끌고 정밀하게 논의하였고, 도를 논하고 예를 강론하기를 좋아하여 언행에 잘못이 없기를 바랐다. 그리하여 구슬을 품고 옥을 감추고 있어 냇물은 아름답고 산이 빛나는 것과 같아,117) 그의 모습을 바라보는 자는 마치 난초 향기를 맡는 것과 같았고, 문예를 겨루면 과장科場에서 자주 뛰어난 성취를 드러냈다.118)

나는 그의 나이가 젊고 기개가 강건한 것을 사랑하여, 그의 원기圓機에 도의 교분을 맡기고, 쑥이 삼대 속에서 자라고119) 모래가 진흙 속에 있는 것처럼 이 생애에 서로 의지하고자 하였다. 그런데 어찌 하늘이 어리석고 귀신이 빌미를 만들어 우리 남공南公을 마치 햇빛에 노출된 풀잎의 이슬처럼 말라 없어지게 하였단 말인가?

아, 우리 의중이여! 삶과 죽음이 갈라져 있으니, 눈물이 삼베옷을 적

---

117) "구슬을 품고 옥을 감추고 있어 냇물은 아름답고 산이 빛나다"라는 표현은 훌륭한 재주와 덕을 품고 있다는 의미이다. 晉나라 陸機의 「文賦」에 "바위가 옥을 품으면 산이 빛나고, 물이 구슬을 품으면 시내가 아름답다"(石韞玉而山輝, 水懷珠而川媚)라고 하였다. 『文選』, 卷17 참조.
118) 棘闈란 科擧 보는 장소에 일반 사람이 함부로 드나드는 것을 막기 위하여 가시나무로 막아 놓은 울타리로서, 과거 시험을 보는 장소를 말한다.
119) 쑥이 삼밭에 난다는 표현은 그와 사귀게 되면 자연히 바르게 되는 친구를 뜻한다. 『荀子』「勸學」에 "쑥이 삼밭에 나면 붙잡아 주지 않아도 곧아진다"(蓬生麻中, 不扶而直)라고 하였다.

시노라. 부음을 듣고 차마 조문하지 못하였으니, 술과 안주조차 올리지 못한 채 산문山門을 닫아 놓고 있었네. 지금 묘소의 풀을 헤치니 가을 날씨 처량하고, 쓸쓸한 산을 비추는 석양은 슬프도다. 옛날의 우정을 헤아리길 바라면서 감히 눈물을 흘리며 변변찮은 제물을 올리네. 그대의 목소리 그리워도 결국 들을 수 없지만, 영령英靈이 어렴풋하게라도 이르렀으리라. 아, 슬프도다.

3) 「만사【백담 구봉령】」[120]

빈산의 흙무덤에서 그대를 처음 알았으니	空山塊土識君初
참된 근원 찾고자 퇴계를 거슬러 올라갔지.	往覓眞源泝退溪
스스로 정수를 분석함에 어지럽지 않았고	祇自析精能不亂
결국에는 크게 부합하여 모자람 없고자 하였지.	終須合大更無餘
샘을 파서 천 길 우물에 닿고자 하였고	浚泉擬到千尋井
시작하면 만 리를 향한 수레를 몰아갔지.	發軔將驅萬里車
스물두 해 뜻을 함께한 벗인데[121]	二十二年同志友
침문에서 통곡하니 애통함을 어찌할까.	寢門一哭慟何如

---

120) 『賁趾先生文集』, 권3, 附錄上, 「輓詞【栢潭具鳳齡】」. 구봉령의 문집인 『栢潭集』권4에 「南義仲致利挽詞」라는 제목으로 수록되어 있다.

121) 거꾸로 환산하면, 1559년에 남치리와 구봉령이 교우를 시작했다. 당시 남치리는 17세였다.

4) 「만사【한림 배용길[122]】」[123)

퇴계 이 선생을 스승으로 모시고	師事李先生
고정[124] 주 선생을 존숭하였네.	尊崇朱考亭
경전을 궁구하여 체인하고자 하였고	窮經要體認
예를 배워서 몸소 실천하고자 노력했네.	學禮務躬行
역의 수리를 힘써 교정하고	易數勤讎校
시묘살이 통해 효성을 다하였지.	廬居盡孝誠
어째서 하늘은 무심하여	如何天不整
내게서 모범이 되는 이를 빼앗는가.	使我失儀刑
삼십팔 년 평생의 즐거움은	卅八生平樂
단표와 누항 사이에 있었지.[125]	簞瓢陋巷間
거처는 비좁아 원량의 집과 같았고[126]	堵同容膝亮
마음은 안회의 곡굉[127]을 흠모했지.	心慕曲肱顔

---

122) 裵龍吉(1556~1609)의 본관은 興海이고 자는 明瑞이며 호는 琴易堂 또는 藏六堂이다. 弘文館副校理 裵三益의 아들로, 金誠一의 문인이다. 1575년에 사마시에 합격하여 진사가 되고, 1585년에 성균관에 입학하였다. 壬辰倭亂 때 義兵으로 활약하였고, 丁酉再亂 때 和議에 반대하는 상소를 올렸다. 저술로『琴易堂集』이 있다.
123) 『賁趾先生文集』, 권3, 附錄上, 「輓詞【翰林裵龍吉】」. 배용길의 문집인『琴易堂集』권1에 「仲舅賁趾南先生輓三首」라는 제목으로 수록되어 있다.
124) 考亭은 朱熹가 살았던 곳의 지명으로 福建省 建陽縣 서남쪽에 있다. 朱熹를 가리키는 말로도 쓰인다.
125) 簞瓢陋巷은 安貧樂道의 생활을 가리킨다.『論語』「雍也」에서 공자는 "어질구나, 안회여. 한 그릇의 밥과 한 표주박의 물을 마시며 누항에 사는 것을 사람들은 근심하며 참지 못하는데, 안회는 그 즐거움을 바꾸지 않으니, 어질도다, 안회여"(賢哉, 回也, 一簞食, 一瓢飮, 在陋巷, 人不堪其憂, 回也, 不改其樂, 賢哉, 回也)라고 하였다.
126) 容膝은 무릎을 겨우 놀릴 만한 작은 공간을 뜻한다. 또한, 元亮은 晉나라 때의 隱士 陶潛, 즉 陶淵明의 자이다. 도연명의 「歸去來辭」에서 "남쪽 창에 기대어 오만한 마음을 부치니, 무릎 놀릴 만한 작은 집도 편안함을 알겠네"(倚南窓以寄傲, 審容膝之易安)라고 하였다.

피눈물 흘리며 삼년상을 다하였고 　　　　　　　　　泣血霜三盡

슬프게도 여름 지나 형을 잃었네. 　　　　　　　　　悲昆暑一闌

쓸쓸한 혼백이 지금 연이어 떠나니 　　　　　　　　　孤魂今繼逝

천도를 아는 것은 참으로 어렵구나. 　　　　　　　　　天道測眞難

많고 많은 생질 가운데 　　　　　　　　　　　　　　詵詵甥與姪

내가 가장 많은 사랑을 받았으니 　　　　　　　　　鍾愛我居先

어릴 때부터 이끌어 주시어 　　　　　　　　　　　句讀承提命

미련한 내가 가르침을 받았네. 　　　　　　　　　頑蒙被誨鐫

근래 괴롭게도 어머님 병들어 　　　　　　　　　　母病邇來苦

상여를 메는 것도 어렵다네. 　　　　　　　　　　靈輀難自肩

영구를 보내며 영결하니 　　　　　　　　　　　　辭柩仍永訣

비통한 눈물 갑절로 흐르네. 　　　　　　　　　　悲淚倍潸然

5) 「퇴계 선생의 답서」[128]

　편지를 통해 잘 계신다는 것을 알아 외로운 마음에 위안이 됩니다. 다행히도 조용한 이곳에서 외부의 방해는 피할 수 있지만, 오랫동안 내

---

127) 曲肱은 安貧樂道의 생활을 말한다. 『論語』 「述而」에서 공자는 "나물밥에 물을 마시고
　　팔 베고 눕더라도 즐거움이 또한 그 속에 있나니, 떳떳하지 못한 부귀는 나에게
　　뜬구름과 같다"(飯疏食飮水, 曲肱而枕之, 樂亦在其中矣. 不義而富且貴, 於我如浮雲)라고
　　하였다.

128) 『賁趾先生文集』, 卷4, 附錄下, 「退溪先生答書【己巳年, 1569】」, "因書知好在, 以慰孤寂.
　　幸此幽居, 可免外撓而積雨浸淫病骨艱攝, 可悶. 裴汝友曾所投索, 久未應副, 乃不出怪訝而復
　　有此索邪? 雖不敢徑却, 他所曾索如山, 恐非七十病夫六月揮汗所能堪也. 秋來, 汝必來, 當
　　以是語之. 適有臨到之客, 其書未及修報, 爲我謝之. 謹奉答." 참고로 이 편지는 한국문집
　　총간 『퇴계집』에는 수록되어 있지 않다.

린 비가 몸에 나쁜 영향을 미쳐 병든 몸을 살피기 어려우니 걱정입니다. 배여우裵汝友[129]가 일찍이 질문을 담은 편지를 보내왔으나 오래도록 답신하지 못했는데, 이에 어찌 이상하게 여기지 않고 거듭 이렇게 질문을 보낸단 말입니까? 비록 감히 곧바로 물리치지 못했지만 다른 곳에서도 질문을 보낸 바가 산더미 같으니, 이는 일흔의 병든 늙은이가 6월에 땀을 흘려 가며 감당할 수 있는 바가 아닌 듯합니다. 가을이 오면 배여우가 반드시 올 터인데, 마땅히 이러한 말을 전해 주십시오. 마침 도착한 손님이 있어서 그의 편지에는 답장을 하지 못하니, 나 대신에 사과의 말씀을 전해 주십시오. 삼가 답신을 드립니다.

6) 「퇴계 선생의 답서」[130]

헤어진 이후로 그리움이 아득하였는데, 편지를 받고서 위안이 됩니다. 이 늙은이는 허현증虛眩症에 시달리고 있습니다. 비록 춥지 않은 10월의 날씨에 의지하여 날마다 서재에 앉아서 벗들과 강론하고 있지만, 두세 사람의 일과를 마치고 나면 자신의 독서에 힘쓸 여력이 남아 있지 않습니다. 매번 전날 읊었던 "심사는 어찌 이리 길던가"[131]라는 구절을

---

129) 汝友는 裵三益(1534~1588)의 자이다. 배삼익의 호는 臨淵齋이고, 본관은 興海이다. 안동에서 세거했으며, 퇴계의 문인이다.

130) 『貰趾先生文集』, 卷4, 附錄下, 「退溪先生答書【庚午年, 1570】」, "別後思悠, 書至開慰. 老拙苦此虛眩. 雖賴暘月不甚寒, 日坐齋中, 與朋友講論, 才了得數三人口課, 頓無餘力可及於自讀書. 每念前日心事一何長之句而有愧於心. 承示再讀啓蒙, 想所得更富, 爲之警起偸懶也. 第示目滿紙細字, 燈下不成讀, 姑留案上, 以待後報. 拙詩, 又改別紙呈去. 餘惟珎勵." 참고로 이 편지는 한국문집총간 『退溪集』 권35에 「答南義仲【致利○庚午】」라는 제목으로 수록되어 있다.

131) 『退溪集』 卷5, 「次韻南義仲陶山雜興」에 있는 구절로, 퇴계는 "도서가 사방 벽에 가득

생각할 때마다 마음에 부끄러운 생각이 듭니다.

『계몽전의啓蒙傳疑』를 다시 읽었다는 말을 들으니, 소득이 더욱 많았으리라 생각되며, 그것으로 게으름을 피우는 나 자신을 일깨웁니다. 다만 종이에 작은 글씨로 가득 기록한 문목問目은 등불 아래서도 읽을 수가 없어서 일단은 책상에 놓아두고 나중에 답신을 보내길 바라겠습니다. 서투른 시는 다시 고쳐서 별지로 보냅니다..끝으로 진중히 힘쓰기를 바랍니다.

7) 「만사【겸암 류운룡132)】」133)

근대와 나 취향이 같았으니	君我旣同臭
그대 없으면 실로 나도 없는 것이네.	君亡實我亡
유학이 어찌 이리 불행한지	斯文何不幸
하늘의 뜻은 일정하지 않구나.	天意更靡常
원통함을 호소할 길이 없으니	籲怨控無路
애간장 태우고 심장 찢어지네.	摧心割在腸
이번 생애에는 다시 만날 수 없으니	此生難再遇
우리 도가 너무도 슬프고 처량하네.	吾道極悲涼

한데, 심사는 어찌 이리 길던가"(圖書滿四壁, 心事一何長)라고 읊었다.

132) 柳雲龍(1539~1601)의 본관은 豊山이고 자는 應見이며 호는 謙菴이다. 西厓 柳成龍의 형이며 퇴계의 문인이다. 經學行義로 이름이 높아 1572년 음보로 典艦司別坐가 되었고, 이어 豊儲倉直長으로 있을 때 유능한 관리로 이름을 떨쳤다. 안동현감을 거쳐 1592년(선조 25) 임진왜란 때 사복시첨정이 되었고, 이듬해 풍기군수로 부임하여 토적을 소탕하는 공을 세웠다. 1595년에는 벼슬이 원주목사에 이르렀다. 이조판서가 추증되고 풍기 愚谷書院과 안동의 花川書院에 제향되었다. 문집에 『謙菴集』이 있다.

133) 『賁趾先生文集』, 卷4, 附錄補, 「輓詞【謙菴 柳雲龍】」.

‖ 일죽재유집 -竹齋遺集

【해제】

『일죽재유집』은 신내옥辛乃沃(1525~1616)의 시문집이다. 신내옥의 자는 계이啓而이고 호는 일죽재一竹齋이며 만호晩號는 양정재養正齋이다. 부친은 충좌위첨지중추부사를 지낸 신중곤辛仲坤이고, 모친은 광주김씨光州金氏이다. 그는 본래 현재의 강원도 영월군 태생이지만 퇴계 선생의 가르침을 받기 위해 안동으로 이주하였으며, 지금의 안동시 수하동에 해당하는 낙양촌洛陽村에 정착하였다. 그는 퇴계 선생의 문인 가운데 류운룡柳雲龍, 권호문權好文 등과 가까이 지냈으며, 벼슬에 나아가지 않고 일생을 학문과 후학 양성에 힘썼다.

『일죽재유집』은 신내옥의 두 아들, 즉 신홍립辛弘立과 신의립辛義立의 문집인 『추애공유집秋厓公遺集』 및 『죽옥공유집竹屋公遺集』과 함께 묶어서 『낙양세고洛陽世稿』라는 이름으로 간행되었다. 후대에 집안이 쇠락하여 신씨 가문의 기록과 문장이 제대로 전해지지 못했는데, 신내옥의 13대손 신승희辛承禧가 유문을 취합하여 문집을 엮었다.

『낙양세고』의 첫째 권에 해당하는 『일죽재유집』은 크게 네 부분으로 이루어져 있다. 시詩 부분, 잡문雜文 부분, 증유贈遺 부분, 부록 부분이 그것이다. 시 부분에는 두 편의 만사輓詞를 포함하여 모두 11수의 시가 수록되어 있다. 잡문 부분에는 권호문을 추모하는 제문 한 편과 「맹자부존주론孟子不尊周論」이 수록되어 있다. 특히 후자는 성리학 내부의 쟁점에 대한 신내옥의 학문적 견해와 성취를 드러낸다는 점에서 의미가 있다. 증유 부분에는 60여 수의 시가 수록되어 있는데, 김성일金誠一, 권호문 등 여러 지인이 신내옥에게 보낸 것이다. 부록 부분에는 「유사遺事」와 「묘갈명墓碣銘」이 수록되어 있다.

1. 일죽재 선생의 일생: 「묘갈명」[1]

퇴계退溪 이황李滉 선생께서 암서헌岩棲軒[2]에서 도학을 강론할 때 일

---

1) 『洛陽世稿』, 권2, 「墓碣銘【竝書】」, "退陶李子之講道岩捿也, 一竹齋先生, 心誠若水火之於燥濕, 千里負笈. 旣又拔宅從之于永嘉之洛陽村, 永卽謙厓鶴峯松巖諸先生之鄕也. 想其進而答問於春風之座, 退而講辨於切偲之間者, 必有大過人者. 而否泰剝復之相尋, 高岸深谷之變遷, 子孫殘寒, 文籍蕩然, 登門早晚, 生卒年月, 亦無從槪尋. 滄桑斯世, 誰復知陶山門下之有辛乃沃啓而爲一竹齋先生乎? 曰雲孫柱鳳承禧等, 採撫得詩文十餘及松巖唱和什百四十篇, 鶴爺詩一絕爲一卷, 且綴記聞爲遺事一篇, 俉我權斯文一燮, 訪頉淵於太白窮峽, 責以顯刻之銘. 余惟有德者必有名, 有名者必有傳, 而傳之有遲有速者, 固理之常也, 豈其終泯焉已乎? 因謹按之, 其言志之作有曰, 好學窮年勤兀兀, 檢身終日惕乾乾, 又曰, 獨樂園中師涑水, 思誠齋裏仰西山, 眞不愧爲陶山徒弟. 其論孟子不尊周曰, 孟子雖不能大行尊周之道, 尊周之心切於中, 故發於言者, 無非尊王之道, 而王道之尊, 周自尊矣. 終孟子之世, 而以秦晉之强, 不敢加於周者, 豈周王之靈乎? 直以孟子之說, 行乎時也, 功不在春秋之下. 其眞切痛快, 光明磊落, 實有前儒所未發者, 此不啻爲大鼎之一臠. 至如松翁百篇之贈, 見唱而知和, 見和而證唱, 懇懇乎其慕古傷時之至也, 切切乎其警過救失之忠也, 確確乎其遯世无憫之操也, 優優乎其雪月風花之間富貴也. 於陶山歸路之和, 可以見相敬服事之深至, 而實有秋陽江漢之思也. 於養正齋之續和, 可以見方伯之折節下之不以人爵而慢天爵之良貴也. 其陶寫性靈, 縱橫曲盡, 颯颯而春春者, 實爲狀行之寫照, 以此銘之而昭揭穹石, 以此繡榟而垂之不朽, 則豈徒彰明公大過人之德學於百世. 又以昭示擇師擇友尙志之戒於無窮期矣. 吾東, 號稱鄒魯, 而窮深聖賢之奧, 默觀造化之原, 以之修己而治人者, 惟退陶爲然. 當日及門者, 蓋莫非一世之英才, 而能超然於言語政事之科, 潛心於大易變化消長之幾, 而洽合其正者, 惟謙象與松巖爲然. 故公於二先生, 心投氣合, 如宮如商, 而於謙翁則無所證響. 然松翁之贈公曰, 讀易君今立意新, 留神卦象定知眞. 又曰, 春噓物茁從今始, 異日蘭香襲世人. 公之輓松翁曰, 醉裏乾坤風月裏, 閒中今古水雲中. 二公之於謙翁, 想亦如此而已. 嗚呼三先生, 生並一世, 同師而學同道而貞, 淸風高節, 俱足以百世於廉頑立懦. 而柳先生則贈爵議謚, 極其褒崇. 權先生則躋食百世不朽有文集. 公則三百年之風徽寂寞, 慈孫掩涕, 靑山之片石未主, 過者興嗟. 顯銘之責, 謬及於窮山之老摭牧, 何天與才美之不殊, 而福命之爾殊也. 此古人所以慷慨染翰, 累伸而不己者也. 然實德之存乎中者, 豈以是而有所加損哉. 公氏寧越, 在麗中葉, 太傅平章貞懿公鏡, 爲肇祖. 在忠肅世, 吏郞卿鏷, 從叔兄蘊, 受封寧越, 遂爲貫籍. 在我鮮有訓導自順, 司直世荃, 僉知仲坤, 曾祖祖禰三世也. 妣金氏光州人. 配英陽南氏, 忠順衛龜壽女, 生五子, 校理弘立, 參議義立, 訓鍊僉樞挺立, 三男上, 安博權礎, 二壻也. 宣務郞象咸, 進士象鼎, 承仕郞象節, 女適金命鉉者, 長房出. 直長象晉, 宣務郞象恒, 宣務郞象復, 女適判事權遭, 士人權輅者, 仲房出, 贈左承旨象履象泰, 季房出. 安男復門, 權坤尙經是經致經. 曾玄繁不錄. 公一號養正齋, 觀察使朴公啓賢訪公, 歎其不拔之操, 爲之題詩, 晚號遯庵. 宣祖某甲, 中進士試, 旋又擢第見罷, 蓋其論策之不合於世學也. 遂不復應擧. 後贈左承旨, 墓在府北鵟院卯坐原, 柱鳳君其十二代孫, 承禧君十三世孫也. 銘曰, 懷太公韜, 抑玉生蕰. 越峽深深, 孰和其瑟. 于以就正, 巖棲之室. 時雨之化, 春融凍裂. 潛心大易, 神明德徹. 亦有同好, 爾

죽재一竹齋 선생은 마치 불이 났을 때 물을 찾고, 젖은 것을 말릴 때 불을 찾는 것처럼 간절한 마음으로 천 리 밖에서 공부하러 왔다. 결국에는 가족을 이끌고 영가永嘉의 낙양촌洛陽村으로 이사하였으니, 영가는 곧 겸애謙厓 선생3), 학봉鶴峯 선생4), 송암松巖 선생5) 등이 살던 곳이다.

상상해 보면, 나아가면 봄바람처럼 온화한 자리에서 문답을 주고받고, 물러나면 절실하게 타일러 주는 사이에 강론했을 것이니, 반드시 남들보다 크게 뛰어난 점이 있었을 것이다. 그러나 『주역』에서 비괘否卦와 태괘泰卦, 박괘剝卦와 복괘復卦가 서로 순환하고, 높은 언덕과 깊은 계곡도 위치를 바꾸게 되듯이 자손들이 한미한 처지에 놓이게 되고, 공의 문적文籍도 사라지게 되었으니, 공이 퇴계 문하에 오간 상황과 태어나고 죽은 연월도 찾아볼 수 없게 되었다. 이처럼 오늘날 상전벽해桑田碧海의 상황이 되었으니 누가 재차 퇴계 선생의 문하에서 신내옥辛乃沃이라는 사람이 있었다는 것을 알아서 그 사람이 일죽재一竹齋 선생이 되었다는 것을 알겠는가?

하루는 공으로부터 세대가 멀리 떨어진 후손인 주봉柱鳳과 승희承禧 등이 시문詩文 십여 편과 송암과 주고받은 시 140편, 그리고 학봉의 절구 한 수를 찾아서 책 한 권을 만들고, 또 기문記聞을 엮어서 유사遺事 한 편을 만들어서, 유학을 공부하는 권일섭權一燮과 함께 태백산의 골짜기

蚩我齯. 致君澤民, 豈其不悅. 帝命有儼, 我不敢褻. 優遊佳來, 天根月窟. 无榮无辱, 奚伸奚屈. 是曰天挺, 百夫之傑. 觀樂令終, 七十又一. 燕院之陽, 公歸于穴. 地靈陰隲, 畜久乃發. 雲仍濟濟, 樹厥顯碣. 我豈諛公, 松翁是述. 古昌後人權頊淵謹撰."

2) 도산서당에 있는 건축물로 제자를 가르치며 휴식을 취하던 마루이다.
3) 謙菴 柳雲龍(1539~1601)과 그의 아우 西厓 柳成龍(1542~1607)을 일컫는다.
4) 金誠一(1538~1593)을 말한다.
5) 權好文(1532~1587)을 말한다.

122 퇴계학파의 사람들 5

에 있는 나 권욱연權頊淵6)을 방문하여 묘갈명을 부탁하였다.

내가 보기에 덕이 있는 사람은 반드시 명성이 있고, 명성이 있는 사람은 반드시 후대에 전해지는 바가 있는데, 전해지는 바에 늦고 빠른 차이가 있는 것은 본래 보편적 이치거늘 어찌 끝까지 사라질 수 있겠는가? 그래서 삼가 글을 살펴보니, 그 뜻을 드러내는 글에서 말하길 "평생 학문을 좋아하여 부지런히 실천하였고, 종일토록 몸을 단속하길 쉬지 않았네"라고 하였으며, 또한 "독락원獨樂園7)에서 속수涑水8)를 스승으로 삼았고, 사성재思誠齋에서 서산西山9)을 추앙하였네"라고 하였으니, 참으로 퇴계 선생의 문도가 되기에 부끄럽지 않았다.

그가 논한 「맹자부존주론孟子不尊周論」에서 말하길, "맹자는 비록 주周나라를 높이는 도를 크게 행하지는 못했지만, 주나라를 높이려는 마음은 절실하였다. 그래서 말로 표현한 것들이 존왕尊王의 도가 아닌 것이 없었으니, 왕도王道가 높아지면 주나라는 저절로 높아지게 된다. 맹자가 죽을 때까지 진秦나라나 진晉나라처럼 강한 나라가 주나라에 대해서 어쩌지 못한 것이 어찌 주나라 왕의 영명靈明 때문이겠는가? 곧 맹자의 학

---

6) 權頊淵(1880~1959)의 호는 素谷 또는 漱泉이며 본관은 安東이다. 경상북도 봉화군 닭실마을에 살았다. 權稷夏의 아들이고, 省齋 權相翊과 俛宇 郭鍾錫의 문인이다. 벼슬에는 뜻을 두지 않고 유학 공부와 자신의 심성 수양에 주력하며 유림 활동을 전개하였다. 저술로 『素谷集』이 있다.

7) 宋나라 때 司馬光이 재상에서 물러난 뒤에 洛陽縣 남쪽에 세운 정원 이름이다. 사마광이 이곳에서 「獨樂園記」를 지어 스스로 한가로이 물러나 지내는 즐거움을 표현하였다.

8) 涑水는 司馬光의 별호이다.

9) 西山은 송나라 眞德秀(1178~1235)의 호를 말한다. 그의 자는 景元인데 나중에 景希로 고쳤다. 慶元 연간에 進士가 되어 벼슬이 參知政事에 이르렀다. 慶元黨禁 이후 程朱理學이 다시 성행하는 데 공헌하였다. 저술로 『大學衍義』, 『讀書記』, 『西山文集』 등이 있다.

설이 그 시대에 행해졌기 때문이니, 그의 공적은 『춘추春秋』보다 못하지 않다"라고 하였다. 참으로 절실하고 통쾌하며, 빛나고 호탕한 논의이니, 이전의 유학자가 미처 발휘하지 못한 점이 있다. 이것이 어찌 큰 가마솥에 들어 있는 한 점의 고깃덩이에 불과하겠는가?

송암 권호문權好文이 백여 편의 시를 보낸 것을 보면, 보낸 것을 보고 화답한 것을 알 수 있으며, 화답한 것을 보고 보낸 것을 알 수 있는데, 옛것을 흠모하고 시대를 안타까워한 바가 간절했고, 잘못을 경계하고 바로잡으려는 마음이 절실했으며, 세상을 피하여 근심이 없고자 하는 지조가 확실했고, 눈과 달과 바람과 꽃 사이에서 부귀를 넉넉하게 누렸다.

도산서당陶山書堂에서 집으로 돌아오는 길에 지은 화답시를 통해서는 서로 어울리면서 섬기는 마음이 지극하여, 실로 추양강한秋陽江漢의 마음[10]을 지녔음을 확인할 수 있다. 또한 양정재養正齋[11])에서의 화답시를 통해서는 관찰사가 무릎을 꿇어 자신을 낮추었으니, 인작人爵으로서 천작天爵의 고귀함을 낮추어 보지 않았음을 볼 수 있다.

공이 성령性靈을 도야하고 표출할 때에는 종횡으로 곡진하였고, 단정하고 차분한 모습은 실로 행장行狀에서 묘사한 바이니, 이것으로 명銘을 써서 큰 돌에 분명하게 밝히고, 이로써 간행하여 영구히 남겨 둔다면 남보다 탁월한 공의 덕행과 학문을 백세百世에 밝히는 정도에 그치겠는

---

10) 先師를 그리는 마음을 말한다. 孔子가 돌아가신 뒤에 子夏와 子游 등이 有若의 모습이 공자와 비슷하다 하여 공자를 섬기던 예로 그를 섬기고자 하여 曾子에게 강요하자, 증자가 반대하면서 "비교하자면 공자는 장강과 한수에 씻고서 여름 햇볕에 말린 것이어서 더할 수 없이 깨끗하다"(江漢以濯之, 秋陽以暴之, 皓皓乎不可尚已)라고 하였다. 『孟子』, 「滕文公上」 참조.

11) 신내옥의 서재 이름이다. 『周易』 蒙卦의 구절 "어릴 때에 바름을 기름이 聖人이 되는 공부이다"(蒙以養正, 聖功也)에서 뜻을 취한 것이다.

가? 나아가 스승을 택하고 벗을 택하며 뜻을 숭상하는 것에 대한 가르침을 무궁하게 밝혀 보여 줄 수 있을 것이다.

우리 동방은 추로鄒魯의 고장12)이라고 일컬어지지만, 성현의 깊은 뜻을 깊이 탐구하고, 조화의 근원을 묵묵히 살펴서, 그것으로 자신을 수양하고 남을 다스린 사람은 오직 퇴계 선생이 그러했을 따름이다. 그 당시에 그 문하에 있었던 사람들은 대체로 한 시대의 영재가 아닌 자가 없었지만, 언어言語와 정사政事의 과목에 대해 초연하여 대역大易의 변화 소장變化消長의 기미에 잠심潛心하고 올바른 도리에 부합할 수 있었던 사람은 오직 겸암 류운룡과 송암 권호문이 있었을 뿐이다. 공은 두 분에 대하여 의기가 투합했으니 마치 궁음宮音과 상음商音이 상응하는 것과 같았다. 그러나 겸암과는 서로 주고받은 기록이 남아 있지 않다.

그러나 송암이 공에게 준 시에서는 "그대는 지금 『주역』을 읽어 세운 뜻이 새로운데, 괘상에 정신을 집중하여 진정한 뜻을 알겠구나"라고 하였고, 또한 "이제부터 봄바람 불어서 만물이 돋아나면, 훗날에 난초 향기 세상 사람들에게 전해지리"라고 하였다. 공이 송암에 대한 만사輓詞에서 말하길 "천지 사이의 바람과 달에 심취하였고, 고금의 강과 구름 속에서 한가로웠네"라고 하였다. 두 분이 겸암 선생을 대하는 태도 또한 이와 같았으리라 상상할 수 있다. 오호라, 세 분 선생은 같은 시대에 살면서 같은 스승에게 배우고 같은 도를 배우면서 곧게 사셨으니, 맑은 기풍과 높은 절개는 탐욕스러운 사람은 청렴하게 만들고 게으른 사람은 분발토록 하였을 것이다.

---

12) 鄒는 맹자의 출생지이고 魯는 공자의 출생지이므로, 鄒魯는 공맹의 학문을 존숭하는 곳이라는 의미를 지닌다.

그러나 류운룡 선생은 벼슬이 증직되고 시호를 받았으니[13] 존숭받음이 극진하였다. 또한 권호문 선생은 백세토록 묘당에서 제사를 받으면서,[14] 문집도 있다. 그러나 공은 삼백 년이 지나면서 뛰어난 기풍이 적막하게 되었으므로, 자손들은 얼굴을 가리고 눈물을 흘리고, 청산의 한 조막 돌도 세우지 못해 지나는 사람이 탄식하게 되었다. 지금 묘갈명을 쓰는 책임이 나처럼 궁벽한 산골에 사는 늙은이에게 잘못 부여되었으니, 어찌 하늘이 부여해 준 아름다운 바탕은 다르지 않은데, 복福을 받는 것은 이처럼 다른 것인가? 이것이 바로 옛사람이 원통하게 여겨서 붓을 적셔 거듭 마음을 토로하는 것을 그치지 않았던 까닭이다. 그러나 진실로 마음에 덕을 갖춘 사람이 어찌 이러한 것으로써 더하고 덜해지는 바가 있겠는가?

공의 관향은 영월寧越인데 고려 중엽의 태부평장 정의공貞懿公 신경辛鏡이 시조가 된다. 충숙왕忠肅王 때 이부경吏部卿 복複의 종숙형從叔兄 온蘊이 영월 땅에 봉해졌고, 마침내 관향이 되었다. 우리 조선에 살았던 훈도 신자순辛自順과 사직 신세전辛世荃과 첨지 신중곤辛仲坤이 공의 증조부, 조부, 부친 삼대가 된다. 모친은 광주김씨光州金氏이다.

공의 부인은 영양남씨英陽南氏이고, 충순위 남구수南龜壽의 딸이다. 다섯 명의 자식을 낳았는데, 교리 홍립弘立과 참의 의립義立과 훈련첨추 정립挺立이 세 아들이고, 두 딸은 안박安博과 권초權礎에게 시집갔다. 손자 선무랑 상함象咸과 진사 상정象鼎과 승사랑 상절象節 및 김명현金命鉉에게 시집간 손녀는 첫째 아들에게서 났다. 직장 상진象晉과 성무랑 상항象恒

---

13) 류운룡은 이조판서에 추증되었으며, 文敬이란 시호를 받았다.
14) 권호문은 안동의 松巖書院에 제향되었다.

과 선무랑 상복象復 및 판사 권구權遘와 사인士人 권초權軺에게 각각 시집 간 두 손녀는 둘째 아들에게서 났다. 손자 증좌승지 상리象履와 상태象泰 는 셋째 아들에게서 났다. 안박의 아들은 복문復門이고, 권초의 아들은 상경尙經, 시경是經, 치경致經이다. 증현손曾玄孫은 많아서 기록하지 않는다.

공의 또 다른 호는 양정재養正齋이다. 관찰사 박계현朴啓賢이 공을 방 문했는데 그 변함없는 지조에 감탄하여 시를 지었다. 만년에는 호를 둔 암遯庵이라고 하였다. 선조宣祖의 어느 때에 진사시進士試에 합격하였고, 곧이어 대과大科에 뽑혔다가 취소되었는데, 그의 논책論策이 그 시대의 학 문과 맞지 않았기 때문이다. 그리하여 마침내 다시는 과거에 응시하지 않았다. 후에 좌승지에 추증되었다. 묘지는 관부의 북쪽 연원鳶院 묘좌卯 坐의 언덕에 있다. 주봉柱鳳은 공의 12대손이고 승희承禧는 13대손이다.

명銘에 이르기를, "태공처럼 재주 감추고자 하였고, 옥玉과 같은 재 주 있었지만 이(蝕)가 생기도록 궁핍했었네. 깊은 산골에 살았으니, 누가 그의 비파에 화답하리. 바른 도에 나아갔으니 암서헌嚴棲軒이 바로 그곳 이네. 때에 맞게 내리는 비와 같은 교화 덕분에 봄에 얼음 녹듯이 변화 했네. 『주역』에 몰두하여 정신은 밝아지고 덕성은 투철해졌네. 또한 좋 은 벗이 있어서 의지하며 함께 나아갔다네. 임금에게 충성을 다하고 백 성에게 은혜를 베푸는 일이 어찌 즐겁지 않겠는가. 천명이 엄격하게 있 으므로 내가 감히 훼손할 수 없었을 뿐이라네. 천근天根과 월굴月窟15)을

---

15) 天根과 月窟은 邵雍의 「觀物吟」에 나온다. 거기에서 소옹은 "이목 총명한 남자의 몸 으로 태어났으니, 천지조화가 부여한 것이 빈약하지 않도다. 月窟을 찾아야만 물을 알게 되는 법, 天根을 밟지 않으면 사람을 어떻게 알겠는가. 乾卦가 巽卦를 만난 때에 月窟을 보고, 地가 雷를 만난 때에 天根을 보는구나. 天根과 月窟이 한가히 왕래하는 중에, 三十六宮이 모두 봄이로구나"(耳目聰明男子身, 洪鈞賦與不爲貧. 須探月窟方知物,

왕래하듯이 유유히 한평생을 살다 가셨네. 영광도 없었고 욕됨도 없었으니 무엇을 펴고 무엇을 굽힐 것인가. 이런 것을 일컬어 천정天挺이라고 하니 여러 사람 가운데 영웅이로다. 즐겁게 살다가 아름답게 세상을 마치니 71세였다. 연원燕院의 양지바른 곳에 공이 묻힌 무덤이 있네. 지령地靈과 음덕陰德은 쌓인 지 오래되면 드러나니, 후손들이 다시 번창하여 묘갈명을 세우게 되었네. 내가 어찌 공에게 아첨하겠는가. 송암공의 말을 따랐을 뿐이라네"라고 하였다.

고창후인古昌後人 권욱연權頊淵이 삼가 쓰다.

2. 「낙양세고 서문」16)

내가 어려서 사우士友를 따를 때, 낙양촌洛陽村17)이 영가永嘉의 이름난

末蹈天根豈識人. 乾遇巽時觀月窟, 地逢雷處見天根. 天根月窟閒往來, 三十六宮都是春)라고 읊었다.

16) 『一竹齋先生遺集』, 「洛陽世稿序」, "余少從土友間, 聞洛陽村之爲永嘉名庄, 蓋以一竹齋辛公先生. 卜居講道于此, 爲陶山高足. 其胤子秋厓竹屋兩公, 紹承家學, 文行夙詣, 並擢蓮桂, 歷敭淸顯, 一時門闌之盛, 蔚然有蘇百卅家聲. 不倖中, 世遭圮耿之厄, 潭没蕩柝, 文献則便杞宋, 而地名焉類鐵步也. 余屢過其墟, 慨然有山高水淸之感. 日辛君承禧甫與其族人柱鳳, 率洛陽稿一紉, 耒示余, 請所以弁其卷者, 謹受而讀之, 乃一竹齋秋厓竹屋兩世文稿, 而因坊名爲洛陽世稿者也. 於乎, 滄海飜桑, 想無一物之不幻. 此書何從而得保有今日乎. 得非神明之有陰護耶. 然窈有感焉. 蓋一竹翁名登上庠. 晋塗方亨, 而早判得內外輕重之分, 謝絶外慕, 從陶山夫子而學焉. 其眞詮妙諦, 往復問難之書, 必多有嘉惠後人者. 秋竹二君子, 入而膺論思之職, 出而典民社之責. 其引君當道之言, 化民成俗之教, 亦必有可傳者. 而並逸而無存. 此篇所載, 乃緒餘也, 糟粕也, 豈足以知德行才局之萬一哉. 是不但公之不倖, 實爲斯文之所共慨恨也. 雖然, 見隙鏡而可以知日月之光, 聞細香而可以知芝蘭之臭. 是稿之出, 而世之人苟讀而味之. 可知其爲德學文章之言也夫. 歲丁酉之中元後五日戊子, 永嘉後人權相圭序."

17) 현재의 안동시 수하동 일대를 말한다.

동네라고 들었는데, 일죽재─竹齋 신공辛公 때문이었다. 그는 그곳에 거주하면서 도를 강론하였고, 퇴계 선생의 뛰어난 제자가 되었다. 선생의 아들인 추애秋厓[18]와 죽옥竹屋[19] 두 선생은 가학을 계승하였기에 일찍부터 문행文行이 뛰어났고, 소과小科와 대과大科에 연이어 합격하여, 좋은 벼슬을 역임하였으므로 일시에 집안이 번성하여 무려 130여 집이 왁자지껄할 정도가 되었다. 그러나 불행하게도 세대를 거치며 쇠락의 곤액을 만났고, 흔적조차 사라지는 지경에 이르게 되었으니, 문헌의 경우에는 상고할 것이 없었고,[20] 지명地名 또한 철보鐵步[21]의 처지가 되었다.

나는 누차 그 폐허를 지나며 개연히 산처럼 높고 물처럼 맑은 감개가 일어났다. 어느 날 신승희辛承禧와 그의 집안사람 신주봉辛柱鳳이 『낙양세고洛陽世稿』 한 무더기를 가지고 와서 나에게 보여 주면서 권두卷頭에 실을 글을 부탁하였다. 삼가 그것을 받아서 읽어 보니, 일죽재와 추애, 죽옥 두 세대의 원고였고, 이에 『낙양세고』라고 이름을 지었다.

오호, 상전벽해桑田碧海라는 말이 있듯이, 한 사물도 환영이 아닌 것이 없다. 이 책은 어떻게 보존되어 오늘에 이르렀는가? 천지신명의 남모를 보호가 아니겠는가? 그리하여 나름의 느낌이 있도다. 일죽재 선생의 이름은 성균관에 올라 있었고, 탄탄대로가 막 열리려 하는 때였는데도, 일찍부터 내외와 경중의 구분을 판별하여 외적인 흠모를 사양하고

---

18) 辛乃沃의 큰아들 辛弘立을 말한다.
19) 辛乃沃의 작은아들 辛義立을 말한다.
20) 杞宋은 先代의 일을 상고할 만한 문헌이 없는 것을 뜻한다.
21) 柳宗元이 지은 「鐵爐步志」라는 글에서 유래된 말로 이름만 남아 있는 상태를 말한다. "전에는 鐵工所가 있었으므로 鐵爐步라고 하였지만, 지금은 용광로가 없는데도 그대로 철로보라 하니 이름만 있고 실제는 벌써 없어졌다"라고 하였다.

퇴계 선생을 따라서 배웠다. 그의 참된 이치와 오묘한 깨달음 및 오고 가며 문답을 나눈 편지는 반드시 후대 사람들에게 은혜를 베풀 것이다.

추애와 죽옥 두 군자는 조정에 들어가서는 논사論思의 직책을 맡았고, 나와서는 민사民社의 책임을 맡았다. 그들이 임금을 합당한 도로써 인도하고, 백성을 교화시켜 좋은 풍속을 일구었던 것 또한 반드시 전할 만한 것이 있었을 것이다. 그러나 흩어져서 보존되지 못했다. 이 문집에 기록된 것은 실마리나 찌꺼기에 불과할 것이니, 어찌 그들의 덕행과 재능 가운데 만분의 일이라도 알 수가 있겠는가? 이는 공의 불행일 뿐 아니라, 실로 우리 유학이 함께 개탄할 만한 것이다.

비록 그렇지만 좁은 틈새를 통해서 해와 달의 빛을 볼 수 있고, 은은한 향기를 맡고서 지란芝蘭의 향취를 느낄 수 있는 법이다. 이 원고가 나옴으로써 세상 사람들이 정성껏 읽고 음미한다면, 그것이 덕학德學과 문장文章의 말씀이라는 것을 알 수 있으리라.

정유년丁酉年(1957) 중원中元 뒤 5일 무자일戊子日에
영가 후인 권상규權相圭[22])가 서문을 쓰다.

---

22) 權相圭(1874~1961)의 자는 致三이고 호는 蔡山·忍庵이다. 본관은 安東이다. 沖齋 權橃(1478~1548)의 후손이다. 증조부는 權載華, 조부는 權鎭夏이며, 부친은 의병장 權世淵이다. 勉宇 郭鍾錫, 柯山 金瀅模 등과 교유하였다. 을미사변 때 의병을 일으켰으나 실패하였으며, 1896년에 다시 의병을 일으켜 활동하였다. 경술국치 이후로 세상과 인연을 끊고 동서양의 역사를 탐독하여 당시의 국제 정세를 파악했다. 문집으로 『忍庵集』이 있다.

3. 시

1) 「송암에 제하다」[23]

사랑채 아래는 맑은 물 뒤에는 산봉우리	舍下淸流舍後岑
몸은 산수에 있지만 마음은 조정을 향하네.	湖山身世廟堂心
마음을 토로함에 눈 오는 차가운 강[24] 없어도	寫懷不必寒江雪
지척의 섬계에 달빛 비치고 있네.	咫尺剡溪乘月尋

안개 낀 시내 십 리에 구름 덮인 천 개 봉우리	煙溪十里雲千岑
창가의 한 몸 세속 떠난 마음 품네.	窓裏一身塵外心
아득한 염계가 멀지 않으니	浩浩濂溪知不遠
연잎 배 다시 물길 거슬러 오르려 하네.	蓮舟將復遡流尋

2) 「권장중의 한서재[25] 시에 차운하다」[26]

두어 칸 초가의 맑은 운치 적막하고	數間茅屋足淸寥
십 리 뻗친 물과 산은 세상 소음에서 멀어졌네.	十里湖山隔世囂
소나무 위의 눈과 서리는 푸른 돌계단 만들고	松雪雪霜靑石砌
버드나무에 내리는 안개비는 푸른 모래 언덕 이루네.	柳當烟雨綠沙皐

---

23) 『一竹齋先生遺集』, 권1, 「題松巖【二絶】」.
24) 寒江雪이란 표현은 柳宗元의 「江雪」이란 시에 나오는데, 후반부에서 "도롱이에 삿갓 쓴 노인 외로이 배를 타고, 눈 덮인 추운 강 속에서 홀로 낚시질을 하네"(孤舟簑笠翁, 獨釣寒江雪)라고 하였다.
25) 權好文이 20세 때(1551) 지은 서재를 말한다. 현재 경상북도 안동시 서후면 교리 송 암종택 앞에 있으며, 「松巖寒栖齋記」란 글이 문집에 남아 있다.
26) 『一竹齋先生遺集』, 권1, 「次權章仲【好文】寒棲齋韻」.

그래도 티끌이 나의 자취 허여하니 猶須塵裏容吾跡
세상의 외면이야 무슨 상관 있겠는가. 遮莫人間不我招
무이산에서 도 닦으며 행복을 찾을지니 修道武夷尋至樂
풍류 맘껏 거두어 여유를 만끽하리. 盡收風流到頭饒

3) 「김중온[27]의 모재 시에 차운하다」[28]

우주 안에 홀로 서서 크게 노래하니 獨立高歌宇宙間
초당에서의 신세 청한하네. 草堂身世故淸寒
앉은 자리에는 봄바람 항상 불어오고 春風座上恒無歇
연못 머리에는 물이 끊임없이 솟아나네. 活水池頭少未乾

옛글을 논한다고 우혈[29]을 찾을 필요는 없고 討古不須探禹穴
공부에 힘쓴다고 어찌 광산[30]에 들어가겠는가. 着工何必入匡山
창문 하나면 삼동의 공부를 행할 만하니[31] 一窓可做三冬足
세월을 등한히 보내지 말게나. 莫使光陰付等閒

---

27) 金彦璣(1520~1588)의 본관은 光山이고 자는 仲昷이며 호는 惟一齋이다. 1567년 생원시에 합격하였다. 그는 일찍이 구봉령과 함께 청량산에 들어가 10년을 기약하고 글을 읽다가 연고가 있어 구봉령보다 1년 앞서 돌아왔다. 퇴계 선생이 죽은 뒤에는 白蓮寺를 철거하여 廬江에 서원을 세우고, 유학을 숭상하고 불교를 배척하는 데 노력하였다. 저서로 『惟一齋集』이 있다.

28) 『一竹齋先生遺集』, 권1, 「次金仲昷【彦璣】茅齋韻」.

29) 禹穴은 禹임금의 葬地이다. 『史記』「太史公自序」에서 "나이 이십에 남쪽으로 長江과 淮水를 유람하고, 會稽山에 올라 禹穴을 찾아보았다"(二十而南遊江淮, 上會稽, 探禹穴)라고 하였다.

30) 匡山은 중국 成都府 彰明縣 북쪽에 있는 大匡山을 말하는데, 시인 李白이 젊었을 때 글을 읽었던 곳이다.

31) 漢나라 東方朔의 글에 "13세에 글을 배워 三冬 공부에 文史를 족히 쓸 만하였다"(年十三學書, 三冬文史足用)라는 말이 있다.

4) 「권장중에 대한 만사」[32]

출중한 그대 시대의 영웅이고	英邁如公一世雄
천 층 높이 누각 갠 하늘에 기대었네.	千層樓閣倚晴空
가는 티끌 빙호에 닿지 않으니	纖塵不到冰壺相
외물이 어찌 수경 같은 마음을 침범할까.	外物何容水鏡胸
천지의 바람과 달 아래서 취해 있고	醉裏乾坤風月裏
고금의 물과 구름 곁에서 한가하네.	閑中今古水雲中
천명을 즐기며 무덤으로 돌아가니	樂夫天命歸眞宅
친구 사이 이별의 정은 다함이 없네.	徒友離情自不窮

4. 제문

1) 「권장중에 대한 제문」[33]

삼가 생각하건대	伏以
공은 이 세상에 태어나	公之生世
여러 사람 가운데 우뚝하였네.	之特百夫
『주역』은 복희씨의 괘를 연구하고	易見羲氏
시는 소요부[34]의 시에 화답하였네.	詩和堯夫
이 친구는 훌륭한 선비였지만	斯友善士

---

32) 『一竹齋先生遺集』, 권1, 「輓松巖權章仲」.
33) 『一竹齋先生遺集』, 권1, 「祭松巖權章仲文」.
34) 邵康節을 말한다.

나는 용렬한 사내였네.   我則庸夫

외롭게 지내다가 굳건한 사귐 얻고   暌孤交孚

공과 같은 원부를 만났네.35)   遇公元夫

청성산36) 앞 강물은   靑城水流

가는 것이 이와 같구나.37)   逝者斯夫

5. 의론

1) 「맹자부존주론」38)

천하의 법도는 높이는 바가 왕실王室에 있고, 성인의 법도는 높이는
바가 왕도王道에 있다. 왕도가 여전히 왕실에 존재하면 성인聖人이 그것
을 높여서 천하 사람들도 왕실을 높일 줄 알게 되지만, 왕도가 이미 왕
실에서 사라졌으면 천하 사람들이 다시는 왕실을 마땅히 높여야 한다
는 것을 알지 못하게 되어 오직 성인만 왕도를 높이게 된다. 왕도를 높
인다는 것은 그로 인해 왕실을 높이는 것이다. 주자朱子의 말씀을 위하
는 자가 "공자는 주周나라를 높였지만, 맹자는 주나라를 높이지 않았다"
라고 말하는데, 나는 일찍이 그것 때문에 극언極言을 하였다. 무릇 공자
와 맹자의 행실은 갖옷과 베옷처럼 대비되지만, 공자께서도 이미 때에

---

35) 『周易』暌卦에서 "暌에 외로워 원부를 만나 서로 믿으니, 위태로우나 허물이 없으리
라"(暌孤, 遇元夫, 交孚, 厲, 无咎)라고 하였다.

36) 안동시 풍산읍에 위치해 있다.

37) 『論語』「子罕」에서 공자가 "가는 것이 이와 같구나, 밤낮으로 그치지 않는구나"(逝者
如斯夫, 不舍晝夜)라고 하였다.

따른 차이에 대해 밝히셨으니, 맹자도 사실은 주나라를 높이지 않은 적이 없지만, 주나라를 높인다는 말은 직접 하지 않았다. 세상에서 간혹 맹자에 대해 문제 삼는 것도 이 때문이다.

오호라, 맹자가 어찌 주나라를 높이는 데 성실하지 않았겠는가? 맹자가 평생을 간절하게 생각했던 바가 왕도에 있다. 임금을 버려두고 어버이를 도외시하는 것에 대한 훈계가 『맹자』 일곱 편의 첫 번째 도리이다. 일찍이 왕도를 마음에 두고 임금과 어버이에 대해 정신을 쏟았으니, 왕실에 대해서도 아성亞聖이 된다. 어찌 주나라를 높이지 않았겠는가? 무릇 맹자의 시대는 환공桓公과 문공文公으로부터 거리가 멀지 않았음에도 일곱 나라가 자웅을 겨루면서 다시는 주나라가 있었음을 알지 못하게 되어 맹자가 서주西周의 성대함을 바라면서 분연히 왕도를 흥기시켰다. 어찌 그 노력이 공자보다 못하겠는가? 그러므로 천하가 혼란한 때에 왕도를 미루어 높이는 데 간절했으니, 왕의 면전에서 설파할 때에는 인의仁義가 아니면 말하지 않았고, 당시의 군주에게 대답할 때에는 오직

---

38) 『一竹齋先生遺集』, 권1, 「孟子不尊周論【東堂試】」, "天下之常, 尊在王室, 聖人之常, 尊在王道. 王道猶存於王室, 則聖人尊之而天下知尊王室, 王道已泯於王室, 則天下不復知王室之當尊, 而惟聖人獨尊王道. 尊王道, 乃有以尊王室也. 爲朱子之言者曰, 孔子尊周, 孟子不尊周, 愚嘗因是以極言. 蓋孔孟之事如裘葛之相反, 夫子旣明明時措之異, 而孟子實未嘗不尊周, 尊周則不及焉. 世之或有言於孟子者, 以此也. 嗚呼, 孟子豈不誠尊周者乎? 平生惓惓, 惟在王道, 遺君後親之戒, 爲七篇第一義. 曾謂以王道爲心而汲汲於尊君, 亞聖於王室, 莫之尊乎. 夫以孟子之時, 去桓文遠矣, 七國競雄, 不復知有周, 則有懷西周之盛, 慨然興王之道也. 豈不甚於孔子乎. 是以當天下橫流之日, 懇懇乎王道之推尊, 陳於王前者非仁義則不言, 答於時君者惟文武是稱. 雖不能大行尊周之道, 而尊周之心, 切於中故, 發於言者無非尊王道, 而王道之尊, 周自尊矣. 終孟子之世, 以秦晉之强, 不敢加於東周者, 豈非王之靈乎. 直以孟子之論, 行乎時也, 且所謂尊之者, 何也. 今有人, 欲人之尊父兄者, 援天下之人而指之曰, 此父也兄也, 儼拜跪而尊之云, 則不掩口而却走者鮮矣. 若退而陳孝悌之道, 則相率而拜其父兄, 猶恐後也. 孟子之不與亂臣賊子爭衡於天下, 而天下之亂臣賊子, 自不以王王爲蔑者. 孟子尊王道之論, 功不在於春秋之下矣. 嗚呼, 前聖後聖, 其揆一也. 孟子學孔子者也, 豈有學孔子旣尊周而獨不尊周乎. 若無尊周之心, 而勸時君以行王道, 則是非聖賢公天下之心矣. 謹論."

문왕文王과 무왕武王을 일컬었을 뿐이다. 비록 주나라를 높이는 도를 크게 펼칠 수는 없었지만, 주나라를 높이는 마음만큼은 속으로 절실했기 때문에 말로 드러내는 바가 왕도를 높이지 않는 것이 없었으니, 왕도가 높아지면 자연스레 주나라도 높아지게 된다.

맹자의 시대가 끝나갈 무렵에는 진秦나라와 진晉나라의 강성함 때문에 감히 동주東周에 더해 줄 수 없었으니, 주왕周王의 영령英靈은 어떻겠는가? 오로지 맹자의 의론을 그 시대에 펼치는 방법이 있었을 뿐이거늘, 이른바 주나라를 높인다는 것은 무엇인가? 지금 어떤 사람이 있어서 남들도 자신의 아버지와 형을 높이기를 원하여서, 천하 사람들을 끌어다가 가리키면서 "나의 아버지이고 형이니, 너희들은 절하고 꿇어앉아라"라고 말한다면 입을 가리고 떠나 버리지 않는 사람이 드물 것이다. 그러나 만약 물러나 효제孝悌의 도리를 설파한다면 잇따르면서 그의 아버지와 형께 절을 올리고 다만 늦게 이를까 걱정할 것이다. 맹자는 난신적자亂臣賊子와 천하에서 승부를 겨루려고 하지 않았다. 그런데도 천하의 난신적자는 스스로 천왕天王을 멸시의 대상으로 여기지 못했다. 맹자가 왕도를 높인 논의는 그 공적이 『춘추春秋』보다 못하지 않다. 오호라, "앞선 성인과 후대의 성인은 그 법도를 함께한다"[39]라고 하였거늘, 맹자는 공자를 배운 사람이니, 어찌 공자께서 주나라를 높인 것을 배우고서 홀로 주나라를 높이지 않을 수 있겠는가? 만약 주나라를 높이려는 마음이 없는데도 당시의 군주에게 왕도를 실천하라고 권했다면, 이는

---

39) 『孟子』 「離婁下」에서 맹자는 舜과 文王이 살던 지역이 서로 천여 리나 떨어져 있고 살던 시대가 천여 년이나 차이가 있어도 뜻을 얻어 중국에 시행한 것이 마치 符節을 합한 듯이 똑같음을 들어 "앞선 성인과 후대의 성인이 그 법도는 한 가지이다"(先聖後聖, 其揆一也)라고 하였다.

성현이 품은 공천하公天下의 마음이 아닐 것이다. 삼가 논의를 마친다.

6. 증유

1) 「신 진사의 거居 자에 차운하다」[40)]

물 적어서 한 자도 차지 못하는	斗水不盈尺
천연으로 이루어진 군자의 연못	天然君子池
모름지기 크다 작다 논하지 말라.	不須論巨細
이 모두는 조물주가 만든 것이네.	均是化工爲

2) 「신 진사의 신新 자에 차운하다」[41)]

그대 지금 『주역』 읽어 세운 뜻이 새로운데	讀易君今立意新
괘상에 정신을 집중하여 진정한 뜻을 알겠구나.	留神卦象定知眞
만약 오묘한 이치에 막힘이 없다면	若令無礙玄玄理
그 취향 어찌 옛사람과 다르겠는가.	趣向如何異古人

조존이 오래되면 새로운 경지 닿을 수 있으니	操存彌久可遷新
푸줏간에서 참되지 않은 것 맛볼까 두렵네.[42)]	恐對屠門嚼未眞

40) 『一竹齋先生遺集』, 권1, 「次辛進士居字【鶴峯 金誠一】」.
41) 『一竹齋先生遺集』, 권1, 「次辛進士新字【鶴峯 金誠一】」.
42) 정도가 아닌 것을 탐낼까 두렵다는 말이다. 後漢 桓譚의 『新論』에서 "사람들이 장안의 음악을 들으면 문을 나서면서 서쪽을 향해 웃음 짓고, 고기 맛이 좋은 것을 알면 푸줏간을 대하고서 입맛을 크게 다신다"(人聞長安樂, 則出門西向而笑, 知肉味美, 則對屠

범을 잡듯 마음 지키지 않는다면[43] 倘不守心如縛虎

훗날 헛되이 백분인[44]이 될 뿐이네. 他時空作白紛人

3) 「명明 자에 차운하여 신 공에게 부치다」[45]

서리 내린 집에서 소나무 그림자 구경하고 霜閣看松影

바람 부는 마루에서 대나무 소리 즐기네. 風軒愛竹聲

세속의 인정은 울지 못하는 거위를 미워하고[46] 俗情憎雁默

이별을 생각하니 가까운 거리[47]라 더욱 애처롭네. 離思苦牛鳴

가는 아지랑이는 갈매기 주위에 어스름하고 細靄鷖邊暝

지는 석양은 까마귀 등에서 밝네. 殘暉鴉背明

시인이 경치를 따라 감상하다가 詩人隨景賞

나뭇잎을 따서 제명을 적네. 摘葉爲題名

門而大嚼)라고 하였다.

43) 마음을 단단히 붙잡는 것을 비유한 표현이다. 황정견이 이르기를 "마음을 지키는 것은 범을 잡는 것과 같다"(守心如縛虎)라고 하였다.

44) 어려서부터 학문을 했으나 늙어서도 요란하기만 하다는 의미이다. 揚雄의 『法言』에서 "아이 때부터 학문을 익혔지만 늙어서도 분란스럽기만 하다"(童而習之, 白紛如也)라고 하였다.

45) 『一竹齋先生遺集』, 권1, 「次明字寄辛公【松巖 權好文】」. 『松巖集』에는 세 수로 되어 있고, 이 부분은 마지막 수에 해당한다. 말미에 "이 章은 신군의 시에 담긴 뜻을 말하고 있다"(此一章言辛君詩中之意)라고 적혀 있다.

46) 무능한 것을 미워한다는 말이다. 『莊子』 「山木」에서 "부자가 산에서 나와 친구 집에 묵었는데 주인이 기뻐하여 거위를 잡아 삶으라고 명하였다. 동자가 '한 마리는 잘 울고 한 마리는 울지 못하는데 어떤 것을 잡을까요'라고 묻자, 주인이 '울지 못하는 것을 잡으라'라고 하였다"(夫子出於山, 舍于故人之家, 故人喜, 命豎子殺雁而烹之. 豎子請曰, 其一能鳴, 其一不能鳴, 請奚殺. 主人曰, 殺不能鳴者)라고 하였다.

47) 牛鳴이란 소의 울음이 들릴 정도의 가까운 거리를 뜻한다.

4) 「신 상사의 초당 시에 차운하다」[48]

안개 낀 바위의 나무들이 무성한데   煙和巖樹翠陰陰
나그네의 쓸쓸한 마음 위로하기 어렵네.   難慰遊人落莫心
봄 지난 뒤 버들 따라 꽃을 찾아보는데   隨柳訪花春去後
숲속의 새소리만 내 마음을 알아주네.   數聲幽鳥獨知音

밖에 나오니 고향 산의 봄은 다하였고   出遊殘盡故山春
꽃길에 사람 드물어 먼지를 쓸지 않네.   花逕人稀不掃塵
느지막이 낙화 좇는 풍류의 나그네   晚逐落紅佳賞客
개울가에서 술잔 들고 부끄러워하노라.   一樽慙負澗之濱

5) 「도산에서 돌아가는 길에 신 상사의 오언시를 얻어 차운하다」[49]

용거후[50]에 모여서 장사를 지내고 나니   會葬龍居後
사수가[51]에 머물기가 어렵구나.   難留泗水邊
돌아갈 때 서로를 향해 곡을 하고   臨歸相向哭
사방으로 흩어지니 마음이 아득하네.   四散意茫然

나그네의 근심은 버들개지 끝에 달렸고   客愁柳絮外
소쩍새의 피눈물은 꽃 옆에 흩어져 있네.   鵑淚血花邊

---

48) 『一竹齋先生遺集』, 권1, 「次辛上舍草堂韻【松巖 權好文】」.
49) 『一竹齋先生遺集』, 권1, 「陶山歸路得辛上舍五言次之【松巖 權好文】」.
50) 퇴계 선생의 묘소가 있는 곳을 말한다.
51) 泗水는 중국 산동성 曲阜 근처를 흐르는 강으로, 공자가 그 근처에서 제자를 가르쳤
     으므로 공자가 강학하던 곳을 뜻한다. 여기에서는 퇴계 선생께서 강학하던 곳을 비
     유하였다.

유덕한 사람을 언제 다시 볼 것인가.　　　　　　觀德重何日

봄산 앞에서 한 번 슬퍼하네.　　　　　　　　　春山一悵然

6)「시냇가에 앉아 신 상사를 맞이하다」52)

봄 보내며 꽃 지는 연회를 저버려서　　　　　　送春孤負落花筵

사월에 급히 가니 풀들만 무성하네.　　　　　　急趁淸和草似烟

버들 숲 뚫고 가니 시냇가 길 멀지 않고　　　　穿柳不知溪路遠

꾀꼬리가 앞서서 큰소리로 짝을 부르네.　　　　高聲喚友野鶯先

---

52)『一竹齋先生遺集』, 권1,「坐溪皐邀辛上舍【松巖 權好文】」.

제2장

조성당선생문집
송소선생문집
추천선생문집

전성건

조성당선생문집操省堂先生文集

【해제】

『조성당선생문집』은 조성당操省堂 김택룡金澤龍(1547~1627)의 문집이다. 1863년 후손 김경일金敬一이 한천정사寒泉精舍에서 유초遺草, 훈록勳錄, 직첩職帖 등을 수습하고 시묵詩墨 1책을 찾고 원근의 지구知舊 소장의 글 약간을 찾아 정리해 두었다가 1912년에 11대손 김종벽金宗璧, 김윤원金胤元 등에 의해 문집 형태로 만들어졌다.

김택룡의 자는 시보施普이고, 호는 조성당操省堂·한천자寒泉子이고, 관향은 의성이다. 조성당은 1547년 예안현 한곡리에서 태어났다. 그의 부친은 승지로 추증된 김양진金揚震이고 모친은 숙부인 안동김씨 내금위 김여광金礪光의 딸이다. 8세인 1554년부터 월천 조목 문하에서 공부하였고, 22세 퇴계에게 올린 편지가 있는 것을 볼 때, 20세 전후로 퇴계 문하에 나아가 공부한 듯하다. 30세인 1576년 봄 사마시에 합격하였으며, 42세인 1588년 문과 병과에 급제하고 정8품 승문원 저작에 임명되어 사환의 길을 시작하였다.

『조성당선생문집』은 권두에 「조성당선생문집서」, 「세계도」, 「조성당선생연보」가 실려 있다. 「조성당선생문집서」는 퇴계 이황의 후예인 이만규(1845~1920)가 조성당 김택룡의 후손인 김우락金遇洛·김윤원金胤元·김영찬金永燦의 부탁을 받고 쓴 글이다. 권1에는 「월천 함장을 모시고 점암을 노닐며 차운하다」를 시작으로 총 52편이 기재되어 있다. 스승을 모시고 자연을 읊은 시들이 주를 이루고 있다. 특정적인 것으로는 연못과 누정을 정비하거나 그 감회를 읊은 시가 수록되어 있다는 것이다. 도산서원의 정우당을 보수하고 난 이후 그 감회를 시로 짓는가 하면, 풍기에 있었던 완심당을 보수하고 시를 짓기도 했다.

권2에는 「천산의 옥벽에 쓰다」(書天山屋壁)를 시작으로 총 86편의 시가 수록되어 있다. 김택룡의 교유 관계를 알 수 있는 시, 특정한 인물과의 추억이 담긴 시가 기재되어 있는 것은 물론, 질병의 고통으로 인한 내용, 퇴계 이황과 월천 조목에 대한 꿈을 꾼 뒤 그 품은 마음을 표현한 내용 등이 다양하게 섞여 있다.

권3에는 월천 조목에게 보낸 편지 6편, 성재 금난수에게 보낸 편지 2편, 금산군수 금개에게 보낸 편지 1편, 어떤 사람에게 보낸 편지 1편, 송소 권우에게 보낸 편지 1편, 송계 금인에게 보낸 편지 1편, 남천 권두문에게 보낸 편지 1편, 간재 이덕홍에게 보낸 편지 1편 등 총 14편이 실려 있다. 축문과 봉안문 각각 1편이 있는데, 「도산서원에 월천 조공을 종향할 때 원위인 퇴도 이 선생에게 고한 축문」과 「종향위 월천 조공의 봉안문」이 그것이다. 그다음 제문은 「월천 조목을 위한 제문」 3편, 「몽재 이안도를 애도하는 제문」 1편, 「비지 남치리를 애도하는 제문」 1편, 「권우 정보를 애도하는 제문」 1편, 「참봉 이문정을 애도하는 제문」 1편 등 총 7편이 실려 있다. 월천 조목과의 편지를 통해서 알 수 있는 사항은 진주 제독관에 임명되었던 것, 선조의 비 의인왕후의 상이 있었다는 것, 『자치통감강목』 인출 과정에 참여하였다는 것, 아들 김숙이 생원시에 합격하였다는 것, 월천 조목을 도산서원에 종향하려고 했던 것 등이다.

또 권3에는 「좌우명」 1편, 「기백」 1편, 「묘갈명」 1편, 「서」 2편, 「발」 1편, 「서」 2편이 기재되어 있다. 그 가운데 「기백」은 『퇴계집』 권37, 「답이평숙【함형○기사】」에 실려 있는 글인데, 문집을 편집할 때 실어 놓은 것으로 보인다. 「묘갈명」 1편은 「참봉 동로 심공의 묘갈명」이고, 「서」 2편은 「동정시서」와 「영사암제식서」가 그것이다. 「발」 2편은 「소백산을 함께 노닌 기록 뒤에 쓰다」와 「청량산 유람 기록 뒤에 쓰다」로 일종의 유산기遊山記라고 할 수 있는 부분이다. 「서」 2편은 「월천 선생에게 올리다」와 「기암 이완 공에게 답하다」이다.

권4는 부록인데, 퇴계 이황, 월천 조목, 남천 권두문에게 보낸 편지를 비롯하여 임학령과 왕일룡 그리고 이호민에게 보낸 시詩와 제題 및 조성당 사후 도산서원 유생의 조성당을 위한 제문, 「유사」, 「묘갈명」, 「묘지명」, 「묘도입석고유문」, 「한천정사묘우상량문」, 「한천정사봉안문」, 「상향축문」, 「한천정사이건상량문」이 실려 있다. 또한 김재전의 「발」 1편, 김종벽과 김윤원의 「후지」 2편이 있어 조성당의 생애와 업적, 그리고 문집을 발간하게 된 경유 등을 확인할 수 있게 해 준다.

1. 조성당의 한평생: 「조성당선생연보」1)

조성당은 1547년(명종 2) 2월 12일 예안현 동쪽 한곡리에서 태어났다. 1553년(7세) 공부를 시작하였는데, 1554년(8세) 월천 조목2)의 문하에 나아가 수업하였다.

옛적 내가 학문에 뜻을 둔 처음	昔我志學初
몇 번이나 강학하던 곳 올랐지	幾度登鱣堂
성성재3) 좇아 노닐었으니	從遊惺惺齋
낙동강 물줄기 한가운데였지	洛水之中央
뒤이어 월천 어른 모셨으니	逮事月川翁
옷섶 걷고 모신 지 십 년	摳衣經十霜
배움이 때에 미치지 못하니	學有不及時
어찌 몸 일으켜 높은 벼슬 바랄까	寧望起翱翔
비록 계상4)의 문하에 이르렀으나	縱及溪上門

---

1) 이 부분은 『操省堂先生文集』「操省堂先生年譜」를 간략하게 정리한 것이다.
2) 월천 조목: 月川 趙穆(1524~1606)의 字는 士敬, 號는 月川이다. 15세에 퇴계 이황의 문하에 나아가 수업하였다. 학문은 물론 처신함에 있어 예법에 어긋남이 없었기 때문에 퇴계가 그를 매우 아꼈다고 한다. 1552년(명종 7) 생원시에 합격하였다. 1566년 천거로 공릉참봉에 제수되었으나 부임하지 않았고, 1568년 집현전참봉에 제수되어 부임하였다가 바로 사퇴하였다. 예안의 도산서원과 봉화의 문암서원, 그리고 예천의 정산서원 등에 제향되었다.
3) 성성재: 惺齋 琴蘭秀(1530~1604)의 자는 聞遠, 호는 惺齋, 孤山主人이다. 본관은 奉化, 아버지는 憲이며 안동 사람이다. 퇴계의 문인으로 1561년(명종 16) 생원시에 합격하여, 제릉참봉·장흥고직장·장예원사평이 되었다. 임진왜란이 일어나자 鄕兵을 이끌고 전투에 참여하였다. 1955년 봉화현감이 되어 향약을 시행하여 치적을 올리고 귀향하여 도산서원과 역동서원에서 퇴계의 학문을 강구하기에 힘썼다. 선무원종공으로 좌승지에 추증되고 동계사에 봉안되었다.
4) 계상: 溪上은 퇴계 이황이 살던 안동 도산면 兎溪里를 가리키는데, 溪堂이라고도 부른다. 퇴계가 이곳에 서당을 짓고 후학을 가르쳤다.

어두운 길 부질없이 방향 몰라 헤맸지　　　　　冥摘空迷方

　　1563년(17세) 고양이씨高陽李氏를 부인으로 맞이하였다. 고양이씨는 경
릉참봉 이사의李思義의 따님이다. 계실繼室 부인은 진성이씨眞城李氏 이의
강李義綱의 따님이다.

　　1564년(18세) 월천 조목을 따라 퇴계 이황을 배알했다. 1566년(20세) 선
친 승지공의 상을 당하였다. 1568년(22세) 퇴계 선생에게 편지를 올렸다.
답장은 대략 다음과 같다. "국상 기간에 상을 벗은 자가 입어야 하는
마땅한 옷의 색에 대해서는 사람들이 의문을 가지는 경우가 많다. 그러
나 예에 '자신이 임금을 위한 복인 군복君服을 입고 있으면 친상親喪이
있더라도 성복成服할 수 없다'고 한 것은, 임금의 복을 무겁게 여겨 개인
의 상복을 그 몸에 입을 수 없기 때문이다. 지금 이 예를 행하기 어렵겠
지만 온 나라가 모두 흰옷을 입고 있는데, 자기만 친상 때문에 흑립黑笠
에 참복黲服을 입는 것이 옳겠는가? 그러므로 나는 다만 백립白笠에 백의
白衣를 입는 것이 옳다고 생각한다."5)

　　1570년(24세) 12월 퇴계 선생이 세상을 떠났다. 1571년(25세) 송계 금
인6) 어른에게 편지를 올렸다. 1572년(26세) 겨울 비지 남치리7)와 회암사

---

5) 『退溪集』, 권39, 「答金施普【澤龍○戊辰】」, "承書, 知孝履支持, 已臨內除, 向慰爲深. 就中
　　示問國恤內免喪者服色之宜, 人多疑之. 然禮, 君服在身, 則雖親喪不得成服者, 以君服爲重,
　　不得以私喪之服加於其上故也. 今此禮雖難擧行. 然擧國皆縞素, 己獨爲親喪黑笠黲服, 豈可爲
　　乎? 故愚意以爲直以白笠白衣行之可也. 改題事, 大祥前一日爲之, 曾祖書曾孫, 祖書孫, 高祖
　　書玄孫, 而不云高孫也. 但『家禮』, 雖有四代之祭, 今『五禮儀』, 只祭曾祖以下, 當遵用時王之
　　制也. 其間或有好古尙禮之家, 依『家禮』祭及高祖, 則必有高祖當入之龕矣. 今示祔位之說, 甚
　　非也. 代盡之主, 遷奉於族中代未盡中最長者之家, 祭之, 旣祭於彼, 安有宗子復祭之禮乎? 改
　　題, 只視宗子宗孫之存亡而已, 衆子孫不得與於其間也."
6) 송계 금인: 松溪 琴軔(1510~1592)의 자는 伯任, 호는 松溪, 본관은 奉化이다. 1540년

檜巖寺에서 독서하였다. 1576년(30세) 봄 사마시에 합격하였다. 1577년(31세) 3월 월천 선생을 방문하였고, 12월 봉화 임소에서 월천 선생을 배알하였다. 송소 권우[8]의 편지에 답하였고, 몽재 이안도[9] 공에게 편지를 보냈다.

1578년(32세) 4월 면진재 금응훈[10], 북애 김기[11], 추천 류온중, 풍곡

진사시에 합격하였다. 龜巖社에 제향되었다.

7) 비지 남치리: 賁趾 南致利(1534~1580)의 자는 成仲·義仲, 호는 賁趾, 본관은 英陽이며, 안동 출생이다. 퇴계의 문인으로 문과에 2번이나 실패하고 자신의 수양을 위한 학문에만 열중했다. 30세 때인 1572년(선조 6) 향시에 합격하였으나 문과에는 응하지 않고 관직에 나아가지 않았다. 퇴계의 『理學通錄』과 『啓蒙傳疑』 원고를 정리하고 교정하여 간행하는 데 힘썼다. 이러한 학행은 36세 때인 선조 12년 조정에서 뛰어난 선비 9인을 천거할 때 높이 평가되어 한강 정구와 함께 최고로 뽑히게 했다. 이와 같이 중앙과 지방으로부터 뛰어난 인물로 선망을 받았으나 38세로 요절함에 따라 더 큰 업적을 남기지 못하였다. 시문이 뛰어나 『言行雜錄』 등의 저술을 남겼으며, 魯林書院에 제향되었다.

8) 송소 권우: 松巢 權宇(1552~1590)의 자는 定甫, 호는 松巢, 본관은 안동이다. 아버지는 생원 大器이다. 퇴계의 문인으로 어려서부터 총명이 뛰어나서 문예가 날마다 진보하여 18세에 향시에서 장원하였다. 19세에 퇴계 선생으로부터 『계몽전의』 강의를 받았고, 1573년(선조 6) 진사시에 합격한 뒤 과거공부를 그만두고 성리학에 전심하여 학문으로 이름이 높았다. 1586년 경릉참봉에 제수되었다. 1589년 왕자(뒤의 光海君)의 사부에 제수되었으나 그다음 해에 죽었다. 광해군이 즉위하자 스승인 권우의 옛 은혜에 보답하고자 좌승지로 추증하고 예관을 보내어 제사지내게 하였다. 경주의 鏡光書院에 제향되었다.

9) 몽재 이안도: 蒙齋 李安道(1541~1584)의 자는 逢原이고 호는 蒙齋이고 본관은 眞城이다. 퇴계의 장손으로, 군기시첨정 寯의 아들이며, 어머니는 봉화금씨로 훈도 梓의 딸이다. 할아버지에게 학문을 배워 성리학에 조예가 깊었으며, 퇴계 문하의 명유들과 교유하였다. 1561년(명종 16) 생원시에 합격하였고, 1574년(선조 7) 퇴계의 적손이라고 하여 음서로 목청전참봉에 임명되고, 그 뒤 저창부봉사와 상서원직장을 거쳐 사온직장에 올랐다. 아버지의 병으로 귀향하였다가 상을 당한 뒤 다음 해 44세로 죽었다. 예안의 東溪書院에 제향되었다. 저서로 『몽재문집』 2권이 있다.

10) 면진재 금응훈: 勉進齋 琴應壎(1540~1616)의 자는 壎之이고 호는 勉進齋이고 본관은 奉化이다. 梓의 아들이며 퇴계의 문인이다. 형 應夾(1526~1589)과 밤낮을 가리지 않고 窮理에 정진하였다. 스승 퇴계는 그들이 공부하는 서재를 '勉進'이라고 이름하고 손수 편액을 써 주어 격려하기도 하였다. 1570년 진사시에 합격하였으며 학행으로 천거되어 현감에 제수되었다.

11) 북애 김기: 北崖 金圻(1547~1603)의 자는 止叔이고 호는 北厓이고 본관은 光山이다.

김이선과 도산에서 이야기를 나누었다. 1580년(34세) 3월 비지 남치리 공을 애도하였다. 1581년(35세) 6월 어머니 숙부인 김씨의 상을 당했다. 1583년(37세) 7월 첨정 이준[12] 공을 애도하였다. 1584년(38세) 8월 몽재 이 공을 애도하였다. 1586년(40세) 6월 천거로 장사랑 경릉참봉에 임명되었다. 1587년(41세) 12월 종사랑이 되었다. 1588년(42세) 문과 병과로 급제하였다. 통사랑이 되었다가 승문원저작에 임명되었다. 여름 상중에 있는 송소 권우를 조문하였다. 1589년(43세) 승의부의 호분위부사맹에 임명되었다. 7월 합천 임소에 있는 월천 선생에게 편지를 올렸다.

1592년(46세) 정월 서울에 머물며 월천 선생에게 편지를 올려『자치통감강목』을 인쇄하는 일에 대해 논의하였다. 4월 임진왜란이 일어나자 어가를 호종하여 의주로 갔다. 1593년(47세) 가을 월천 선생에게 편지를 올렸다. 1594년(48세) 6월 승훈랑 행 승문원박사에 임명되었고, 8월 봉직랑 행 봉상시직장으로 승진하였으며, 승문원박사를 겸직하였고, 조금 지나 호조좌랑에 임명되었다. 1595년(49세) 정월 봉직랑 행 병조좌랑에 임명되었고, 4월 통선랑에 임명되었다.

1600년(54세) 봄 진주 제독관에 임명되었다. 가을 접반사로 입명되어 가유격賈遊擊의 군영에 있었다. 겨울 명나라 군대 반료도감으로 교동에 머물렀다. 1601년(55세) 아들 숙琡이 생원시에 합격하였다. 4월 명나라 군

임진왜란 때 金垓와 함께 창의하여 정제장 겸 소모관으로 토적에 힘썼으며 太祖御容이 병란을 피해 예안의 柏洞書堂에 이안하게 됨에 성심껏 수호하였다. 또한 도산서원 원장이 되어 퇴계문집을 간행하는 데 공로가 지대하였다. 1602년에 순릉참봉이 되고, 1607년에 선무원종훈으로 사헌부감찰에 증직되었다.

12) 첨정 이준: 李寯(1523~1583)의 자는 廷秀이고 본관은 진성이다. 퇴계의 맏아들이다. 제용감참봉, 집경전참봉을 지냈다. 연은전참봉에 제수되었으나 나아가지 않고 1569년 연로한 어버이를 위해 봉화현감을 지냈으며, 1578년 군기시첨정에 임명되었다.

대를 따라 평안도에 갔다. 7월 울산도호부 판관에 임명되었다. 1602년(56세) 안동부교수가 되었다.

1606년(60세) 4월 선무이등, 정난일등에 녹훈되었다. 10월 월천 선생을 애도하였다. 1607년(61세) 7월 전라도 도사에 임명되었다. 1608년(62세) 2월 선조대왕이 승하하였다. 10월 군기시 부정에 임명되었고, 12월 영월군수에 임명되었다. 1610년(64세) 노릉암魯陵菴을 지었다. 1611년(65세) 정월 가동재사樻洞齋舍를 지었다. 전라도 관찰사 정경세13) 공에게 편지를 보냈다.

1612년(66세) 월천 조목을 종향하는 일로 정월 금응훈의 편지에 답하였다. 1613년(67세) 금산군수 금개琴愷에게 편지를 보냈다. 1614년(68세) 11월 도산서원에 가서 월천 조공을 종향하는 예에 참석하였다. 1617년(71세) 8월 회곡 권춘란14) 공을 애도하였다. 9월 창해서원 창건의 일로 금학고15)에게 편지를 보냈다. 1620년(74세) 문하의 사람들이 번갈아 와서 성리서와 역사서를 배웠다.

---

13) 정경세: 愚伏 鄭經世(1563~1633)의 자는 景任이고 호는 우복이며, 본관은 晉州이고 시호는 文莊公이다. 서애 류성룡의 문인이다. 1578년 경상도 향시에 응시하여 생원과 진사의 초시에 합격하였고, 1582년 회시에서 진사에 뽑히고, 1586년 알성문과에 을과로 급제하여 승문원 부정자에 임명되었다. 우복은 경전에 밝았으며, 특히 예학에 조예가 깊었다. 저서로『우복집』과『喪禮參考』가 있다.

14) 회곡 권춘란: 晦谷 權春蘭(1539~1617)의 자는 彦晦, 호는 晦谷, 본관은 안동이다. 아버지는 증좌승지 錫忠이며, 어머니는 咸昌金氏이다. 퇴계의 문인으로서 1570년(선조 3) 사마시에 합격하고, 1573년 식년문과에 급제하여 검열과 감찰을 거쳐 대동도찰방이 되고 이어서 정언, 지평, 사간, 직강을 역임하고 영천군수와 의성현령 등을 역임했다. 1592년 임진왜란 때 안동에서 金允明의 의병에 가담하였다. 이후에 모든 관직을 사임하고 류성룡, 정경세 등과 학문을 논하며 후진교육에 힘썼다.

15) 금학고: 琴學古(1567~1630)의 자는 翁如이고 본관은 봉화이다. 월천 조목의 문인이며 昌海書院 원장을 지냈다. 창해서원은 1616년 金中淸이 주도하여 봉화에 건립한 서원으로 퇴계 이황을 모시고 월천 조목을 종향한 서원이다.

1627년(81세) 6월 26일 정침에서 세상을 떠났다. 가동 자좌의 터에 장례를 지냈다. 도산서원의 유생들이 제문을 지어 장례에 참석하였다.

2. 조성당의 시세계

1) 「월천 함장을 모시고 점암을 노닐며 차운하다」[16]

①

산은 그림 병풍 펼친 듯 에워싸고	山擁屏開畫
물결은 초록빛 기름처럼 찰랑거리네	波澄綠潑油
애오라지 나포의 배 타고	聊乘羅浦舫
한가로이 점암을 유람하네	閒作簟巖遊
꽃버들 흐트러지는 춘삼월 저무는데	花柳三春暮
강호에서 십 년 세월 근심하네	江湖十載憂
선생님 여러 번 모시고서	自多陪杖屨
해마다 맑고 그윽한 경치 구경하네	連歲賞淸幽

②

꽃버들 핀 봄, 강 끝나가는 곳	花柳春江欲盡頭
조각배로 언제 다시 선경에 모일거나	扁舟聊復會仙洲
점암 절경을 찾는 해마다의 일	簟巖探勝年年事
훗날 어느 누가 이 유람 기억할까	後世何人記此遊

---

16) 『操省堂先生文集』, 권1, 「陪月川函丈, 遊簟巖, 次韻【二首】」.

2) 「도산서원 밤에 앉아 있으니 감회가 생기다」[17]

도산서당 꿈 깨니 생각 아득하기만 한데	山堂夢罷意悠悠
긴 밤 새지 않아 홀로 나그네 시름에 잠기네	長夜難明獨客愁
완락재 텅 비고 문은 오래도록 닫혀 있고	翫樂齋空門久閉
천연대는 저 멀리 강물만 부질없이 흘러가네	天淵臺逈水空流
추위에 핀 매화 쓸쓸한 대나무 화단은 적막하고	寒梅苦竹方壇靜
갠 달빛에 맑은 바람 도산서원 그윽하네	霽月光風道院幽
가슴에 쌓인 수많은 생각 붙일 곳 없어	多少情懷無着處
때로 우두커니 서서 다시 머리 긁적이네	有時延佇更搔頭

3) 「탁영담에 배 띄우고」[18]

산 위 뜬 달 바닥에 닿아 있고 낙동강은 길게 흘러	山月低空洛水長
맑은 가을 뱃전 두드리며 강 한가운데 배를 띄웠네	清秋扣枻泛中央
솔개 날고 물고기 뛰는 천연대 감흥 여전하건만	鳶魚依舊天淵興
바람과 달 부질없이 광풍제월 운치만 남아 있네	風月空留霽景光
떡갈나무 긴 벼랑 말 발길 가는 대로 내버려 두고	柞櫟長遷歸信馬
울퉁불퉁 큰 바위 돌려가며 마시는 술잔 매어 놓았네	盤陀巨石繫傳觴
이제는 즐거웠던 일 신선 자취만 남아 있어	只今好事遺仙迹
문생은 공연히 백발 서글픈 마음만 일어나네	空起門生白首傷

---

17) 『操省堂先生文集』, 권1, 「陶院夜坐有懷」.
18) 『操省堂先生文集』, 권1, 「灌纓潭泛舟」.

4) 「한가로이 거처하며 회암의 「의고」에 차운하다」[19]

①

한적한 동산 매화와 대나무 심고	閒園種梅竹
네모난 못 연꽃과 부들 심노라	方池種蓮蒲
산수 시원스레 트인 자리	林泉爽塏地
청아한 운치 은거하기 알맞네	淸致愜幽居
이리 좋은 맑고 고운 경치 음미하며	翫此好淸艶
앉아 펼쳐 있는 만물 살펴보네	坐看品物敷
다만 두려운 것은 쉬이 시들어	但恐易衰歇
잡초 무성해지는 게지	菉葹資繁蕪
배회하자니 한없이 감회 일어	徘徊感慨多
다시 꽃 너머 수레 기다려 보네	更拚花外車

②

어찌된 셈인지 은자 사는 곳에	如何考槃地
그윽한 생각 끝없이 일어나네	幽思太無端
오늘 슬퍼하고 또 옛일 생각나	傷今又思古
머리 긁적이며 부질없이 서성이네	搔首空盤桓
눈 부릅뜨고 어느 시대를 물어도	睢旰問何代
내게 긴 탄식 일어나게 하네	令我發長歎
사람 인생사 아침저녁 같지만	人世等朝昏
사업일랑 한단의 일 되고 말았네	事業歸邯鄲
장차 이 몸 궁벽한 시골에 맡기고	將身寄邱墅

---

19) 『操省堂先生文集』, 권1, 「閒居次晦菴擬古【八首】」. 晦菴은 朱熹(1130~1200)의 호이다.

추위 속 소나무 계수나무 사귀리라	託契松桂寒
무릎 껴안고 홀로 길게 휘파람 부니	抱膝獨長嘯
영예와 이익이 무슨 상관이랴	榮利庸何關
묵은 책 보며 도의 참맛 보노니	塵編味道腴
강과 바다에서 한 해 다하려 하네	江海歲將闌
깨어나 말해도 잊지 않으려 하니	寤語矢弗諼
거문고 타고 노래 부르며 기뻐하리	琴歌聊自歡

3

산울타리 아무 일 없어	山樊無箇事
바위 골짝 그윽한 난초 심노라	巖谷種幽蘭
가시를 잘라도 없어지지 않으니	荊棘剪不去
번지고 꽃피는 것 어찌 어려울까	敷榮一何難
배회하며 어찌하지 못하니	徘徊無奈何
내 뜻은 절로 막막하네	我志自漫漫
길게 의란조20)를 노래하니	長歌倚蘭操
몇 번이고 공연히 길게 탄식하네	三復空長歎

4

옛적 내가 학문에 뜻을 둔 처음	昔我志學初
몇 번이나 강학하던 곳 올랐지	幾度登鱣堂
성성재를 좇아 노닐었으니	從遊惺惺齋

---

20) 의란조: 猗蘭操는 공자가 지었다는 거문고 곡 이름이다. 공자가 제후에게 등용되지
못하고 위나라에서 노나라로 돌아가는 길에 깊은 골짜기에서 향기 나는 난초가 무
성한 것을 보고 향초가 왕 곁에 있지 못한 것을 불우한 현자에 비유하여 지었다고
한다.(『古今事文類聚後集』, 권29, 「作猗蘭操」)

낙동강 물줄기 한가운데였지	洛水之中央
뒤이어 월천 어른 모셨으니	逮事月川翁
옷섶 걷고 모신 지 십 년	摳衣經十霜
배움이 때에 미치지 못하니	學有不及時
어찌 몸 일으켜 높은 벼슬 바랄까	寧望起翱翔
비록 계상의 문하에 이르렀으나	縱及溪上門
어두운 길 부질없이 방향 몰라 헤맸지	冥擿空迷方
동쪽 노나라 들에서 밭 갈고	躬耕東魯野
신 끌며 때로 상송²¹⁾을 부르네	曳縰時歌商
낡은 가죽옷 겨우 몸을 가리고	弊裘纔掩骼
명아주와 콩으로 주린 창자 채우네	藜藿充枯腸
하는 일 없이 나는 이미 늙어 버려	悠悠吾已老
스스로 돌아보니 공연히 슬프네	撫躬空自傷

5

사업은 힘써 공부하는 것 귀하니	事業貴攻苦
삼십 년 전부터 연구하였지	研究卅載前
조충전각²²⁾ 화려함 사양하고	雕篆謝浮華
박학약문²³⁾ 높고 견고함 일삼았네	博約事高堅
지극한 즐거움 여기에 있으니	至樂在此中

---

21) 상송: 증자가 위나라에 있을 때 사흘이나 불을 때지 못하고 십 년 동안 새 옷을 해 입지 못하는 극빈의 생활 속에서도 신발을 끌고 歌商을 노래하니 그 소리가 천지간에 가득 차면서 마치 금석에서 나오는 것과 같았다(曳縰而歌商頌, 聲滿天地, 若出金石)는 고사가 전해 온다.(『莊子』, 「讓王」)
22) 조충전각: 雕蟲篆刻은 벌레나 篆書를 새기듯 미사여구로 글을 꾸미는 작은 재주를 말한다.
23) 박학약문: 博學約文은 널리 배우고 예로 요약하여 행한다는 말이다.(『논어』, 「옹야」)

물 마시며 나물 먹네24)   水飮而飯蔬

맛난 반찬 내 입 즐겁게 하겠지만   芻豢悅我口

염유의 역부족25) 염려스럽네   冉畫愁中途

앞길 하염없이 길고도 먼데   前程萬里長

낙담한 채 어떻게 하려는가   惓惓欲何如

그대는 보시게 동산에 심겨진 나무   君看植園木

뿌리 있다면 쉬이 꽃피고 번성하니   有根易榮敷

심고 북돋우기를 제때 하지 못하면   栽培不及時

가지와 잎 마르는 것 어찌 피하리   寧免枝葉枯

몇 번이고 우산장26) 살펴보니   三復牛山章

노력하면서 흐르는 세월 아껴야   努力惜居諸

6

내가 보니 아첨하며 빌붙는 자   我觀夸毗子

교묘한 말솜씨 폭포수 같아   巧舌如懸河

떠벌리며 시끄럽게 떠들어 대니   咕嚁事啾喧

백 대 수레 그보다 시끄러울까   百車何其多

얼기설기 비단처럼 꾸며대니   貝錦文萋斐

평지풍파 일으키는구나   平地起風波

마음과 입 서로 응하지 않고   心口不相應

하는 일 날마다 어긋나네   事業日蹉跎

---

24) 물 마시며 나물 먹네: 簞食瓢飮의 고사를 말한다.(『논어』, 「옹야」)
25) 염유의 역부족: 염유가 "저는 선생님의 도를 좋아하지 않는 것은 아니지만 힘이 부족합니다"라고 하자, 공자가 "힘이 부족한 이는 중도에 그만두는 법인데, 지금 너는 스스로 한계를 설정한 것이다"라고 한 것을 말한다.(『논어』, 「옹야」)
26) 우산장: 『맹자』 「고자상」 '牛山章'을 말한다.

베개 기대 너희들 멋대로 두니	欹枕任爾輩
혀를 차면서도 어쩔 수가 없구나	咄咄知奈何
공손히 사양한 방훈27) 공경하며	恭讓欽放勳
지혜로웠던 중화28)를 우러르노라	濬哲仰重華
인재 양성 어찌 방법 없겠는가마는	作成豈無術
무성한 새밭쑥 저 언덕에 있네29)	菁莪在中阿
삼가 생각건대 오직 한 마음이	恭惟一心上
삼라만상 모두 포괄하니	萬象皆包羅
정양30)은 근본으로 돌이키는 데 있고	靜養在反本
자포자기는 스스로를 탄식하게 한다네	暴棄堪自嗟
문 닫고 지내는 것은	所以閉門居
가을 산 푸른 넝쿨 가리기 때문이라네	秋山掩薜蘿

7

내 보니 마음은 오묘하여	我觀靈臺妙
사람마다 보배로운 진주 지녔도다	人各有寶珠
옛날에도 부족하지 않았으니	昔者非不足
지금인들 어찌 남음이 있겠는가	今焉豈有餘

---

27) 방훈: 放勳은 『서경』 「요전」에서 요임금을 칭송하면서 "공이 크다"고 한 것을 두고 한 말한다.
28) 중화: 重華는 『서경』 「순전」에서 순임금을 칭송하면서 "광휘를 발한다"고 한 것을 두고 한 말이다.
29) 무성한 새밭쑥 저 언덕에 있네: 『시경』 「소아」에서 "무성하고 무성한 새밭쑥이여, 저 언덕 가운데 있도다. 이미 군자를 만나 보니 나에게 백붕을 주신 듯하여라"(菁菁者莪, 在彼中陵. 旣見君子, 錫我百朋)라고 하였는데, 毛序에 "청청자아는 인재를 육성함을 즐거워한 시이다"라고 하였다.
30) 정양: 靜養은 고요히 있을 때 存養한다는 것인데, 존양은 存心養性을 줄인 말이다.(『맹자』, 「진심상」)

어지럽게도 보배 버려두고서	紛紛舍寶藏
외물에 현혹되어 비단옷 자랑하면	眩外誇羅襦
갈 곳 모를 뿐만 아니라	不但昧所之
끝내 그 몸 역시 잃게 된다네	終亦喪其軀
꾀꼬리도 높은 언덕 머물건만	綿蠻止邱隅
사람은 오히려 새만도 못하다니	人反鳥不如

8

내 보니 음양의 조화	吾觀会陽化
큰 근원 하늘에서 나온다네	大原出於天
처음도 없고 끝도 없으니	無始亦無終
무엇이 뒤이며 또 무엇이 앞인가	孰後又孰前
천서 이미 밝게 베풀어져 있고	天叙旣昭陳
인문 또한 밝게 펼쳐 있도다	人文且朗宣
어찌하여 자포자기 달갑게 여기는가	云胡甘自棄
맹인 더듬듯[31] 하니 가련하도다	冥擿堪可憐
도를 체득하여 진실로 숨김없어	體道固無隱
두루 미치고 넓으며 고요하고 깊다네	溥博而淵泉

5) 「소강절의 「가을 회포」에 차운하다」[32]

1

| 칠월의 초가을 | 七月初秋節 |

---

31) 맹인 더듬듯: 맹인이 지팡이로 땅을 짚으면서 길을 찾는 것처럼 사람이 하늘의 질서
(天敍)와 사람의 무늬(人文)를 알지 못하는 것을 말한다.
32) 『操省堂先生文集』, 권1, 「次邵康節秋懷【十八首】」.

은하수 빛 찬란하네	河漢光輝煌
너른 들 시골 흥취 일고	平郊生野思
빈 누각 산들바람 일어나네	虛閣起微涼
무더위 절로 자취 감추는데	炎熇自遁迹
푸른 나무에 안개 자욱하구나	碧樹迷煙光
사계절 돌고 돌며 운행되니	四時斡回轉
이 하늘의 도 변함없음 느끼네	感此天道常

②

가랑비 교외 빈터 시원하게 하니	微雨灑郊墟
하늘 모습 절로 세수를 한 듯	天容自梳洗
청산을 좋아하는 마음 있어	靑山好意思
높은 누각에 앉아 기대었네	高閣坐凭倚
시 짓는 정취 돌아가는 새 마주하고	詩情對歸鳥
술 취한 흥으로 맑은 물 굽어보네	酒興臨淸水
사지 점점 가볍고 편안해지니	四大漸輕安
한가로이 기거하기에 좋아라	悠然好居起

③

문장의 무게 구정33)과 같고	文章重九鼎
권세와 이익의 가벼움 털끝 같네	勢利輕毫末
구름과 안개 시원스레 걷히자	雲霧快披捲
하늘 빛고을 환히 빛나네	天光洞昭晳
돌아보건대 무엇을 하려는가	睠焉欲何爲

---

33) 구정: 九鼎은 하나라 우왕이 구주의 쇠를 거둬들여 만들었다고 하는 솥이다.

저 고운 마음 변함없는 듯   彼美心如結
성인에게 충성과 의리의 가르침 있으니   聖有忠義訓
분명 우리 위해 마련하셨겠지   端爲吾曹設

④

우물 위 오동나무 서늘한 기운 일고   涼生井上梧
바람 불어 시냇가 버드나무 한들거리네   風戞溪邊柳
산천은 회포 풀기 좋은데   山川好放懷
천지간 부질없이 머리만 긁적이네   天地空搔首
덕성을 늘 높이 받든다면   德性每尊奉
정신은 절로 번뇌 떨치리니   精神自抖擻
취중에 이 몸 버틸지라도   寧爲醉裏扶
진창에서 아무 일 없이 살지 않으리   不作泥無有

⑤

구름 낀 바위 산비둘기 깃들고   雲巖捿鵓鳩
차가운 물 물오리 떠다니네   寒水泛鳧鶒
붉은 대나무 천 그루 늘어졌고   紫竹千竿亞
높은 소나무 만 길 푸르다네   高松萬丈碧
관과 건 비에 젖었는데   冠巾雨因墊
시운은 귀신과도 대적하겠네   詩韻鬼相敵
북쪽 창 아래 맑은 바람 일고   清風北窓下
아득한 희헌34) 시절 생각하네   羲軒時遠憶

---

34) 희헌: 羲軒은 太昊 伏羲氏와 黃帝 軒轅氏를 말한다.

6

안개 낀 물가 달빛 희미하고   煙渚月依依

버드나무 언덕 바람은 산들산들   柳岸風裊裊

높은 마루 시 벗 맞이하여   高堂邀詩朋

갓 익힌 요리 닭 잡아 갖추었네   新炊具鷄黍

고금의 일을 잡론하며   雜論古今事

구름 낀 숲 한가롭고 조용하네   閒靜雲林處

산수를 담론하며   談水且談山

이 외에 다른 말 없다네   除是無他語

7

팔월은 더위와 서늘함 고르니   八月炎涼均

정신과 겉모습 편안하고 좋다네   神觀便且好

물고기 맛 막 좋아지고   魚蟹味初多

모기 소리 점점 작아지네   蠅蚊聲漸少

먼지 낀 세상 몸 둘 곳 없으니   塵寰無處容

만사가 어느 때에 끝나려는지   萬事何時了

때로 낚시하는 배 타다가   時乘釣漁船

짧은 노 붉은 여울가에 매었네   短棹倚紅蓼

8

풍년 들어 누런 닭 모이 쪼고   秋登黃鷄啄

시내 깊어 흰 물고기 살찌는구나   溪深白魚肥

이제 막 잘 익은 촌 막걸리   村醪初熟處

큰 바가지에 마시고 한 번 취하네   巨匏一中之

대추와 밤 소반과 그릇에 담으니 　　　　　棗栗宜盤豆
아이 손자 집안 뜰에 가득하네 　　　　　　兒孫滿庭闈
천지에 부끄러움 없으니 　　　　　　　　　俯仰無愧怍
이 외에 다시 무엇을 하리 　　　　　　　　此外更何爲

9

밤에 책 읽을 등 가져오라 하여 　　　　　夜呼讀書燈
어린 손자 게으름 감독하노라 　　　　　　勸督兒孫懶
단정히 붉은 휘장을 내리면 　　　　　　　端宜下絳帷
책을 펼쳐보기에 딱 좋으리라 　　　　　　正好披黃卷
시서는 성정을 다스리고 　　　　　　　　　詩書理性情
도의는 마음의 눈 열어 주네 　　　　　　　道義開心眼
명성이 무에 그리 급한고 　　　　　　　　　聲名何汲汲
앞길은 멀리 만 리나 되는데 　　　　　　　前程萬里遠

10

들쭉날쭉 천 개 봉우리 아래 　　　　　　　錯落千峯下
잔잔한 강물 앞에 흐르네 　　　　　　　　　潺湲一水前
산수의 흥취 이와 같은데 　　　　　　　　　溪山興如許
고금을 생각하니 아득하구나 　　　　　　　今古意悠然
때로 책상 위 비파를 뜯고 　　　　　　　　時鳴床上瑟
다시 좀먹은 책 읽노라 　　　　　　　　　　更理蠹餘編
산수에 살며 공훈 사업 멀어지니 　　　　　水石閒勳業
풍화35) 속 권력 욕심 고요하네 　　　　　　風花靜事權

---

35) 풍화: 風花는 雪月風花를 줄인 말로 아름다운 사계절을 말한다.

11

귀뚜라미 이슬 내린 풀에서 울고	寒蛩鳴露草
산새 텅 빈 숲에서 노래하네	幽鳥語空林
바위 골짜기 아침부터 저물 때까지	巖壑自朝暮
계절 따라 맑다 흐렸다 바뀌어 가네	節序變晴陰
중화의 기운 기르기 좋으니	好養中和氣
분노와 욕심 이따금 녹일 수 있고	閒消忿慾心
아양곡 연주하던 종자기36) 죽었으니	峨洋鍾子死
온 세상 누가 나를 알아주리오	擧世孰知音

12

새벽 깊숙한 바위 계곡 오르고	晨登巖峽邃
저녁 깊은 위수 맑은 물에 낚시하네	夕釣淸渭深
맑게 갠 처마에서 새 지저귀고	鳥哢晴簷語
푸른 나무에서 맑은소리 매미 우네	蟬淸碧樹音
반랑의 귀밑머리37) 쉬이 세었는데	易白潘郞鬢
부질없이 송옥의 마음38)처럼 서글프네	空悲宋玉心
까닭 없이 쓸쓸하고 놀랍더니	無端慘慄恨

---

36) 아양곡 연주하던 종자기: 峨洋曲은 춘추시대 거문고 명인 伯牙가 연주한 高山流水 가
  락을 말한다. 백아가 금을 타면서 고산에 뜻을 두면 그의 벗 鍾子期가 "높기가 태산
  과 같다"고 하고, 유수에 뜻을 두면 "넓기가 강하와 같다"고 했다. 종자기가 죽자
  백아는 자신의 금 소리를 들을 사람이 없다고 하여 줄을 모두 끊고 다시는 금을
  타지 않았다고 한다.(『열자』, 「탕문」)
37) 반랑의 귀밑머리: 潘郞은 晉나라 문장가였던 潘岳을 말한다. "내 나이 32세에 처음으
  로 2가지 색깔 머리카락 얻었네"(「秋興賦」)라고 한 데서 유래한 말이다.
38) 송옥의 마음: 宋玉은 전국시대 초나라 사람 굴원의 제자인데, 사부에 뛰어났다. 그가
  가을을 슬퍼하며 「悲秋賦」를 지었다. 가을이 되자 나이가 들었다는 생각에 마음이
  서글퍼졌다는 말이다.

무슨 일로 다시 점점 심해지는지　　　　　　何事更侵尋

13

구월의 기운 점차 소슬해지고　　　　　　九月氣漸肅
우거진 숲 매미가 많아지네　　　　　　　林多翳葉蟬
바람 타고 나는 수리 날개 굳세고　　　　風稜鷹翮健
서리 소식 기러기 울며 전하네　　　　　霜信雁聲傳
조각한 듯 나뭇잎 차갑게 떨어지고　　　冷落雕林葉
푸른 하늘 보니 맑고 싸늘하네　　　　　高寒覰碧天
아득히 만물의 변화 관찰하고　　　　　悠然觀物化
한껏 휘파람 불며 말을 잊네　　　　　　高嘯聊忘言

14

모자 떨어뜨린 아름다운 계절39) 다가와　落帽佳期近
서리 맑은 국화 섬돌에 가득　　　　　　霜淸菊滿階
중양절 저버릴 수 있는가　　　　　　　可負重陽節
반갑게도 좋은 벗들 만나네　　　　　　欣逢好友來
단풍잎 붉게 물들어 비단 되고　　　　　楓葉紅成錦
구름 병풍 겹겹이 푸른 빛 쌓이네　　　雲屛翠作堆
용산에 있던 천고의 일처럼　　　　　　龍山千古事
찰랑찰랑 술잔을 띄우네　　　　　　　泛此欲艶盃

---

39) 모자 떨어뜨린 아름다운 계절: 晉나라 孟嘉가 9월 9일 桓溫이 베푼 龍山 술자리에
　　參軍으로 참석했는데, 국화주에 취한 나머지 모자가 바람에 날아가는 것도 알아채지
　　못하고 뒷간에 갔던 고사를 말한다.(『세설신어』, 「識鑑」)

15

손님 가을 흥취 타고 오니　　　　　　　　　客子乘秋興

함께 즐기기를 어찌 사양하는가　　　　　　何辭共結歡

산천은 아름다움 다하고　　　　　　　　　　山川儘明媚

바람과 해는 가벼운 한기　　　　　　　　　風日□輕寒

아름다운 시구 물가에서 읊으며　　　　　　佳句臨流詠

노란 국화 취한 채 바라보네　　　　　　　黃花帶醉看

우산의 탄식40) 참으로 우습구나　　　　　牛山眞可笑

무슨 일로 하염없이 눈물 흘리나　　　　　何事涕汍瀾

16

푸른 시내 우니 차가운 옥 소리 같고　　　碧溪鳴寒玉

붉은 벼랑 솟은 것 산 뼈대 같네　　　　　丹崖聳山骨

마음 비워 근원을 담아내고　　　　　　　虛心湛本原

고요히 앉아 계절 풍물 관찰하네　　　　　靜坐觀時物

도의의 맛 참으로 기름지고　　　　　　　道義味眞油

하늘과 인간 탐구하여 이치를 바로잡네　　天人探理窟

그대는 보시게 사계절 운행을　　　　　　君看四時行

온갖 변화 하나에 뿌리 둔 것을　　　　　萬變本于一

17

이번 달 가을 끝나려나　　　　　　　　　是月秋將盡

막 삼십 일 되었으니　　　　　　　　　　正當三十日

---

40) 우산의 탄식: 춘추시대 제나라 경공이 우산에서 노닐다가 북쪽 도성을 굽어보면서
　　 얼마 후에 죽을 것을 슬퍼하며 "어떻게 이렇게 거침없이 흐르는 것인가. 이곳을 버
　　 리고 죽어야 한다는 말인가?"라고 탄식했다고 한다.(『안자춘추』, 「내편」)

계절은 바뀌는 것 좋아하고   時序喜變遷

얼굴 모습 쉬이 쇠약해지네   容顔易消歇

서리와 눈 벌써 머리 덮었고   霜雪已蒙頭

뺨 여위고 이는 절로 빠지네   車牙自成脫

천명 믿어 순히 받아들이고   信命順受之

스스로 흔들리지 말아야 하네   毋庸自騷屑

18

바람 높고 서리 기운 매서운데   風高霜氣勁

나뭇잎 지니 모든 봉우리 여위네   木落群峯瘦

홀로 앉아 빈 처마 등지고서   獨坐負虛簷

말없이 옥루 관찰하네   無言觀屋漏

지난 것은 돌이킬 수 없어도   旣往不可諫

다가오는 것은 바로잡기를   來者庶追救

원컨대 마음을 같이하는 이여   願言同心子

주역 이치 삼가서 허물없기를   羲易愼無咎

6) 「도산의 정우당이 황폐해지니, 슬퍼하며 다시 중수하고 사운시를 짓
    고 벗들에게 보이다」[41]

옷매무새 단정히 하고 강당에 올랐는데   冠襟整飭上鱣堂

반 이랑 못은 먼지와 모래에 묻혀 있네   埋沒塵沙半畝塘

못 물의 근원 오래 마를까 한탄스러워   歎息淵源將久涸

은근히 시원히 씻어 다시 빛나게 하네   慇懃疏瀹試重光

---

41) 『操省堂先生文集』, 권1, 「陶山靜友塘蕪沒, 慨然重修, 題四韻, 示諸友」.

진주처럼 머금은 바탕 차디찬 빛 맑고 　　　　　明珠蘊質寒輝瑩

푸른 풀 우거진 물가 생기 한창이네 　　　　　碧草緣涯生意長

가장 사랑스러운 것은 매화 끝 밝은 달빛 　　　最愛梅梢端正月

맑은 광채 여전히 이 속에 간직되어 있네 　　　清光依舊此中藏

7) 「도산과 역동을 우연히 읊다」⁴²⁾

단정한 서원 낙동강 물가에 있어 　　　　　　端正儒宮洛水滸

도산 울창하고 역동 깊숙하네 　　　　　　　　陶岑蒼鬱易東深

정전과 단산공⁴³⁾ 학문 연구하며 　　　　　　研窮程傳丹公學

주회의 문장과 퇴계의 마음 존경하고 믿네 　　尊信朱文退叟心

서원 원장 되고 보니 부끄러워 낯이 붉어지는데 　山長苟充慙赤面

은미한 말 도움 없어 선비들에게 부끄럽네 　　微言無補愧靑襟

8) 「『심경』 '계구'장을 읽고 감회가 생기다」⁴⁴⁾

옥루 깊다 해도 귀신 엿보나니 　　　　　　　　屋漏雖幽鬼所窺

밝고 밝은 하늘 내 어찌 속이리오 　　　　　　明明在上我何欺

보이지 않는다고 말하지 말라 남들이 다투어 본다 　莫言不視人爭覰

모른다고 하지 말라 나 역시 안다네 　　　　　勿謂無知我亦知

촉도⁴⁵⁾의 만 겹 산 발길 막을 때이며 　　　　蜀道萬層防足日

---

42) 『操省堂先生文集』, 권1, 「陶山易東偶占」.

43) 정전과 단산공: 북송의 程頤는 『주역』을 연구하여 『程傳』을 남겼고, 단산공은 본관이 丹陽인 禹倬을 말하는데, 우탁은 易學에 밝아 역동선생으로 불렸다고 한다. 현재 역동 우탁을 기리는 서원인 역동서원은 국립안동대학교에 위치해 있다.

44) 『操省堂先生文集』, 권1, 「讀『心經』戒懼章有感」.

45) 촉도: 중국 사천성으로 통하는 험준한 길이다. 李白은 「蜀道難」에서 "아, 위태롭고

구당46)의 천 길 협곡 배 띄울 때라네 　　　　　　　　瞿塘千丈泛舟時

사람 마음 두렵기가 늘 이와 같으니 　　　　　　　　人心戰兢常如此

어찌 높고 험해 위태로운 곳에 처하겠는가 　　　　　何處崎嶇有險危

9)「중국 장수 파총 왕일룡47)에게 답하다」48)

1

동자와 함께 갔는데 방자49)만 돌왔으니 　　　　　　洞子兼行幇子歸

옥문과 꽃 숲에 정을 맡겨 보시오 　　　　　　　　玉門花叢任情爲

천금으로 빚 갚은들 은혜 갚기 어려운데 　　　　　千金報債難酬償

왕소군을 아는지 모르는지 묻소이다 　　　　　　　爲問王君知不知

2

방자의 아리따운 용모 한창 꽃다운 나이 　　　　　幇子淸揚正妙年

그대에게 보내니 이제 좋은 인연 맺으시오 　　　　送君今作好因緣

좋은 밤 침실 같이하면 꿀같이 달콤하리니 　　　良宵薦枕甘如蜜

외로이 잠드는 광한선50)보다는 낫겠지요 　　　　猶勝孤眠廣漢仙

높구나, 촉도의 험함은 하늘에 오르기보다 어렵다네"라고 하였다.

46) 구당: 중국 사천성 三峽 가운데 하나인 瞿唐峽을 말하는데, 물살이 몹시 급해 이곳을 지나는 배들이 많이 전복된다고 한다.

47) 파총 왕일룡: 파총은 중국 명청시대 정7품 무관 벼슬이고, 왕일룡은 중국 명나라 장수이다.

48)『操省堂先生文集』, 권2,「答唐將王把摠【一龍】二首」.

49) 방자: 지방 관아에서 심부름하는 남녀 하인을 말하는데, 房子와 통용된다.

50) 광한선: 기녀의 이름으로 추측된다.『연행록』경진년(1700) 3월 己卯조에 "房妓는 雪梅香, 廣寒仙, 鶴承仙이다"라고 하였다.

10) 「노선생과 월천 함장을 꿈꾼 뒤 회포를 쓰다」[51)

어젯밤 퇴계 어른 꿈을 꾸었는데	昨夜夢溪叟
오늘밤엔 월천 어른 만나 뵈었네	今宵拜月川
모습은 오히려 그대로요	儀形猶宛若
말씀 아직도 여전하셨지	言論尙依然
서신은 천 리 길 막혀 아득한데	阻信迷千里
울음 삼키며 삼십 년 아파하네	呑聲痛卅年
이승과 저승 모두 막히고 끊어지니	幽明俱隔絶
맑은 눈물 절로 샘처럼 흐르네	淸淚自懸泉

11) 「함장을 모시고 풍월담[52)에 배를 띄우다」[53)

산에 들어온 안개와 구름 반쯤 보이고	山入煙雲半有無
밤 깊은 풍월담 잔잔한 호수 어둡네	夜深風月暗平湖
어디에서 용면[54) 솜씨 불러	何方喚得龍眠手
빗속 찬 도롱이 쓴 그림 그리게 할까	雨裏寒簑畫作圖

---

51) 『操省堂先生文集』, 권2, 「夢老先生與月川函丈書懷」.
52) 풍월담: 月潭이라고도 하는데, 월천이 살았던 낙동강 가 다래마을(月川村) 앞 냇가를 말한다.
53) 『操省堂先生文集』, 권2, 「陪函席泛舟風月潭」.
54) 용면: 송나라 화가 李公麟을 말한다.

3. 조성당의 만사

1) 「월천 선생을 위한 만사」55)

①

낳아 주신 분 부모요 가르친 분 스승이니　　　　　生我爲親敎我師

은혜와 의리로 열심히 섬기는 데 무슨 차이 있겠는가　　服勤恩義詎差池

어려서부터 늙어 쇠약해진 지금까지　　　　　　　　自從童稺今衰暮

역과 예 그리고 시 배웠네　　　　　　　　　　　受學義經與禮詩

앉아 봄바람 쐬면서 연원이 있음을 알았고　　　　　坐襲春風知有自

단비가 만물 기르는 데 본래 사사로움 없듯 하셨지　　化滋時雨本無私

삼 년 여막살이 하지 못해 부끄러운데　　　　　　　三年築室吾慚負

백발로 차디찬 산에서 두 줄기 눈물 흘리네　　　　　白首寒山雙淚垂

②

어려서부터 늙을 때까지　　　　　　　　　　　丱角今黃髮

도를 강론하는 곳에서 옷깃 여미었네　　　　　　　摳衣講道堂

부용봉이 집 앞에 서 있고　　　　　　　　　　　蓮峯當屋立

낙동강 물 난간을 돌아 길게 흐르네　　　　　　　　洛水遶軒長

사업은 퇴계에게 전수받았고　　　　　　　　　　事業傳陶叟

연원은 자양에서 나왔네　　　　　　　　　　　　淵源挹紫陽

평생 높이고 우러르던 분이니　　　　　　　　　　平生尊仰地

곡하며 옷깃 적시는 눈물 참을까　　　　　　　　　忍此哭霑裳

---

55) 『操省堂先生文集』, 권1, 「輓月川先生」.

2) 「죽유 오운[56)]을 위한 만사」[57)]

그대의 집은 퇴계의 집과 인연이 있는 데다[58)]	高門緣係退陶門
좇아 노닐며 배웠으니 분수와 의리 도타웠지	況此從遊分義敦
이원[59)]에서 평소 학업 토론하고	伊院居常論素業
귀정[60)]에서 때로 다시 맑은 술자리 펼쳤지	龜亭時復展淸罇
책상에 쌓인 상아홀은 여경으로 말미암고[61)]	積牀象笏由餘慶
눈앞에 가득한 자손들 훌륭한 덕 남겨 주셨기 때문이지	滿眼雲仍裕後昆
가장 안타까운 것은 주왕산 함께 감상하자던 약속인데	最恨周王同賞約
어이 차마 슬픈 만사 짓겠는가, 눈물 자국만 얼룩지네	忍題哀輓淚成痕

---

56) 오운: 竹牖 吳澐(1540~1617)의 자는 太源이고 호는 竹牖·竹溪이고 본관은 高敞이다. 守貞의 아들이며 경북 榮州 사람이다. 퇴계 이황과 남명 조식의 문인이다. 1566년(명종 21) 과거에 급제하여 성균관의 여러 직책과 충주목사 등을 역임하였다. 임진왜란 시 宜寧에서 의병을 일으켜 곽재우 휘하에서 활약하였으며, 이후 여러 벼슬을 거쳐 1616년(광해군 8) 공조참의까지 올랐다.

57) 『操省堂先生文集』, 권1, 「輓吳竹牖【澐】」.

58) 그대의 집은 퇴계의 집과 인연이 있는 데다: 퇴계의 부인은 許瓚의 딸이고, 죽유의 부인은 허찬의 손녀이니, 퇴계는 죽유의 처고모부가 된다.

59) 이원: 영주에 있는 伊山書院을 말한다.

60) 귀정: 영주에 있는 龜臺를 말한 듯하다.

61) 책상에 쌓인 상아홀은 여경으로 말미암고: 상아홀은 상아로 만든 홀기를 말하는데, 품계가 높은 벼슬아치가 임금을 알현할 때 임금의 명령을 기록하는 도구이다. 여경은 선조가 선을 행하고 덕을 쌓아 후손이 누리는 경사를 말한다.

4. 조성당의 서간문

1) 「월천 선생에게 올리다」[62]

[1][63]

근래 가을 기운이 차츰 나아지고 있습니다. 모든 생활은 평안하신지요. 내려온 뒤로 심부름꾼을 시켜 안부를 여쭐 길이 없었으나, 앙모하는 마음 어찌 끝이 있겠습니까? 저는 이번 달 초 막 임소에 도착했습니다. 할 일 없이 거친 풀과 빈터만 지키고 있는데, 모든 일이 잘못되어 형체조차 없으니 몹시 안타까울 뿐입니다. 가을 시험에 고관을 정하고, 이를 연유로 올라가 보고자 했으나 국상 기간[64]이라 물리게 되었습니다. 다음 달 그믐쯤 마음을 정하고 돌아갈 계획입니다. 다만 이곳 향교가 위판을 설치하지 않았다가 이제 막 봉안할 계획이 섰으니 단호하게 돌아갈 계획을 버릴 수도 없을 듯합니다. 어떻게 생각하십니까?

며칠 지나면 소속된 열읍들을 순찰해야 하고, 또 두류산이 이 지역 안에 있어 평소 꿈에서 상상하던 곳이니 돌아보지 않을 수도 없는 노릇

---

62) 『操省堂先生文集』, 권3, 「上月川先生」. 「상월천선생」의 편지는 모두 6편이다. 3번째 편지와 4번째 편지만 다룬다. 전자는 진주 제독관에 임명되었을 때의 편지이고, 후자는 『자치통감강목』을 인쇄하는 일에 대한 것이다.

63) 『操省堂先生文集』, 권3, 「上月川先生」, "近者秋氣向蘇. 伏惟德履萬安. 自下來後, 末由伻候起居, 仰慕曷極? 澤龍本月初, 始到任所, 空守荒草丘墟, 而凡百蕩敗無形可憫可憫. 秋試定考官, 欲因此上去, 而以國恤退之. 當於開月晦間, 決意還歸伏計. 但本校不爲位板, 今才有奉安之計, 似不可決然棄歸, 如何如何? 過數日, 當巡審所屬列邑, 而且頭流在於封域之內, 平生夢想不可不觀. 欲因此入雙溪, 訪靑鶴邐迤六七日而歸. 殆不爲虛行, 恨未得陪杖屨, 同此勝賞耳. 此來嘿然孤坐, 千峯遠隔, 伏想儀形怒焉, 自傷而已. 只祝動止, 相萬神福."

64) 국상 기간: 1600년 선조의 비 懿仁王后의 상을 말한다.

입니다. 이를 계기로 쌍계에 들어가서 청학동을 방문하여 6~7일 둘러 보았다가 돌아가려고 합니다. 헛걸음이 되지는 않겠지만, 안타까운 것 은 선생님을 모시고 함께 이 멋진 경치를 감상할 수 없다는 것입니다. 여기에 와서 묵묵히 외로이 앉아 있으려니, 수많은 봉우리가 멀리까지 막혀 있어 선생님의 모습을 생각하면 허전하고 마음이 좋지 못할 뿐입 니다. 생활하시는 데에 신령이 도와 복되시기만을 빕니다.

2 65)

엎드려 여쭙습니다. 근자의 안부는 어떠신지요? 초가을 기운이 상쾌 하니 모든 일이 복되시기를 생각해 봅니다. 지난번 관인을 통해 잠시 답서를 썼는데, 이미 받아보셨을 것이라고 생각합니다. 저는 근근이 흘 러가는 대로 살고 있어 드릴 말씀이 없습니다. 다만 동쪽으로 옮겼다가 서쪽으로 이사하며 거처를 정하지 못해 고민만 하고 있으니, 어찌하겠 습니까?

게다가 듣자니 하양의 금씨 어른66)이 모친상을 당하셨다니 슬플 뿐

65) 『操省堂先生文集』, 권3, 「上月川先生」, "伏問近日安否何如? 新涼蘇爽, 伏想政履萬福. 頃因 官人暫修答書, 想已徹座前. 澤龍僅僅隨波無足云云. 但東遷西徙, 未定厥居, 仰悶奈何奈何? 且聞河陽琴丈, 丁內憂云, 慘怛不已. 此中金先達, 垓氏外祖母及李眙復母子, 俱逝於一日之間, 益用慘然. 達遠公, 想不多日, 還來矣. 其人本有病, 而【缺】此意外之服, 奔忙遠道, 益致勞 傷, 殊可慮也. 『綱目』印出事, 每蒙下敎勤懇, 而暫適拘碍, 未得如敎印送罪懼不已. 其曲折詳 在前上鄙柬, 今不縷縷. 當待達遠上來, 卽謀同印耳. 餘祝闓候多福."
66) 하양의 금씨 어른: 日休堂 琴應夾를 말하는 듯하다. 금응협(1526~1589)의 자는 夾之 이고, 호는 日休堂이고 본관은 봉화이다. 1555년 진사시에 합격하였는데, 음보로 참 봉을 지내다가 사임한 후 세자사부와 익찬 등에 제수되었으나 모두 사임하고 후진 양성에 힘썼다. 1587년 하양현감을 역임하였다. 청렴·검소하고 다스림이 밝아 아 전이 두려워하고 백성이 공경하였다고 한다. 퇴계 이황은 동생 應壎(1540~1616)과 공부하는 서재를 '勉進'이라고 이름하고 손수 편액을 써 주어 격려하기도 하였다.

입니다. 이곳은 선달 김해씨[67]의 외할머니와 이이복 모자가 모두 하루를 사이에 두고 세상을 떠났으니 더욱 슬퍼집니다. 달원공은 며칠 지나지 않아 돌아올 것입니다. 그 사람은 본래 병이 있는 데다【결락】이러한 뜻밖의 상을 당하여 먼 길을 바삐 달려오면 피로로 몸을 더욱 상하게 될 터이니 몹시 염려가 됩니다.

『자치통감강목』을 인출하는 일은 늘 간곡하게 말씀해 주셨는데, 잠시 장애를 만나 가르침 대로 인출하여 보내지 못했으니 죄송스럽습니다. 그 자세한 곡절은 지난번 제가 올린 편지에 있으니, 지금은 일일이 말씀드리지 않습니다. 달원이 오기를 기다렸다가 즉시 함께 인출하겠습니다. 모두 다복하시기를 빕니다.

2)「금성재에게 올리다」[68]

먼 곳으로 이별한 뒤 아득히 그리운 마음 품고 있었는데, 지난번 참봉이 보낸 편지로 일상생활이 평안하고 길하다는 것을 알고서 기뻤습니다. 저는 이 괴로운 임무를 맡아 오래도록 섬 안에 묶여 돌아갈 기한

---

67) 선달 김해씨: 金垓(1555~1593)의 자는 達遠이고 호는 近始齋이고 본관은 광산이다. 김해는 관찰사 緣의 손자이고 富儀의 아들이다. 예학에 조예가 깊었고 朝臣의 천거로 1587년 광릉참봉에 제수되었으나 사양하여 나가지 않았다. 이듬해 사마시에 합격하였고, 1589년 증광문과에 을과로 급제, 승문원정자를 지내고 한림에 선발되어 예문관검열에 제수되었다. 그해 10월 정여립의 모반사건이 일어나고, 11월 史局에서 史草를 태운 사건에 연루되어 면직되었다. 임진왜란이 일어나자 향리 예안에서 의병을 일으켜 영남의병대장으로 추대되어 안동·군위 등지에서 분전하였다. 이듬해 3월 좌도병마사 權應銖와 합세하여 상주 唐橋의 적을 쳐서 큰 전과를 거두고, 4월 서울에서 부산으로 철수하는 적을 차단, 공격하여 대승하였으며, 5월에는 양산을 거쳐 경주에서 李光輝와 합세하여 싸우다가 진중에서 병사하였다. 1595년 홍문관수찬이 증직되고 1893년 이조판서가 추증되었다.

이 머니, 안부를 여쭙고 인사드릴 길이 없어 서글픈 마음 어찌 끝이 있겠습니까? 아들 숙과 고향의 벗 중 생원시에 합격한 자가 5명이나 되니, 이는 실로 예전에는 드물었던 것입니다. 축하드리는 마음이 어떻겠습니까? 때마침 제 아들이 떠나는 김에 편지 한 통을 부칩니다. 삼가 살펴 주십시오.

3) 「송소 권우에게 보내다」[69]

비 온 뒤에 날씨가 푹푹 찌면서 갑자기 더워졌습니다. 부모님을 모시면서 다복하시기를 바랍니다. 오래도록 안부를 여쭙지 못하여 그리운 마음 더욱 심해졌었는데, 다행히도 계신 곳 나그네가 들른 덕분에 요즈음 소식을 알게 되어 위로가 됩니다.

---

68) 『操省堂先生文集』, 권3, 「上琴惺齋」, "一別天涯, 遙懷耿結, 頃得參奉諸書, 動靜沖吉仰喜. 澤龍得此苦任, 久縶島中, 歸期云邈, 末由候拜, 悵仰曷極. 琡兒與鄕中諸友, 得參蓮榜者五員, 此實前古所罕有. 仰賀如何? 適因迷豚之行, 聊寄一書. 伏惟."
「상금성재」는 2편의 서간문이 남아 있는데, 여기에서는 첫 번째 편지만 다룬다. 두 번째 편지는 성재 금난수의 안부를 묻고 봉화현감으로서의 치적을 칭송하는 한편, 김택룡의 아들 金琡을 보내 성재의 아들과 어디를 함께 보내려고 한다는 내용이다.

69) 『操省堂先生文集』, 권3, 「與權松巢【宇】」, "雨餘蒸鬱, 天氣斗熱. 伏惟侍旁多祉. 久絶問聞, 頗深戀想. 幸賴仁里容來過, 得比日聲息, 其所以慰, 鄙懷者多矣. 澤龍舊拙依前, 塊守空山. 姿質凡魯, 雖從事於冊子上, 本以鹵亡之質, 加之作輟之, 無常心, 愈久而愈邈, 工旣進而日退. 天理未明, 私欲間之, 善端方萌, 而私念雜焉. 忿必當懲, 而太陽之餘證盛, 懥必當警, 而閑懶之習尙存. 言必寡默, 而有懷慎之事, 則衝口而出, 行必謹愼, 而至於行事之間, 反身不誠. 以是應事應物隨時隨處與自己身心, 自相矛盾者多. 雖欲救治, 而無可捄藥. 至於讀書, 則心不專精, 馳騖飛揚. 讀『中庸』未了, 心已在『大學』上, 讀『論語』未了, 心已在『孟子』上. 口在前行, 心在後行. 文義未透, 間斷二三, 習成病痛, 雖欲矯揉, 不可得已. 此等之病, 古人亦云'學者通患'. 在於鄙人, 爲平生不可醫之痼疾, 可懼可懼. 但以歲月堂堂, 而跟前蹉過, 却令做底親切工夫, 虛過了難得底少壯時節, 則亦可懼也, 亦可戒也. 更乞隨時體察, 隨事擴充, 相期以古人自勉, 則至幸至幸. 澤龍所習如前所陳, 而且有家患纏綿, 未嘗少頃安頓, 顧視舊學, 茫然無有下手處也. 近日結茅南山之下, 爲群蒙敎發之地. 時未粧點, 以俟秋來耳. 勤荷不外濫布胸臆, 想惟高明拍手大噱, 伏惟照察."

저는 예전 옹졸한 모습 그대로 빈산만 우두커니 지키고 있습니다. 자질이 평범하고 미련하여 서책을 보고는 있지만 본래 미련한 자질에다 계속 이어 가는 일정한 마음 없으니, 오래될수록 더욱 멀어질 뿐이고, 공부는 진전하고 싶지만 날로 퇴보할 뿐입니다. 천리에 밝지 못하여 사욕이 그 사이에 끼어들고 마니, 선단이 싹트자마자 사사로운 생각이 뒤섞입니다. 분노는 반드시 경계해야 하지만 태양의 여증은 심해지고, 게으름은 반드시 경계해야 하지만 나태한 습관은 여전히 남아 있습니다. 말은 반드시 과묵해야 하지만 화나고 괴로운 일이 있으면 입에서 나오는 대로 뱉으며, 행실은 반드시 조심해야 하지만 일을 행하는 데 있어서 자신을 돌이켜 보는 것이 성실하지 못합니다. 이 때문에 일에 응하거나 사물을 대하는 것이 때와 장소에 따라서 제 자신의 몸과 마음이 저절로 서로 모순되는 경우가 많습니다. 다스리고 싶지만 고칠 약이 없습니다.

심지어 독서할 때면 마음은 집중하지 못하고 마구 내달리고 날뛰어 『중용』을 미처 다 이해하지 못했는데, 마음은 벌써 『대학』에 가 있고, 『논어』를 미처 다 이해하지 못했는데, 마음은 벌써 『맹자』에 가 있습니다. 말이 행동에 앞서 있고, 마음은 행동 뒤에 있습니다. 문장의 의미를 아직 이해하지 못했는데 중간에 읽기를 중단하는 것이 두세 번이나 됩니다. 습관이 병통이 되고 말았으니 비록 바로잡고 싶지만 어찌할 수가 없습니다. 이러한 병통은 옛사람도 학자의 공통된 병이라고 하였습니다. 저에게 있어서는 평생 치유할 수 없는 고질이 되었으니 몹시 두려워할 일입니다. 다만 세월이 거리낌 없이 눈앞을 지나가 버려, 해야 할 공부를 물리치고 얻기 어려운 젊은 시절을 허투루 보내 버리고 있으니,

두렵고도 경계할 만한 일입니다.

다시 바라건대, 수시로 살펴 주시고 일에 따라 확충하여 옛사람이 스스로 노력했던 것을 기약한다면, 몹시 다행이겠습니다. 제가 익힌 것은 앞에서 말씀드린 대로입니다. 그러나 또한 집안 우환에 얽매여 잠시라도 편안히 내려놓고 옛 학문을 돌아본 적이 없으니, 막막하여 손쓸 길이 없습니다. 근자에 남산 아래에 초가를 엮었습니다. 아이들을 가르치기 위한 것인데, 아직 꾸미지 못하고 가을이 오기를 기다립니다. 함부로 가슴속의 생각을 펼쳐 보인 것을 도외시하지 마시고, 손바닥을 치며 한 번 크게 웃어 주시기를 바랍니다. 삼가 살펴 주십시오.

4) 「간재 이덕홍[70]에게 보내다」[71]

온계로 가는 길에 잠시 만났다가 곧바로 헤어지니, 오랫동안 막혀 있던 마음을 말씀드릴 수가 없어 매우 황망하였습니다. 여천의 표석은 어

---

70) 간재 이덕홍: 艮齋 李德弘(1541~1596)의 자는 宏仲이고 호는 艮齋이고 본관은 永川이다. 할아버지는 習讀 賢佑이고, 아버지는 증참판 忠樑이며, 어머니는 나주박씨로 부사직 承張의 딸이다. 10여 세에 퇴계 이황의 문하에 들어가 오로지 학문에 열중하여 스승으로부터 자식처럼 사랑을 받았다. 모든 학문에 뛰어났으나 특히 역학에 밝았다. 1578년(선조 11) 조정에서 이름난 선비 아홉 사람을 천거할 때 제4위로 뽑혀 집경전참봉이 되고, 이어 종묘서직장·세자익위사부수를 역임하였으며, 1592년(선조 25) 임진왜란이 일어나자, 세자를 따라 성천까지 호종하였다. 이때 상소문에 「龜船圖」를 첨가하여 바다에는 거북선과 육지에는 거북거(龜車)를 사용할 것을 진언하였다. 다음 해 봄에 영춘현감으로 나아가 난리 중에 굶주리는 백성을 구제하는 데 온 힘을 기울였다. 후에 호종의 공으로 이조참판에 추증되었다. 저서로는 『周易質疑』·『四書質疑』·『溪山記善錄』·『朱子書節要講錄』·『간재집』 등이 있다.

71) 『操省堂先生文集』, 권3, 「與李良齋【德弘】」, "溫溪道上, 暫奉旋別, 積阻情緒, 欲諭未得, 悵惘悵惘. 呂泉表石, 未知如何處置耶. 示及望望, 如至送人, 與龍奴幷送, 企企仰. 仰前囑貴敬聖亞師, 搜付而送之, 甚跂甚跂. 拜敕定在何時? 先生祥期臨頭, 可以此時同會否. 未間珍重自愛, 伏惟尊照."

떻게 처리할지 모르겠습니다. 말씀해 주십시오. 보낸 사람이 도착하면 저의 종과 함께 보내 주시기를 몹시 바랍니다. 전에 부탁드린 경전 현토를 찾아서 부쳐 주시기를 몹시 기다립니다. 만나 뵙고 회포를 푸는 것은 정작 언제일는지요? 선생의 상기72)가 바로 앞에 닥쳤으니 그때 함께 만날 수 있겠습니까? 그사이에 몸조심하십시오. 살펴 주시기 바랍니다.

5. 축문과 봉안문

1) 「도산서원에 월천 조공을 종향할 때 원위인 퇴도 이 선생에게 고한 축문」73)

오호라 선생께서는	於惟先生
도학의 종장이시다	道學之宗
끊어진 계통을 창명하시어	倡明絶緖
해와 별처럼 대동을 빛내시고	日星大東
이락의 근원74)을 거슬러 올라가서	遡沿伊洛
오매불망 주회를 생각하시고	寤寐考亭
사문의 표준이 되시어	標的斯文
성인이 남긴 경서의 뜻 밝히셨네	發揮聖經
풍모 들은 이들 얼굴빛 기뻤고	聞風色悅

---

72) 선생의 상기: 퇴계 이황의 大祥 기간을 말하는 듯하다.
73) 『操省堂先生文集』, 권3, 「陶山書院月川趙公從享時告元位退陶李先生祝文」.
74) 이락의 근원: 북송시대 程顥와 程頤 형제가 강학하던 伊川과 洛陽을 가리키는데, 후에 송대 성리학을 뜻하는 말로 사용되었다.

덕을 보고 심취하였네　　　　　　　　　觀德心醉

선비들 구름처럼 나아가　　　　　　　　多士雲趨

도의를 강마하였네　　　　　　　　　　講劘道義

책 상자 두드리며 스승께 나아가니　　　鼓篋昇堂

재주 뛰어난 이들 아주 많았도다　　　　儘多英賢

당시 월천께서는　　　　　　　　　　　惟時月川

도 들은 것 가장 먼저였네　　　　　　　聞道最先

경의와 명성[75]은　　　　　　　　　　　敬義明誠

스승의 말씀 독실하게 믿었고　　　　　篤信師說

성리를 정밀히 연구하여　　　　　　　　研精性理

마음 다스리는 비결 토론하였네　　　　討論心訣

오묘한 뜻과 큰 강령은　　　　　　　　奧旨宏綱

털끝만 한 차이도 분석하여　　　　　　毫分縷析

근본을 배양하고 북돋아　　　　　　　培壅根本

선학의 적멸을 물리치셨네　　　　　　攘斥禪寂

우리 후학들을 깨우치시며　　　　　　牖我來學

우리 인륜을 떠받치셨으니　　　　　　扶我民彝

노나라에 군자가 없다면　　　　　　　魯無君子

어디에서 이러한 분을 얻겠는가　　　斯焉取斯

나아가고 물러날 때 의리가 있어　　　進退有義

몇 번이나 벼슬 사양하였고　　　　　幾辭乘除

높이 구름 낀 산 밟으니　　　　　　　高蹈雲山

자주 끼니 굶어도 편안히 여겼네　　　屢空晏如

---

75) 경의와 명성: 『주역』 곤괘 단사에 "敬以直內, 義以方外"라고 하였고, 『중용장구』 21장
에 "自誠明, 謂之性, 自明誠, 謂之敎"라고 하였다.

만 길 절벽처럼 우뚝 선 지조와   壁立之操

엄격하고 굳센 도량 지니시니   嚴毅之量

무너지는 파도 속 기둥이시라   砥柱頹波

선비 모두 존경하여 우러렀네   士皆尊仰

이 도산의 언덕을 돌아보니   眷玆陶丘

강학하던 곳이라네   講學之所

사당 모습 엄숙한데   有儼廟貌

제기 벌려 놓았도다   式陳籩笪

이에 옛일을 따르려니   爰倣古事

예는 종향에 합당하네   禮合從享

덕 있는 모습 밝게 임하셔서   德宇昭臨

돌아보고 흠향하소서   庶幾顧饗

2) 「종향위 월천 조공의 봉안문」[76]

천성은 근엄하셨고   天性謹嚴

학문은 깊고 독실하셨네   學問淵篤

만 길 절벽처럼 우뚝 선 지조   壁立之操

속류를 뛰어 넘으셨네   迥拔流俗

도에 나아가는 정성은   進道之誠

금석과도 같으셨네   此堅金石

퇴계 선생께서 우뚝이 나셔서   先生挺生

끊어졌던 학문 밝히셨네   闡明絶學

옷깃 여며 스승께 나아간 당시   攝衣當日

---

76) 『操省堂先生文集』, 권3, 「從享位月川趙公奉安文」.

홀로 눈 내리는 뜰에 서 계셨지	獨立庭雪
제철 비와 봄바람을 맞은 듯	時雨春風
쑥 자라고 난초에 싹 트듯	栽長蘭苗
선창하면 화답하여	有倡斯和
뜻은 같고 덕은 합하였지	志同德合
명과 성 나란히 진전하였고	明誠兩進
경과 의 모두 우뚝하였네	敬義偕立
경서의 가르침 토론하며	討論經訓
심법을 강마하였네	講劘心法
용문77)의 유풍으로	龍門餘韻
다시 거문고 갑 매만지시고	更理琴匣
스승의 자리에서 여유로우셨네	函丈從容
도의를 절차탁마하셨네	道義磋切
후학들 갈림길 많아	末學多岐
가는 길을 달리하니	異歸殊轍
성인 가르친 길 무성한 풀에 막혀	聖路蓁塞
육지와 바다 매몰되듯 하네	陸海沈沒
분명히 변별해 주지 않는다면	不有明辨
누가 후학을 열어 주랴	孰開後覺
정자와 주자 존신하며	尊信程朱
선학의 적멸 물리치셨네	攘斥禪寂

---

77) 용문: 북송 程頤가 만년에 살았던 곳인데, 여기에서는 퇴계 이황을 말한다.

6. 조성당의 제문

1) 「월천 조 선생을 위한 제문」[78]

오호라 선생께서는	於惟先生
규벽[79]의 정기 모아 태어나시며	奎壁鍾精
신령 우뚝 솟은 화산[80]에 강림하셨도다	神降華崧
덕은 원귀[81]와 나란하시고	德侔元龜
학문은 사람들의 스승 되시니	學爲人師
수많은 선비 종장으로 여기도다	多士攸宗
하늘이 사문을 망하지 않게 하시어	天不喪文
해와 별이 이 나라 비추니	日星箕疇
도산 어른께서 우뚝하게 태어나셨네	挺比陶翁
현인이 시대를 같이하여	紫芝同時
책 상자 지고 옷깃 여미시니	負笈摳衣
뜻은 합하고 도는 통하였네	志合道融
중후하고 단정하여	厚重端慤
실천이 독실하였고	踐履篤實
자신에게 돌이켜 몸을 단속하셨도다	反己飭躬
엄정하고 방정하셨으며	凝嚴方正
성과 경을 잡고 지키셨으니	操守誠敬

---

78) 『操省堂先生文集』, 권3, 「祭月川趙先生文」.
79) 규벽: 28수 가운데 奎宿와 壁宿를 지칭하는데, 둘 다 文運을 주관하는 별로, 화려한
  문장을 말한다.
80) 화산: 안동을 지칭하는 花山을 말하는 것으로 보인다.
81) 원귀: 조정과 재야에서 높이는 元老를 말한다.

덕은 넓고 학업은 높았도다	德廣業崇
눈산의 꿋꿋한 바위 위 소나무요	嚴松挺雪
푸른 빛 머금은 바다 위 달이었으니	海月涵碧
시원한 흉금 지니셨도다	灑落襟胸
훌륭한 인품 겉으로 드러났고	英華外發
덕을 보고 심취하니	心醉觀德
자리에 온화한 바람 일도다	座襲和風
맛있는 음식 먹듯 독서에 힘써	嗜炙勤書
많은 책을 읽으셨고	讀盡五車
수천 번 가다듬었네	百千加工
기미의 연구 지극히 깊었고	極深硏幾
온갖 이치 꿰뚫어 통하시어	貫徹萬微
스승의 자리에서 여유로우셨네	函丈從容
자주 편지를 보내	翩翩手簡
의심나고 어려운 점 여쭈어	質疑論難
강론하며 갈고 닦으셨네	講究磨礱
열심히 문목을 보내니	亹亹問目
물음에 반복하여 답해 주시어	咨詢反覆
어리석은 이들 이끌어 주셨네	指南群蒙
정자와 주자를 존신하여	尊信程朱
왕안석과 소식의 무리82) 배척하며	排擯王蘇
모든 물길 동쪽으로 향했네	百川朝東

---

82) 왕안석과 소식의 무리: 왕안석은 북송의 경학가이자 정치가로 청묘법과 보갑법 등
   신법을 통해 당시 사회를 개혁하려고 하였다. 한기와 사마광 등 이른바 구법당을
   축출하고 개혁 정책을 실시하였으나 신종이 사망하고 그 후 사마광이 신법을 폐지
   하였다. 소식은 소동파로 알려진 인물이다.

부처와 선학을 꾸짖었으니	呵佛詆禪
성현의 깨우침 이해하여	達聖會賢
지극한 이치 통달하셨네	至理諧通
노나라에 군자가 없다면	魯無君子
어디서 이러한 분을 얻겠는가	斯焉取是
도를 보위한 공로 깊도다	衛道深功
어찌하여 불행하게도	云胡不淑
문득 이러한 지경에 이르러	奄至此極
철인을 돌아가시게 하셨나	哲人之匈
집은 평소 가난하였으나	家素貧約
맑은 행실 굳센 절조 지녔으니	淸修苦節
부귀는 뜬구름이었을 뿐	富貴雲空
누추한 동네에서 단사표음⁸³⁾ 하셨고	巷惟簞瓢
오솔길 더부룩한 쑥에 덮였으니	徑沒蓬蒿
어질도다 곤궁한 생활 고수하셨네	賢哉固窮
무너지는 물결 속 발을 땅에 붙이니	頹波著脚
확고한 힘 크게 있었고	大有定力
큰 홍수 속에도 기둥 되셨네	砥柱湯洪
흔들리거나 굽히지 않았고	不爲撓屈
권문세가 섬기지 않았으니	不事軒輊
어찌 세상과 부화뇌동하랴	肯世雷同
군자 의지하는 분이셨고	君子所倚
소인 우러러보는 분이셨으니	小人所視

---

83) 단사표음: 대그릇에 담은 밥과 표주박에 든 물이라는 뜻으로 가난한 생활을 말한다. 『논어』「옹야」에서 "賢哉回也. 一簞食一瓢飮在陋巷, 人不堪其憂, 回也不改其樂, 賢哉回也"라고 하였다.

확고하도다 잠룡84)이여　　　　　　　　　　確乎潛龍

난초 향기 널리 퍼지니　　　　　　　　　　蘭香遠聞

편지로 현자 부른 것　　　　　　　　　　　鶴書招隱

여러 번이나 되었도다　　　　　　　　　　屢煩旌弓

외로운 구름 산에서 나오고　　　　　　　　孤雲出山

지친 새 돌아올 줄 아는데85)　　　　　　　倦鳥知還

조그마한 서당 여기에 세웠도다　　　　　　一畝儒宮

달빛 희고 연못 맑으며　　　　　　　　　　月白澄潭

소나무 드리운 처마에 바람 넉넉하여　　　　風滿松檐

담박하고 깊구나　　　　　　　　　　　　　淡泊淵冲

벚꽃 핀 곳에서 주련을 들어 보고　　　　　撞帖罷花

안개 낀 곳에서 책을 펼치니　　　　　　　舒卷煙霞

이렇게 도가 충만함을 즐기셨네　　　　　　樂此道充

느긋하고 여유로이 쉬시면서　　　　　　　優遊爾休

여든셋의 세월을　　　　　　　　　　　　　八十三秋

취중 한가롭게 지냈네　　　　　　　　　　醉裏閒中

어려서부터　　　　　　　　　　　　　　　生從幼少

직접 가르침을 받았으니　　　　　　　　　命面承教

몇 번이나 문제 많은 이 이끌어 주셨던가　　幾提盲聾

마음으로 전한 학문에 부끄럽네　　　　　　學愧心傳

도공이 그릇 빚듯 가르친 은혜 두텁고　　　恩厚陶甄

---

84) 잠룡: 세상에 나아가지 않고 은거한 것을 말한다. 『주역』 건괘 초구에 "潛龍勿用"이
　　라고 하였다.
85) 외로운 구름…… 돌아올 줄 아는데: 陶潛의 「귀거래사」에 "구름은 무심히 산봉우리
　　에서 나오고, 새는 날기에 지쳐 돌아올 줄 안다네"(雲無心以出岫, 鳥倦飛而知還)라고
　　한 글을 인용한 것이다.

인정과 의리 모두 높았네	情義彌隆
기수에서 목욕하고	沂水舞雩
무우에서 바람 쐬니[86]	浴乎風乎
우리 젊은이와 아이들이었네	我冠我童
도산서원 가을 하늘 맑아	道院秋晴
하늘은 높고 해는 투명한데	天高日晶
녹거에 구공[87]이 내려졌도다	鹿車鳩節
스승의 자리에 나아가	相期師席
남은 학업 마치기 기약하고	以卒餘業
무능한 나를 가르쳐 주셨네	叩我悾悾
들보가 꺾이고 산이 무너져	樑折山摧
덕 있는 모습 되돌리기 어려우니	德宇難回
하늘에 호소한들 어찌하겠는가	奈何蒼穹
도의 무거움 담당하고	任道之重
용맹하게 학문에 나아가시더니	進學之勇
그만이로구나 따를 곳 없어졌네	已矣無從
연원이 마르지 않아	淵源不竭
우러르고 따라가지만 갈수록 우뚝하니	仰止彌屹
낙동강 길게 흐르고 부용봉 높구나	洛水蓮峯
긴 밤 이미 닥쳤으니	長夜已迫

---

86) 기수에서 목욕하고 무우에서 바람 쐬니: 『논어』 「선진」에서 曾點이 "늦봄에 봄옷이 이루어지면 관을 쓴 어른 대여섯 명과 동자 육칠 명과 함께 기수에서 목욕하고 무우에서 바람 쐬고 노래하면서 돌아오겠습니다"(莫春者, 春服旣成, 冠者五六人, 童子六七人, 浴乎沂, 風乎舞雩, 詠而歸)라고 한 데서 나온 말이다.

87) 녹거에 구공: 녹거에 구공은 가난한 살림살이에 나이가 많다는 뜻이다. 녹거는 사슴한 마리를 실을 만한 수레라는 뜻으로 검소함을 말하고, 구공은 손잡이 부분을 비둘기 모양으로 조각한 지팡이로 예전에 임금이 나이 많은 신하에게 비둘기처럼 소화를 잘 시키라는 의미에서 내려 주었는데, 鳩杖이라고도 한다.

상여 준비하고	柳車斯飭
봉분 만들도다	斧屋將封
한 가닥 향 사르고	有辦一香
맑은 술잔에 맑은 술 있으니	有洌淸觴
공경히 스승 그리는 마음 바치네	致敬南豐
아득한 하늘은 돌리기 어려우니	冥漠難回
신명께서는 크고 밝게 살피시어	神鑑孔昭
슬퍼하는 마음 돌아보소서	庶顧哀衷

2) 「월천 선생을 위한 제문」[88]

확고하고 참된 자질	確實之姿
엄격하고 굳센 도량 지니셨네	嚴毅之量
독실히 믿고 배우기 좋아하여	篤信好學
움직이면 반드시 자신을 돌아보셨네	動必反求
장중하며 신중하여	端重凝深
우뚝이 자립하였네	卓然自立
예 갖추어 스승께 나아가	立雪摳衣
수업 받고 가르침 청하였네	受業請益
멀리 이락으로 거슬러 가 보고	遠泝伊洛
가까이 고정을 배웠네	近挹考亭
남김없이 분석하고	縷柝毫分
고요할 때 존양하고 움직일 때 성찰했네	靜存動察
자주 편지 보내어	翩翩簡牘

---

88) 『操省堂先生文集』, 권3, 「祭月川先生文」.

의심나는 곳 여쭈어	論難質疑
마침내 큰 선비가 되어	遂成大儒
성현의 유풍을 이었네	以續餘韻
한 그릇 밥과 한 표주박 물로도	簞食瓢飮
누추한 시골에서 맑은 기풍 지녔네	陋巷淸風
상아 책갈피 붙인 만 권 서책은	萬軸牙籤
한 집의 생활계책이었도다	一堂計活
명망은 태산과 북두성처럼 높고	望隆山斗
덕은 시초와 거북과 나란하니	德比蓍龜
사문의 영수이며	領袖斯文
많은 선비의 종장이셨네	宗匠多士
산림에서 한가롭게 노닐며	婆娑林下
은거하여 상가 불렀고	謝泌商歌
굽히지 않고 꺾이지 않았으며	不屈不撓
천 길 절벽처럼 우뚝하였도다	壁立千仞
시대를 근심하고 세상을 걱정하여	憂時憂世
거센 물결에서 확고히 발 디디셨고	住脚頹波
차가운 풍월담에서	風月寒潭
시 읊으며 자적하였도다	吟弄自適
안개와 노을 서린 집에서	煙霞一室
영화와 욕됨에 어찌 놀랄까	榮辱何驚
고관대작 진흙처럼 하찮게 여기며	軒冕塗泥
부귀는 원하는 것 아니네	富貴非願
어찌 시운이 좋지 않아	云胡不淑
이 죽음에 이르게 되었나	而至于斯

하늘이 남겨 주지 않으시니	天不憖遺
천지를 살펴보아도 다가갈 수 없네	俯仰無及
선비들은 어디를 우러르고	士子安仰
우리들은 누구에게 의지하나	吾儕疇依
범이 떠나니 용도 사라져[89]	虎逝龍亡
더욱 마음 아픈 오늘이네	益傷今日
어린 시절 나를 돌아보니	顧余小子
머리 땋을 때부터 가르침을 받았으니	丱角趨隅
손을 잡아 자상히 일깨워 주시고	誘掖提撕
나의 어리석음 깨우쳐 주셨네	曉我矇瞶
어두운 길 나침판 되어	指南冥道
헤맬 때 방향 알게 하셨고	燭迷知方
나를 낳아 준 부모와 은혜 같아	生我同恩
자식처럼 돌봐 주셨네	視之猶子
아름다운 법도 우러러보니	瞻望懿範
우러러보니 부용 같았네	仰止芙蓉
오지 않으면 걱정하시고	不至則憂
보고 나면 기뻐하셨네	旣見則喜
학업 마치기를 기약하며	方期畢業
늘그막에 수습하려 하였네	以收桑楡
일어나 서재의 창을 여니	起拓書窓
맺힌 추위 얼음처럼 차갑네	滴寒凍若
백발의 이 몸 누구에게 의탁할까	白首奚託
샘물처럼 눈물 흐르네	有淚泉懸

---

89) 범이 떠나니 용도 사라져: 군자가 세상을 떠났다는 의미이다.

덕 있는 풍모 되돌리기 어려워	德宇難回
음성과 모습 아득하네	音容彌邈
우주는 공활한데	宇宙空闊
하늘 보니 아득하네	視天茫茫
나의 애통한 정성 지니고서	喇我哀誠
공경히 한 잔 술 올리니	敬奠一勺
신명께서 어둡지 않으시다면	神鑑未昧
도와주시기 바랍니다	庶幾右之

3) 「월천 선생 노전[90] 때의 제문」[91]

부용산 위에	芙蓉之上
공께서 땅 다져 집 지으시고	公築而堂
부용산 아래에	芙蓉之下
공께서 학문 닦을 터 잡으셨네	公卜而藏
구름 낀 산 푸르디푸르고	雲山蒼蒼
강물은 넘실넘실	江水泱泱
귀신과 사람 모두 길하고	幽明協吉
처음과 끝 참으로 훌륭하네	終始允臧
아무개 등은	某等
오래도록 가르침을 받았으니	久丞敎育
은혜는 깊고 의리는 무겁네	恩深義重
상여 돌아보니	顧瞻柳車

---

90) 노전: 路祭와 같은 말로 장례 절차 중 상여가 장지로 가는 도중 거리에서 지내는
제사를 말한다.
91) 『操省堂先生文集』, 권3, 「月川先生路奠祭文」.

슬프고 아픈 마음 더욱 간절하네 　　　　　　　益切傷痛

오장이 무너지고 꺾이건만 　　　　　　　　　五內崩摧

통곡한들 어떻게 하랴 　　　　　　　　　　　籲號何及

술 한 잔 올리고 곡하여 　　　　　　　　　　一盃奠哭

천추에 영결하도다 　　　　　　　　　　　　千秋永訣

오호라 슬프구나 　　　　　　　　　　　　　嗚呼哀哉

4) 「몽재 이안도[92] 공을 위한 제문」[93]

아, 공의 일이 이 지경에 이르렀는데, 운수인가 천명인가? 어찌하여 이토록 모진 재앙을 만났는가? 공의 일이 이 지경에 이르렀는데, 귀신이 한 짓인가 하늘이 한 일인가? 호소하고 싶어도 소용이 없네. 옛날 우리 선생께서 초야에 계시면서 보배를 품고 도학을 창명하시니, 온 세

---

92) 몽재 이안도: 몽재 이안도의 자는 逢源이고 호는 蒙齋이고 본관은 眞寶이다. 퇴계 이황의 손자이자 李寯의 아들이며 조부에게 배워 성리학에 일가를 이뤘다. 1574년 (선조 2)에 학문과 덕행이 높음으로 관직에 천거되어 참봉과 직장 등을 역임하였다. 어릴 때는 阿蒙이라는 자를 사용했는데, 퇴계가 직접 지어 준 것이다. 타고난 성품에다 학문에 대한 진지함을 갖추었으며 퇴계의 직접적인 가르침을 받았다. 간재 이덕홍, 성재 금난수, 九峯 金㙆, 면진재 금응훈 등과 친분을 나누고 교류했다.

93) 『操省堂先生文集』, 권3, 「祭蒙齋李公【安道】文【與同門諸賢聯名】」, "嗚呼, 公之事至此, 數邪命邪? 胡遘禍之孔棘? 公之事至此, 鬼乎天乎? 欲籲呼而無及. 昔我先生, 懷寶丘園, 倡明道學, 揭日月於鴻荒, 而開大東之長夜. 屹砥柱於犇流, 而礪百代之名節. 山樑忽頹, 已失士子之依仰, 經濟無成, 惟冀厥類之蕃錫, 天道無知, 而鯉也傾背, 曾未期年, 而玉樹芝蘭, 相繼摧折, 嗟數矣命矣, 天高鬼惡矣. 公久陪趨庭, 詩禮自律, 夙淵濡於前訓, 邵文獻於舊業, 嚴毅坦廣, 而有確然不撓之大志, 寬厚宏博, 而有納汚藏疾之偉識, 故所與遊者畵一世之名流, 而咸願獲被容接, 斯豈非得力家庭, 取信儕輩, 而人爭欣慕愛悅之耶? 嗚呼痛哉. 先生旣沒, 文稿未就, 而頃與二三同志, 搜出巾衍, 藏之山院, 將謀裒輯. 觀其編帙浩穰, 未易整頓, 編次考定, 末由商確. 是則天意固有所未可知也, 而豈不重爲斯道斯文之大痛惜耶? 今以單盃會哭靈筵, 同門之悲痛, 知舊之哀傷, 寧有其極也耶? 嗚呼, 溪山闃然, 滿目之雲物凄凉, 斡蠱無人, 乃家之靑氈何託? 言念至此, 淚沾情爵, 公其不昧, 照此心曲."

상에 해와 달처럼 밝게 빛나 우리나라의 긴 밤을 환하게 여겼지. 내달리는 물결 속 기둥처럼 우뚝 서서 백세의 명예와 절조 다듬으셨지. 선생께서 갑자기 돌아가시니 선비들은 의지하고 우러르던 분을 잃게 되었고, 세상을 경영하여 백성을 구제하는 것을 이루지 못해 오직 자손이 번성할 것만을 바랐더니, 천도가 무심하여 그 아드님이 돌아가셨네. 기년도 되지 않아 손자가 서로 이어 세상을 떠나니, 아, 운수인가 천명인가, 하늘은 높고 귀신은 사납구나.

공은 오래도록 가정에서 직접 가르침을 받아 시와 예로 자신을 규율하고, 일찍부터 옛 가르침에 무젖어 물려받은 학업으로 문헌을 빛내었다. 엄격하고 평탄하면서도 확고하여 흔들리지 않는 큰 뜻을 지녔고, 너그럽고 후덕하면서도 더러움을 받아들이고 허물을 감추는 큰 식견이 있었다. 그러므로 함께 노닐던 사람들이 모두 일세의 명사이면서도 모두 만날 수 있기를 바랐는데, 이것이 어찌 가정에서 힘을 얻고 친구들에게 믿음을 얻어 사람들이 다투어 공경하고 사랑해서가 아니었겠는가?

오호통재라. 선생께서 이미 돌아가시고 유고가 아직 정리되지 않았기에, 지난번 뜻을 같이했던 두세 사람과 함께 상자를 찾아내 도산서원에 보관해 두고 앞으로 간행할 것을 도모하였다. 엮어 놓으신 책들을 살펴보니, 너무 많아 쉬이 정리할 수 없고 편차를 고증하여 정하려고 해도 논의할 길이 없었다. 이것은 하늘의 뜻인지는 모르겠지만, 어찌 사문과 사림의 큰 아픔이 되지 않겠는가? 이제 한 잔 술로 궤연에 모여 곡하니 동문의 비통함과 벗들의 슬픔이 어떻게 끝이 있겠는가? 아, 계산이 고요하니 눈에 보이는 경치는 온통 처량하고, 집안일을 맡아서 할 사람이 없으니 그대 가문의 가업은 누구에게 맡길 것인가? 생각이 여기에 이르니 눈물이 정이 담긴 잔을 적시는구나. 공의 영령이 어둡지 않다면 이 마음을 비춰 주소서.

5) 「비지 남치리 의중을 위한 제문」[94]

아, 남군이 여기에 이르게 되었습니까? 그의 천품을 말하자면 깨끗하고 밝으며 굳세고 과단성이 있으며, 그의 기개를 말하자면 바르고 곧고 청렴하고 결백하였습니다. 학문은 게을리하지 않아 지향하는 바가 높고 원대하였으며, 가난에 처해서도 지조를 지키면서 도의를 즐거워하였습니다. 효도와 우애를 집안에서 행하고 믿음과 온화는 널리 벗들에게 미쳤고, 상을 치를 때는 그 예를 다하고 슬퍼하는 마음은 평소에도

---

94) 『操省堂先生文集』, 권3, 「祭貢趾南義仲【致利】文」, "嗚呼, 南君而至于妓邪? 以言其資稟, 則精明剛果, 以言其氣槩, 則耿介廉潔. 學問不怠, 而趨向高遠, 安貧自守, 而道義是樂. 孝悌行於家, 而信和覃及於友朋, 居喪盡其禮, 而哀戚俺至於平昔. 蓋其氣質剛勇, 而用力勤懇, 則求之吾黨中, 固不多得. 從事禮文, 而考據精深, 得力陳編, 而窃窣自悅. 天度幽遠, 而觀象推究, 筭數茫昧, 而考圖精嚴. 以至天地事物之理, 幽深玄妙之數, 皆欲涉獵而心會, 不以一隅, 而能自畫者也. 然其進進之誠, 不倦之意, 則皆本於義理, 而未嘗一日以怠焉. 方期遠大, 以造高明, 天胡不仁, 以至此極邪? 澤龍賤劣, 早嘗得識於公, 而其警敎之益, 切磋之功, 則不以愚陋之無似, 而惓惓益力. 自擬平生, 獲躡後塵, 以免宵人之歸, 而公今至是, 則奈之何不籲天, 而號哭邪? 陶山講學, 早同師席. 易東文會, 講劘非一. 壬申三冬, 攻苦檜巖之仙利, 丙子季春, 同遡漢江之風月. 其相從旣久, 而道同志合, 則其縷縷誨語者, 無非擊蒙之藥石. 追思今日, 已爲陳迹, 悵焉傷懷, 已矣乎? 不可及也. 頃於中年, 公在疚棘, 愚嘗牲吊, 而公許我以留宿. 殘燈廬幕, 晤敍心曲, 搜讀朱書數三反復. 且抽家廟節目, 試叩疑難, 而公答之詳悉. 且曰'君當於禮文曲節, 不以難解而遽輟, 喫辛耐久, 愈讀愈思, 則自然曉析矣', 余嘗服膺斯言, 而二三間斷, 終莫之就. 常擬服關見質候問, 而今不可得, 此恨長長. 空抱滿肚疑端, 而未能勞解結也. 今年春暮, 余來京洛, 遭家癘患, 奉老窮谷, 播越無定, 而公之哀聞, 遂及於月川函丈之書尺, '摧痛哽咽, 不須云云', 而膝下難離, 匍匐未卽. 殯不得撫棺而哀號, 葬不得執紼而永訣. 哀恨撑胃, 愧負初心. 而今來几筵, 言笑永隔, 情義所在, 不覺失聲而號泣也. 嗚呼痛哉, 嗚呼痛哉. 嗟乎, 蘭香遠聞, 而一爵未及. 仁者必壽, 而中途夭札, 天將何以爲善人之報復也哉? 精銳之才, 高嶷之識, 講論之樂, 琢磨之益, 今其不可復矣. 其込者雖込, 而不込者猶存, 善人君子之名, 不得與草木同朽滅. 自今可題墓道曰'高林南處士', 足矣. 嗚呼, 單杯薄奠, 余情何極? 言不成文, 懷不盡白. 伏惟尙饗."

극진하였습니다. 대개 그의 기질은 굳세고 용감하면서 정성스러움에 힘을 쓴 것은 우리 당 가운데에 찾아보아도 참으로 많이 얻기 어려운 사람이었습니다.

예문에 종사하면서 고증하고 근거하는 것이 정밀하고 깊었으며, 옛 서적에서 힘을 얻어 공부하는 것을 맛있는 음식을 먹는 것처럼 기뻐하였습니다. 천도가 아득한데도 천상을 미루어 연구하였고, 산수가 모호한데도 그림을 고증하는 것이 정밀하였습니다. 천지 사물의 이치와 그 윽하고 현묘한 숫자에 이르기까지 모두 섭렵하여 마음으로 이해하였고, 한 모퉁이의 치우친 견해로 자신을 한정 짓지 않은 사람이었습니다. 그러나 그가 계속 진전하려는 정성과 게으르지 않으려는 의지는 모두 의리에 뿌리를 두고 하루도 게을리한 적이 없었습니다. 이제 막 식견이 원대하기를 기약하여 고명한 경지에 나아가려 하였는데, 하늘이 어찌 불인하게도 이 지경에 이르렀습니까?

저는 못나게 태어났지만 공을 일찍 알게 되어 가르쳐 주고 경계해 주는 유익함과 절차탁마하는 공부에 있어서는, 저를 어리석고 모자란 사람이라고 여기지 않고 정성스럽게 힘을 보태어 주었습니다. 저 스스로는 평소 공의 뒤를 따르기만 하면 소인이 되는 것을 면하게 되리라 여겼는데, 공이 이제 이 지경에 이르렀으니, 어떻게 하늘에 호소하며 곡하지 않을 수 있겠습니까?

도산에서 강학할 때 일찍이 스승이 강론하는 자리에 함께하였고, 역동의 문회에서 강마한 것이 한두 번이 아니었습니다. 임신년(1572) 겨울 석 달을 회암의 선찰에서 열심히 공부하였고, 병자년(1576) 늦봄에는 함께 한강의 경치를 거슬러 올라가 구경하였습니다. 서로 상종한 지 오래

되어 도가 같고 뜻이 합하였으니, 누누이 깨우쳐 준 말은 모두가 어리석음을 깨우쳐 준 약석이었습니다. 오늘 추억해 보건대, 이미 자취가 되어 버려 허전하게도 마음을 아프게 하니, 끝난 것입니까? 어쩔 수가 없습니다.

지난번 중년에 공이 병이 심할 때 제가 일찍이 가서 위로했더니 공은 저를 머물러 자라고 허락하였습니다. 희미하게 등불 켠 오두막에서 깊은 마음을 서로 나누었고, 주자의 글을 찾아 여러 번 반복하여 읽었지요. 또 가묘에 관한 절목을 끄집어내어 의문스러운 점을 물어보았더니 공의 답이 아주 자세하였습니다. 또 "그대가 예문의 세세한 부분과 마주치면 이해하기 어렵다고 해서, 갑자기 그만두지 말고 힘든 것을 참고 오래 인내하면서 읽고 생각할수록 자연히 환히 알게 될 것이오"라고 하였는데, 제가 일찍이 이 말을 마음에 새겼으나 자주 중단하다 보니 끝내는 성취를 하지 못하였습니다. 상복을 벗으면 만나서 안부를 여쭈리라고 늘 생각하였는데, 이제 그럴 수 없으니 이 한이 길고 깁니다. 부질없이 마음 가득 의문점만 지니고 애써도 해결할 길이 없습니다.

이번 늦봄에 제가 서울로 갔을 때 집안사람들이 전염병에 걸려 노친을 모시고 정처 없이 옮겨 가며 일정한 거처가 없었습니다. 그런데 갑자기 월천 선생님의 편지에서 공이 세상을 떠났다는 소식을 말하며 "오장이 꺾이는 듯한 아픔은 말할 필요도 없다"라고 하였는데, 부모님을 떠나기 어려워 조문하러 가지 못했습니다. 빈소에서 관을 어루만지며 통곡하지도 못하였고 장사 지낼 때 상여 끈을 잡고 영결하지도 못했습니다. 슬픔과 한으로 가슴이 답답하였고 원래 마음 저버려 부끄러웠습니다.

이제 궤연에 오고 보니 말과 웃음소리 영원히 막혀 버려 인정과 의리가 있던 분에 대해 저도 몰래 목 놓아 부르짖으며 웁니다. 오호통재라, 오호통재라. 아, 난초 향기 멀어지도록 한 잔 술을 올리지 못했습니다. 인자는 반드시 장수하는 법인데 중도에 요절하였으니, 하늘이 장차 무엇으로 선한 사람에게 보답하려는지요? 빼어난 재주와 확 트인 식견으로 강론하는 즐거움과 절차탁마하는 유익함을 이제 다시는 가질 수 없게 되었습니다.

돌아가신 분은 돌아가셨다고 하더라도 돌아가지 않은 분이 아직 계시니, 선인군자의 이름을 초목처럼 썩어 사라지게 할 수는 없습니다. 이제부터 묘도에 '고림 남 처사高林南處士'라고 쓸 수 있다면 족합니다. 오호라, 한 잔 술에 보잘것없는 제물이지만, 저의 정이 어찌 끝이 있이 있겠습니까? 말은 문장을 이루지 못해도 마음은 끝이 없습니다. 부디 흠향하소서.

7. 조성당의 명

1) 「좌우명」[95]

내가 일찍이 "사군자는 풍도와 골격이 진중하고 원대하며 빼어나서, 눈 속 외로운 소나무가 당당하게 홀로 빼어난 것과 같아야 하고, 또 서리 속 달처럼 담담하게 홀로 떠 있어 차가운 빛이 푸른빛을 머금어 한 점의 찌꺼기도 없듯 해야 한다"라고 하면서 자리 오른쪽에 써서 스스로

힘쓸 곳으로 삼았다. 하루는 책을 읽으면서 벽 사이를 보다가 생각이
나서 "이와 같다면 내 마음이 초탈하여 멀리 통하는 것은 물론 견줄
수 있는 데가 없겠지만, 이렇게 하기로 마음먹고 학문의 공부로 실증하
지 않는다면 그 폐단은 선학으로 흐를 것이다. 이렇게 하는 것으로 마
음을 세우지 않고 『주역』에서 이른바 '경으로 내부를 곧게 하고 의로
외부를 바르게 하는 것'에 스스로 힘쓰고, 주자가 말한 '이치를 궁구하
여 그 지식을 극대화하고, 자신의 몸에 돌이켜 참된 것을 실천하는 것'
만 못하다. 마음을 보존할 때는 텅 비어 고요하게 하고, 마음을 발휘할
때는 과감하고 확실하게 하여 이 마음을 가지고 근본 터전으로 삼는
것이 옳다"라고 하고는 글을 써서 좌우명으로 삼았다.

학자의 걱정은 고원한 것에 힘쓰는 데 있다. 일찍이 잠실 진씨가
"아래로 사람의 일을 배우면 자연히 위로 하늘의 이치에 도달하게 된
다. 아래로 사람의 일을 배우지 않고 곧장 위로 하늘의 이치에 이르려
고 하는 것은 불교의 깨달음에 대한 설과 같을 것이다. 우리 유학은 한
푼의 학문이 있으면 한 푼의 장애를 제거하니, 마음속에는 곧 한 푼의
도리를 볼 수 있고, 두 푼의 학문이 있으면 두 푼의 장애를 제거하니
마음속에는 곧 두 푼의 도리를 볼 수 있다. 이로부터 환히 깨어 있어서

---

95) 『操省堂先生文集』, 권3,「座右銘【幷叙】」, "余嘗有言曰: '士君子風度·骨格, 凝遠挺出, 當
如雪裏孤松, 凜然獨秀. 又如一輪霜月, 澹然獨擧, 寒光涵碧, 無一點纖滓', 因書座右, 用以自勖.
一日讀書, 顧視壁間, 因以起思曰: '審如是矣, 吾心之超脫逈徹, 固無比矣, 若徒以此爲心, 而無
學問工夫以實之, 其弊或流於禪底意思. 不若以此立心, 而以『易』所謂敬以直內, 義以方外'者自
勉, 以朱子所謂窮理以致其知, 反躬以踐其實'. 其存之也, 虛而靜, 發之也, 果而確, 爲此心根基
田地可也', 因書用爲座右銘. 學者之患, 在務高遠. 嘗愛潛室陳氏語曰: '下學人事, 自然上達天
理. 若不下學工夫, 直欲上達, 則如釋氏覺之之說是也.' 吾儒有一分學問, 則磨得一分障礙去,
心裏便見得一分道理, 有二分學問, 則磨得二分障弊去, 心裏便見得二分道理, 從此惺惺, 恁地不
令走作, 則心裏統體光明, 查滓靜盡, 便是上達境界. 詳味此言, 可爲務高遠者之戒."

이와 같이 마음이 달려가게 하지 않으면 마음 전체가 빛나서 밝게 되고, 찌꺼기가 다 고요해질 것이니, 이것이 바로 위로 하늘의 이치에 도달하는 경계이다"라고 한 말을 사랑하였는데, 이 말을 자세히 음미해 보면 고원한 데만 힘쓰는 자의 경계로 삼을 만하다.

2) 「기백」[96]

기품의 기와 혼백의 백을 합하여 '기백'이라고 한다. 사람은 태어나면서부터 기품과 혼백을 모두 갖추는데, 유독 '백'만 말하는 것은, 백은 음의 영이고 음의 성질은 실어 주고 지켜 주는 것이 일정할 수 있기 때문에 보통 사람이 복록을 누리고 지키며 사업을 담당할 수 있는 것은 모두 기백이 하는 것이다. 그러므로 기백이 성대한 이는 복록과 사업도 성대하지 않을 수 없다. 무릇 혼기를 간직하고 총명하여 지난 일을 기억할 수 있는 것은 모두 백에 달려 있다.

8. 부록

1) 「김시보에게 답하다」[97]

편지를 받고서 상중에 잘 지내고 있으며 이미 내제(內除[98])가 되었다

---

96) 『操省堂先生文集』, 권3, 「氣魄」, "氣稟之氣, 魂魄之魄, 合而命之曰'氣魄'. 人生氣稟·魂魄皆具, 而獨言'魄'者, 魄是陰之靈, 陰性能持載守得定, 故凡人所以能享守福祿, 擔當事業之類, 皆氣魄之爲也. 故氣魄盛大者, 福祿事業, 亦不得不盛大也. 凡藏魂氣能聰明記往事, 皆在於魄也."

는 것을 알고 몹시 위로가 되었습니다. 편지 가운데 '국상 기간에 상을 벗은 자가 어떤 색을 입어야 마땅한 것입니까?'에 대해서는 사람들이 대부분 의문을 가지고 있습니다. 그러나 예에 '임금을 위한 복이 몸에 있는데, 어버이의 상이 있더라도 성복할 수 없다'[99]고 한 것은, 임금의 복을 중히 여겨 개인의 상복을 그 몸에 입을 수 없기 때문입니다. 지금 이 예는 행하기 어렵겠지만 온 나라가 모두 흰 옷을 입고 있는데 자기만 어버이 상 때문에 흑립에 참복을 입는 것이 옳겠습니까? 그러므로 저는 다만 백립에 백의를 입는 것이 옳다고 생각합니다.

신주를 고치는 개제는 대상 하루 전날 하는데, 증조에게는 '증손'이라고 쓰고, 조부에게는 '손'이라고 쓰고, 고조에게는 현손이라고 쓰며 고손이라고 하지 않습니다. 『가례』에는 4대의 제사가 있지만 이제 『국조오례의』는 증조 이하만 제사하니, 마땅히 시왕時王의 제도를 준용해야

---

97) 『操省堂先生文集』, 附錄, 書【拾遺】, 「答金施普【退溪先生】」 및 『退溪集』, 권39, 書, 「答金施普【澤龍○戊辰】」, "承書, 知孝履支持, 已臨內除, 向慰爲深. 就中示問國恤內免喪者服色之宜', 人多疑之. 然禮, 君喪在身, 則難親喪, 不得成服者, 以君喪爲重, 不得以私喪之服加於其上故也. 今此禮, 雖難擧行, 然擧國皆縞素, 己獨爲親喪黑笠黲服, 豈可爲乎? 故愚意以爲直以白笠白衣行之, 可也. 改題事, 大祥前一日爲之, 曾祖書曾孫', 祖書孫', 高祖書玄孫', 而不云高孫也. 但『家禮』, 雖有四代之祭, 今『五禮儀』, 只祭曾祖以下, 當遵用時王之制也. 其間或有好古尙禮之家, 依『家禮』祭及高祖, 則必有高祖當入之龕矣. 今示祔位之說, 甚非也. 代盡之主, 遷奉於族中代未盡中最長者之家祭之. 旣祭於彼, 安有宗子復祭之禮乎? 改題, 只視宗子宗孫之存亡而已, 衆子孫不得與於其間也."

98) 내제: 어버이의 상을 당해서 아직 내면의 슬픔이 남아 있더라도, 기한이 차면 예법에 따라 외면의 상복을 벗는 것을 外除라고 하고, 형제의 상을 당해서 외면의 상복을 아직 벗지 않았어도 내면의 슬픔은 점차로 감소되는 것을 內除라고 한다.

99) 임금을 위한…… 성복할 수 없다: 『예기집설』에서 "군주는 무겁고 어버이는 가벼우니, 의리로써 은혜를 끊은 것이다. 만약 군주의 복이 몸에 있는데 갑자기 어버이의 상을 만나면 감히 어버이를 위하여 복을 만들어 입지 못하니, 처음 죽었을 적에도 오히려 성복을 못하는데, 종말에 除服하는 예를 행할 수 있겠는가? 이 때문에 비록 때가 지났으나 제복하지 않는 것이다"(君重親輕, 以義斷恩也. 若君喪在身, 則遭親喪, 則不敢爲親制服. 初死尙不得成服, 終可行除服之禮乎? 此所以雖過時而不除也)라고 하였다.

합니다. 그중에 간혹 옛것을 좋아하고 예를 숭상하는 집이 있어 『가례』를 따라 제사가 고조에까지 미친다면, 반드시 고조가 들어가는 감실이 있어야 합니다. 편지에서 알려 준 부위의 설은 매우 잘못된 것입니다. 대수가 다한 신주는 족중에 대가 다하지 않은 집안 중 가장 어른이 되는 집에 신주를 옮겨 제사를 지냅니다. 이미 저쪽에서 제사 지냈는데, 어찌 종자가 다시 제사 지내는 예가 있겠습니까? 개제는 종자와 종손이 있는지 없는지만 보는 것이니, 여러 자손은 그 사이에 간여할 수 없습니다.

2) 「유사」[100]

아, 우리 방계 선조 조성당 김 선생이 돌아가신 지 240년이란 오랜 세월이 흘렀다. 불행하게도 자손은 쇠퇴하고 집안의 기록(家乘)이 극히 적어 선생의 아름다운 덕과 성대한 업적이 장차 묻히고 잊혀 드러나지 않게 되었으니, 몹시 개탄할 만하다. 이에 지난 임술년(1862) 가을에 내 (載琡)가 족질 건과 함께 한천정사에서 유상을 배알하고, 그로 인해 본손 경일에게 요청하여 상자 속에 있던 끊어지고 흩어진 초고 2~3건 및 훈록 2책, 직첩 20장을 수습할 것을 요구하여, 돌아와서 둔계의 옛 상자 속에서 시와 글씨 1책을 얻고, 또 선현의 문고와 원근의 친한 집안에서 소장하고 있는 약간의 글을 찾아내었다.

---

100) 『操省堂先生文集』, 附錄, 「遺事」, "於乎, 我傍先祖, 操省堂金先生之歿, 迄二百四十年之久矣. 不幸雲仍零替, 家乘寥寥, 使先生之懿德盛烈, 將至於湮沒而不著, 甚可慨也已. 迺者, 壬戌之秋, 載琡與族侄鍵, 拜遺像於寒泉精舍, 因要本孫敬一甫, 撥拾巾箱中, 斷爛遺草二三件, 及勳錄二冊, 職帖二十張, 歸取詩墨一冊, 於遁溪古藏, 又旁搜先賢文稿與夫遠近知舊家, 所藏摠若干篇. 謹按, 先生諱澤龍, 字施普, 號操省堂. 金氏系出義城, 至高麗同正, 諱椿, 移居禮安, 因以爲貫. 同正公第四子諱行, 官至判門下侍中平章事. 其後有僉正, 諱孝友, 始卜居縣東寒谷

里, 寔先生高祖也. 曾祖諱崇, 祖禰偆將軍忠武衛副司果, 祖諱夢石, 護軍考, 諱楊震, 贈承旨. 妣淑夫人, 安東金氏, 內禁衛礪光女, 先生生于嘉靖丁未二月十二日. 風骨秀異, 穎悟絶倫. 八歲始學於月川趙先生之門, 先生極加奬許. 旣長, 遊退溪先生之門, 請問疑難, 篤 學精思, 藻翰發越, 爲諸子所推重. 丙寅丁, 承旨公憂. 戊辰以承恤, 內禪服儀節, 稟問於先生而行之. 自先生易簀之後, 常有學有不及時之憂, 與賁趾南公致利, 松巢權公宇, 爲莫逆友, 每講論性理於陶院·易院之間, 多有問發. 萬曆丙子中, 司馬薦授, 敬陵參奉. 辛巳, 遭母夫人金氏憂, 哀毀踰制. 戊子登丙科, 除通仕郞, 尋補承文院著作. 壬辰, 倭冦難, 作以侍從臣, 扈駕赴龍灣, 殫心軍務. 甲午夏, 授承訓郞承文院博士. 秋, 陞奉直郞奉常寺直長, 尋拜戶曹佐郞. 乙未, 遷兵曹佐郞, 歷司憲府持平, 授宗廟署令. 因陞兵曹正郞, 由侍講院文學, 拜司諫院獻納. 丙申春, 授忠佐衛司禦, 侍講院司書, 秋, 陞朝散大夫. 丁酉, 除成均館司藝. 庚子春, 差晉州提督, 秋, 以接伴陪臣, 在唐將賈遊擊營下, 與林相公鶴齡甚善. 談兵賦詩, 懿然有志士殉國之風. 冬, 以天兵頒料都監, 留喬桐. 辛丑, 轉向平安道, 與唐將十餘人, 有唱酬詩, 還爲安東敎授. 時慕堂洪公履祥, 爲府伯, 洪公之子霽與先生之子琡, 同參司馬榜. 洪公奉大夫人設盛宴. 先生與洪公, 朝服同座, 傳於圖畫, 爲本府盛事. 栢巖金公功, 爲安集使, 薦公爲嶺南耕督官. 時, 經亂瘼之餘, 田野荒廢, 戶口散亡, 盡心招募. 【身呂】 勸耕稼, 民多依賴焉. 夏, 陞奉列大夫, 工曹正郞. 尋, 除蔚山都護府判官. 時, 未赴任, 與同道縉紳, 會于掌樂院, 西川鄭相公崑壽首題契帖. 五峯李公好閔, 序其事, 作詩以美之. 甲辰, 除江原道都事, 兼春秋館記注官. 丙午, 幷錄宣武二等, 淸難一等勳. 丁未, 除全羅道都事. 戊申, 由軍器寺正, 出爲寧越郡守. 莊陵左, 舊有禁夢庵, 爲野燹所毁, 至是先生募僧, 改構, 凡十五間, 更名曰魯陵庵, 以守廟字, 禁其樵牧. 道臣具由馳聞, 完除雜役, 以爲永久之規. 時, 當昏朝, 北人柄用先生, 卽賦歸田園, 絶意名途. 辛亥, 聞鄭仁弘, 上箚誣毁, 晦·退兩先正, 深加痛恨, 乃歎曰, '吾道不幸, 怪鬼百出. 鄭黨之搆毁兩賢, 靡有紀極', 遂發通文, 內因會于陶山書院, 行洞主之任, 議定辨斥疏. 先生之子琡與金公坽, 幷選於製疏. 其閑衛師門, 如此屢任山長, 以誘掖士林爲己任. 臨講先讀「白鹿洞規」, 以爲度. 天啓丁卯, 以寢疾終于家, 享年八十一. 以是年某月某日, 葬于檟洞, 子坐之. 原配, 高陽李氏, 敬陵參奉, 思義女. 繼配, 眞城李氏義綱女, 擧五男六女. 男長琡, 辛丑生員, 戊申以先生淸難勳蔭, 加宣敎郞. 次玏, 宣務郞, 軍資監主簿, 次穀, 宣務郞, 次瑛, 參奉. 次珀, 女長, 適金鬵. 次適金光賛, 次適張世彦, 次適權謹吾, 次適金日新, 次適南孝愍, 宣敎郞. 配, 英陽南氏希權女, 生三男. 曰重浩·重漢·重淵. 繼配寧海朴氏蓮香女, 生二男. 曰重點適政, 重渭. 以下不能盡記. 先生稟質英邁, 志趣純篤, 早投明師, 得聞爲 學大方. 以朱子所謂窮理以致其知, 反躬以踐其實, 其存之也, 虛而靜, 其發之也, 果而確, 爲此心根基田地. 性酷愛佳山水, 所居寒谷, 山深水淸, 林壑幽秀, 卜築書室, 於南山之下, 植杏樹其前曰'講林', 鑿池其下曰'林塘'. 因自稱寒泉子, 興到輒携朋飮酒, 垂釣觀魚. 又於溪之西沚, 巖壁削立, 戴土成臺, 卽所謂臥雲'. 構小亭其上, 爲捿息之所. 嘗遊覽名山大川, 殆遍域中, 「遊山錄」其末有曰: '士君子自處, 宜大不宜小, 可高不可下, 亦不可安於小, 成而不求造道之極致', 此正衡嶽詩所云'直以心期遠, 非貪眼界寬'者也. 先生退休以來, 益致誠於奉先之事. 沙川永思庵, 因族曾祖判決事公欽祖所定祭式, 復加修飭, 營立檟洞齋舍, 置守僕禁護. 又爲外氏墓置因奉, 杞春秋, 率家人展省墓, 朔望, 設茶饌, 參謁家廟. 遇退溪先生忌辰, 雖因家故而未參, 必致齊行素, 年逾八耋, 未嘗少懈. 先生之歿也, 遠近士林, 莫不齋容, 涕洟正廟, 丙午, 公議峻發, 享于寒泉精舍. 載琡生於數百年之下, 欲追尋其髣髴, 而舊人淪沒, 聞識膚淺, 百不記一, 只書其大槩, 以俟立言君子有以裁幸焉. 癸亥仲冬月南至日,

삼가 살펴보건대, 선생의 휘는 택룡이고 자는 시보이며 호는 조성당이다. 김씨의 본관은 의성인데, 고려에서 동정을 지낸 휘 춘이 예안으로 이거하였고, 이로 인해 관향으로 삼게 되었다. 동정공의 넷째 아들 휘 연은 벼슬이 판문하시중 평장사에 이르렀다. 그 뒤에 첨정을 지낸 휘 효우가 있어 처음으로 예안현 동쪽 한곡리에 터를 잡고 살았으니, 이분이 바로 선생의 고조부이다. 증조부 휘 숭조는 어모장군 충무위 부사과이고, 조부 휘 몽석은 호군이며, 부친 휘 양진은 승지에 추증되었다. 어머니 숙부인은 안동김씨 내금위 김여광의 따님이다. 선생은 가정 정미년(1547) 2월 12일에 태어났다. 풍채와 골격이 빼어났고 총명함이 보통 아이들보다 뛰어났다.

8세에 비로소 월천 조 선생의 문하에서 배웠는데, 조 선생이 매우 칭찬하였다. 장성해서는 퇴계 선생의 문하에 노닐면서 의심스럽거나 어려운 점을 질문하였고 독실히 배우고 정밀히 생각하였으며, 문장이 남달라 여러 사람들에게 존중을 받았다.

병인년(1566)에 부친 승지공의 상을 당했다.

무진년(1568)에 국상 중 담복을 입는 의절을 퇴계 선생에게 여쭈어본 뒤 행하였다. 선생이 돌아가신 뒤로는 항상 학업을 제때 배우지 못했다는 근심을 가지고 비지 남치리, 송소 권우 공과 막역지교를 맺어 도산서원과 역동서원에서 성리학을 강론할 때마다 생각을 밝히는 경우가 많았다.

만력 병자년(1576)에 사마시에 합격하였고 천거로 경릉참봉에 임명

旁裔孫載球謹書."

되었다.

신사년(1581)에 어머니 김씨의 상을 당하여 예법을 넘어 몹시 슬퍼하였다.

무자년(1588)에 문과 병과로 급제하였고 통사랑에 임명되었으며, 얼마 뒤 승문원 저작에 보임되었다.

임진년(1592)에 왜구의 난이 일어나자 시종신이 되고 어가를 호종하여 의주로 가서 군무에 마음을 다하였다.

갑오년(1594) 여름에 승훈랑 승문원 박사에 임명되었다. 가을에 봉직랑 봉상시 직장에 올랐다가 얼마 뒤 호조 좌랑에 임명되었다.

을미년(1595) 병조 좌랑으로 옮겼으며, 사헌부 지평을 거쳐 종묘서 영에 임명되었다. 그로 인해 병조 정랑에 올랐으며, 시강원 문학을 거쳐 사간원 헌납에 임명되었다.

병신년(1596) 봄에 충좌위 사어, 시강원 사서에 임명되었으며 가을에 조산대부에 올랐다.

정유년(1597) 성균관 사예에 임명되었다.

경자년(1600) 봄에 진주 제독관으로 파견되었고, 가을에 접반사로서 명나라 장수 가유격의 군영에 있으면서 상공 임학령과 매우 잘 지냈다. 병법을 논하고 시를 읊으니 훌륭하게 뜻있는 선비가 순국하는 풍모가 있었다. 겨울에 명나라 군대의 반료도감으로서 교동에 머물렀다.

신축년(1601)에 평안도로 옮겨갔는데, 명나라 장수 10여 명과 주고받은 시가 있다. 돌아와 안동 교수가 되었다. 당시 모당 홍이상[101] 공이

---

101) 모당 홍이상: 慕堂 洪履祥(1549~1615)의 자는 君瑞이고 호는 慕堂이며 본관은 풍산이다. 1573년 사마시를 거쳐 1579년 식년문과에 갑과로 장원급제하였다. 영남 유생

부사로 있었는데, 홍 공의 아들 홍립이 선생의 아들 숙과 함께 사마시에
합격하니, 홍 공이 어머니를 모시고 경사를 축하하는 잔치를 베풀었다.
선생이 홍 공과 조복을 입고 함께 자리하였는데, 그림을 그려 전한 것은
안동부의 성대한 일이다. 백암 김륵102) 공이 안집사가 되어 공을 천거
하여 영남 경독관으로 삼았다. 당시는 난리를 겪은 뒤라 농토는 황폐하
고 호구는 흩어져 없어졌던 것을 선생이 마음을 다해 불러 모으고 몸소
농사짓는 것을 권장하니 의지하는 백성들이 많았다. 여름에 봉렬대부
공조 정랑에 올랐다. 얼마 뒤 울산도호부 판관에 임명되었다. 부임하기
전에 같은 도의 벼슬아치들과 장악원에서 모였는데, 서천 정곤수 상공
을 계첩의 첫머리에 썼다. 오봉 이호민103) 공이 그 일에 대해 서문을

문경호 등이 成渾을 배척하는 상소를 올리자, 성혼을 두둔하다가 안동부사로 좌천되
었다. 1612년 이이첨과 정인홍 일파에게 밀려나 개성유후 사유후로 좌천된 뒤 그곳
에서 죽었다. 저서로는 『모당유고』가 있고, 고양의 문봉서원에 제향되었다.

102) 백암 김륵: 柏巖 金玏(1540~1616)의 자는 希玉이고 호는 柏巖이고 본관은 禮安이다.
萬秤의 증손으로, 할아버지는 증 좌승지 佑이고, 아버지는 진사 士明이며, 백부인
형조 원외랑 士文에게 입양되었다. 1576년(선조 9) 식년 문과에 병과로 급제하고,
1578년 검열·전적을 거쳐서 예조 원외랑·정언이 되었다. 1590년 집의·사간·검
열·사인·사성·사복시정이 되었다. 1594년 동지의금부사·이조참판·부제학 등
을 역임하였다. 이듬해 대사헌이 되어 「시무 16조」를 상소했는데, 모두 치안에 좋은
대책이라는 평을 들었다. 1599년 명나라 장수를 접반하고 형조참판에서 충청도 관
찰사로 나갔다. 1612년 하절사로 명나라에 가서 명나라 군사가 조선에 남아 있는
것처럼 꾸며 일본의 재침략을 막아 달라는 청을 올렸다. 그리고 명나라로부터 일본
에게 재침을 허락하지 않겠다는 칙서를 보내게 하고 돌아왔다. 金直哉의 誣獄에 연
루되고 또 앞서 광해군의 생모인 공빈 김씨 별묘의 의물을 종묘 의물과 똑같이 하는
것에 반대해 강릉으로 유배가게 되었는데, 여러 대신들의 변호로 풀려났다. 영천의
龜山書院에 제향되었고 저서로는 『백암문집』이 있다.

103) 오봉 이호민: 五峯 李好閔(1553~1634)의 자는 孝彦이고 호는 五峯·南郭·睡窩이고
본관은 延安이다. 1579년 진사가 되었고, 1584년 별시문과 을과에 급제했다. 1592년
임진왜란 때에는 이조좌랑에 있으면서 왕을 의주까지 호종하였다. 임진왜란 중 요양
으로 가서 명나라에 지원을 요청해 명나라 군대를 끌어들이는 데 크게 공헌하였다.
1615년 정인홍 등의 遠竄論으로 인해 7년간 교외에서 죄를 기다리다, 인조반정 이후
인정을 받았다.

쓰고 시를 지어 찬미하였다.

갑진년(1604)에 강원도 도사 겸 춘추관 기주관에 임명되었다.

병오년(1606)에 선무 이등과 청난 일등에 아울러 녹훈되었다.

정미년(1607)에 전라도 도사에 임명되었다.

무신년(1608)에 군기시 정을 거쳐 지방으로 나가 영월군수가 되었다. 장릉 왼쪽에 예전에 금몽암이 있었으나 들불에 훼손되었는데, 이때 선생이 승려들을 모집하여 고쳐 지었으니, 모두 15칸이었다. 이름을 고쳐 '노릉암'이라고 하고 사당을 지켜 나무하고 소 치는 것을 금하였다. 관찰사가 이러한 사유를 갖추어 급히 보고하니, 잡역을 완전히 없애는 것을 영구적인 규례로 삼았다. 광해군 때에 북인이 정권을 잡았는데, 선생이 즉시 전원으로 돌아가리라는 취지의 글을 짓고서 벼슬길에 마음을 끊었다.

신해년(1611)에 정인홍이 차자를 올려 회재 이언적과 퇴계 이황 두 선정을 모함하고 헐뜯었다는 소식을 듣고 몹시 마음 아파하고 안타까워하면서 탄식하며, "우리 도가 불행하여 온갖 악귀가 생겨났다. 정인홍의 무리가 두 선생을 헐뜯는 데 있어 못하는 짓이 없다"라고 하고, 드디어 도내에 통문을 발송하였다. 이를 계기로 도산서원에 모여 서원 원장의 책임을 행하여 변무소를 의논하여 정하였는데, 선생의 아들 숙이 김령 공과 함께 아울러 상소문을 짓는 이로 뽑혔으니, 그가 사문을 보호하고 지킨 것이 이와 같았다. 여러 번 서원 원장에 임명되니, 사림을 깨우치고 인도하는 것을 자기의 임무로 여겼으며, 강론할 때 먼저 「백록동규」를 읽는 것을 법도로 삼았다.

천계 정묘년(1627) 오랜 병으로 집에서 생을 마치니 향년 81세였다.

이해 아무 달 아무 날에 가동 자좌의 언덕에 장사 지냈다. 부인 고양이 씨는 경릉참봉 이사의의 따님이며, 계실 부인 진성이씨는 이의강의 따님이다. 자식은 모두 5남 6녀이니, 장남 숙은 신축년(1601)에 생원시에 합격하였고, 무신년(1608)에 선생의 청난훈의 음직으로 선교랑에 승격되었다. 차남 적은 선무랑 군자감 주부이며, 삼남 구는 선무랑이고, 사남 영은 참봉이고, 오남은 박이다. 장녀는 김학에게 시집갔고, 차녀는 김광찬에게 시집갔으며, 삼녀는 장세언에게 시집갔고, 사녀는 권근오에게 시집갔으며, 오녀는 김일신에게 시집갔고, 육녀는 남효각에게 시집갔다.

선교랑의 부인 영양남씨는 남희권의 따님으로 아들 셋을 낳았는데, 중호·중한·중연이다. 계실 부인 영해박씨는 박연향의 따님으로 아들 둘을 낳았는데, 통정대부 중점과 중위이다. 이하로는 다 기록하지 않는다.

선생은 타고난 자질이 출중하였고 품은 뜻이 순수하고 독실하여 일찍부터 밝은 스승을 찾아가 학문을 하는 큰 방법을 들을 수 있었다. 주자가 말한 '이치를 궁구하여 그 앎을 극대화 하고, 자기 몸에 돌이켜서 실천하며, 마음을 보존할 때는 마음을 비우고 고요하게 하며, 마음을 발현할 때는 과감하면서 확실하게 하는 것'을 이 마음의 바탕과 터전으로 삼았다.

성품이 아름다운 산수를 몹시 사랑하여, 거처하는 한곡은 산이 깊고 물이 맑으며 숲과 골짜기는 그윽하고 빼어났다. 남산 아래 서실을 짓고 그 앞에 은행나무를 심고서 '강람'이라고 하고, 그 아래 못을 파고 '임당'이라고 하였다. 이를 계기로 자신을 '한천자'라고 일컫고, 흥이 나면 문득 벗을 이끌고 술을 마시며 낚싯대를 드리우고 물고기를 구경하였다. 또 시내 서쪽 물가 암벽이 가파르게 솟은 곳에 흙을 날라 누대를 지으니 이른바 '와운'이다. 그 위에 작은 정자를 짓고 쉬는 장소로 삼았다.

일찍이 명산대천을 유람하여 나라 안을 거의 다 가 보았는데, 「유산록」 말단에 "사군자의 처신은 커야 하고 작아서는 안 되며, 높아야 하고 낮아서는 안 된다. 또 작은 성취를 편안히 여겨서 도에 나아가는 극치를 구하지 않아서도 안 된다"라고 하였으니, 이것은 바로 형악시에서 이른바 "이 마음 원대한 도를 기약하는 것일 뿐, 눈앞의 넓은 광경 탐내는 것이 아니네"라고 말한 것과 같은 경우이다.

선생은 물러나 쉬면서부터 더욱 선조를 받드는 일에 정성을 다하였다. 사천 영사암을 족중조 판결사공 흠조가 정한 제사 의식에 따라 다시 더 꾸며 가동의 재사를 짓고, 지키는 종을 두어 금지하고 보호하였다. 또 외조부의 묘를 위해 제전을 두어 제사를 받들었고, 봄가을로 집안사람들을 이끌고 가서 성묘하고 묘소를 조성하였으며, 초하루와 보름이면 차와 제수를 마련하여 가묘에 참배하였다.

퇴계 선생의 기일이 되면 집안일로 참석하지 못하더라도 반드시 재계하고 채식을 하여 나이가 여든이 넘어서도 조금도 게을리한 적이 없었다. 선생이 세상을 떠나자 원근의 사람이 탄식하며 눈물을 흘리지 않는 이가 없었다.

정조 병오년(1786)에 공론이 크게 일어나 한천정사에 제향하였다.

나는 수백 년 뒤에 태어나 그 비슷한 모습이라도 뒤따라 찾으려 하였으나 옛사람은 모두 돌아가시고 내 식견은 천박하여 백에 하나도 기록하지 못하고 다만 그 대략을 써서, 저술하여 밝힐 군자가 재단하기를 기다린다.

계해년(1863) 한겨울 동짓날 방계 자손 재숙이 삼가 쓴다.

∥송소선생문집松巢先生文集

【해제】

『송소선생문집』은 송소松巢 권우權宇(1552~1590)의 문집이다. 처음 유고遺稿의 형태로 그를 배향한 경광서원鏡光書院에 보관되어 있다가 1721년 7대손 권달충權達忠 대에 이르러 경광서원의 협조로 문집으로 간행되었다.

권우의 자는 정보定甫이고 호는 송소松巢이고 본관은 안동이다. 아버지 권대기權大器(1523~1587)는 퇴계 이황의 문하로 월천 조목, 백담 구봉령, 성성재 금난수 등과 깊은 교분이 있었다. 어머니는 진성이씨 훈도濟의 딸로 퇴계의 재종질이다. 권우는 19세에 퇴계 문하에 나아가『역학계몽』을 배웠고, 1573년 사마시에 합격하여 생원이 된 이후에는 과거지학에 뜻을 버리고 위기지학에 힘썼다. 월천 조목에게 배웠고, 비지 남치리, 근시재 김해, 간재 이덕홍 등과 교분이 깊었다. 또한 서애 류성룡, 학봉 김성일, 백담 구봉령, 송암 권호문 등에게 사랑을 받았다. 그러나 불행히도 1590년 39세의 나이로 단명하였다.

『송소선생문집』의 구성은, 권1에 시 115편, 부 1편, 사 1편이 실려 있고, 권2에는 월천 조목에게 보낸 편지 2편, 서애 류성룡에게 보낸 편지 2편, 간재 이덕홍과 비지 남치리에게 보낸 편지 1편, 간재 이덕홍에게 보낸 편지 5편, 비지 남치리에게 보낸 편지 3편, 비지 남치리에게 답한 편지 1편, 비지 남치리에게 보낸 편지 3편, 회곡 권춘란에게 답한 편지 1편, 근시재 김해에게 보낸 편지 3편, 대암 박성에게 보낸 편지 2편, 김취려에게 답한 편지 1편, 혹인에게 답한 편지 1편, 혹인에게 보낸 편지 1편 등 23편의 편지가 실려 있다. 이 가운데 특징적인 것은 남치리와 이덕홍의 서간에 보이는 수양 문제와 중용에 대한 해석 등이다. 권춘란과의 편지에서는 상복 문제 및 태극과 리기에 대한 논의가 있고, 김해와의 편지에서는 존양성찰의 문제도 제시되어 있다.

권3은 제문과 잡저, 그리고 행장으로 구성되어 있는데, 제문은 퇴계 선생을 위한 제문을 비롯하여 9편의 제문이 실려 있고, 잡저에는 「제설변해」를 비롯하여 6편이 실려 있고, 행장에는 「비지남공행장」과 「선군행록」이 실려 있다. 잡저를 통해서는 당시 퇴계 문하의 학문적 관심을 확인할 수 있고, 특히 청량산을 유람한 기록인 「유청량산록」을 보면, 월천 조목을 비롯한 제현들과 청량산을 유람한 내용을 정리한 것으로 당시 청량산의 모습 및 그들의 교유 관계를 확인할 수 있는 자료가 된다.

권4는 부록이다. 「만사」는 성재 금난수와 조성당 김택룡 등의 것이 보이고, 제문은 월천 조목 등이 지었으며, 행장은 옥봉 권휘가 지은 것이고, 묘갈명은 학사 김응조가 지은 것이며, 문집의 발문으로 여헌 장현광, 창석 이준, 갈봉 김득연의 것이 있다.

1. 「송소집서」[1)]

영가의 권달충 군이 그의 선조 송소 선생의 유고를 가지고 와서 나
에게 서문 몇 마디를 써 줄 것을 부탁하였다. 그 종씨 상사 국인 또한
와서 거듭 "집사께서 전에 이미 우리 집안 희정공 문집의 서문을 썼습
니다. 지금 이 문집만 사양하는 것이 옳겠습니까?"라고 하였다. 이는
대개 나의 정력이 이미 사라져 없어짐을 헤아리지 못한 것이다. 그러나
그런 꾸짖음을 받는 것은 참으로 괜찮다. 마침내 그를 위해 정신이 구
름 낀 안개와 같이 아득한 가운데 혼백을 불러 어렵사리 삼가 읽고 삼
가 다음과 같이 답했다.

선생은 올곧고 절의가 있으며 총명하고 빼어나서 도에 가까운 자질이

---

1) 『松巢先生文集』, 「松巢先生文集序【鄭宗魯】」 및 『立齋先生文集』, 권27, 「松巢集序」, "永
嘉權君達忠, 以其先祖松巢先生遺稿, 屬不佞令弁數語, 其從氏上舍國仁, 又從而申之曰: '執事
前既序吾家僖靖公集矣. 今於是集而獨辭之可乎? 是盖不諒吾精力已消亡, 然其且責良是, 遂
爲之叫召魂魄, 從雲霧中艱得敬閱而謹復之曰: '先生以耿介聰穎近道之資, 早受業於退溪夫子
之門, 得聞爲學之方與天人性命之說, 旣又從月川趙先生遊, 被其薰陶之力, 盖不淺尠焉. 故其
所以感發興起, 而琢磨淬礪, 浸漸經歷, 以有夫深造精詣之實, 孚尹旁達之美者, 直與用素白受
繪綵, 拭珠玉露光采相似, 而若以其見諸行事者言之, 則先生自少妙, 能爲時文, 論者謂取高第
無疑, 而纔小成, 卽謝去之, 與一時名勝如南賁趾李艮齋諸公, 相講討以爲樂. 觀其一室圖書,
凝然端坐, 俯讀仰思, 竊其旨趣, 而日乾夕惕, 體驗操存, 要以變化氣質爲務, 則其立志之堅貞,
用工之篤實, 斯可知矣. 而尤盡分於日用彝倫之間, 事親奉先, 與友同氣睦宗族, 無所不殫竭誠
禮, 而敎子弟必灑掃應對孝悌忠信爲先. 處鄰里一於和厚, 有灾患必爲救恤, 接朋友一惟道義,
聞其喪必爲齋素, 愼世之學術煩閥, 士趨乖張, 草疏極論, 至千餘言, 雖不果上, 其衛道距邪之
意, 又不亦至矣哉. 當是時, 如西厓·鶴峯·藥圃·栢潭諸先生, 皆愛敬之. 華聞日盛, 自朝家
徵爲王子師傅. 暴使天假之年, 內之以究其志業, 外之以展其蘊蓄, 則其爲斯道斯人之幸, 爲如
何哉? 而不幸中途遽隕, 遂爲後學無窮之恨. 嗚呼, 彼蒼者乃以是報先生耶? 然而先生之遺風餘
韻, 百世不沫, 前輩之稱述, 則有張旅軒之識, 李蒼石之跋, 金鶴沙之銘, 士林之崇報, 有鏡光院
之俎豆. 夫如是, 是集也, 又何待於余老老之言而後爲可傳哉? 至於其詩文, 蒼石評已盡之, 故
玆不贅. 然他日所以起儒紳景行之思者, 亦於是乎在云.'"

어서 일찍부터 퇴계 선생의 문하에서 수업하여 학문을 하는 방법과 천인성명의 설을 들을 수 있었으며, 또 월천 조목 선생과 종유하여 훈도의 힘을 입은 것이 대개 얕거나 적지 않았다. 그런 까닭으로 감발하여 흥기하고 절차탁마하여 무젖음이 점점 오래되어 깊고, 정미한 조예의 실상과 부윤이 두루 미친 아름다움이 있었던 것은 다만 흰 바탕을 사용하여 채색 그림을 그리며 구슬을 닦아 광채를 드러내는 것과 서로 비슷하다.

그 일을 행함에 드러난 것으로 말하자면, 선생은 젊어서부터 시문을 잘 지었으니, 논하는 사람들이 높은 성적으로 과거에 급제하는 것은 의심할 것이 없다고 하였다. 그러나 생원시에 입격하자마자 곧바로 사양하고 그만두었다. 당시의 이름난 선비인 비지 남치리와 간재 이덕홍 등 여러 공들과 서로 강의하고 토론하며 즐거움으로 삼았다.

그의 집에 있는 도서를 볼 때, 꼼짝하지 않고 단정히 앉아 굽어 책을 읽고 우러러 사유하며 그 지취를 극진히 하였다. 밤낮으로 부지런히 힘쓰고 두려워하며 몸으로 징험하고 마음을 다잡아 보존함에 기질을 변화시키는 것을 급선무로 삼는 것을 핵심으로 하였으니, 그의 뜻을 세움이 굳고 곧으며 공부하는 것이 독실하고 성실하다는 것을 여기에서 알 수 있다. 그러나 일상생활의 떳떳한 인륜에 본분을 다하여 어버이를 섬기고 조상을 받드는 것 및 동기간에 우애하고 종족을 화목하게 하는 것에 정성과 예의를 다하지 않는 바가 없었으며, 자제를 가르침에 반드시 물 뿌려 쓸고 응대하는 것, 효도와 공손, 충성과 믿음을 우선으로 하였다.

이웃과 살면서 한결같이 화목하고 두터이 하여 재앙이나 환란이 있으면 반드시 구제하여 도와주었으며, 벗을 대할 때는 한결같이 오직 도의로 대하여 초상이 났다는 소식을 들으면 반드시 재계하고 소식하였다. 세상의 학술이 자못 편벽되어 선비들이 어긋난 곳으로 달려가는 것을 분개하여 상소를 초안하여 극진하게 논의한 것이 천여 마디에 이르렀다. 결과적으로 올리지는 못했으나 유학의 도를 지키고 사특함을 물리친 뜻이 또 어찌 지극하지 않았겠는가? 이때를 당하여 서애 류성룡·학봉 김성일·약포 정탁·백담 구봉령 같은 여러 선생이 모두 그를 아끼고 공경하였다. 훌륭한 명성이 날로 성대해지니, 왕실에서 불러 왕자의 사부로 삼았다.

만약 하늘이 목숨을 연장해 주어, 안으로는 그의 뜻있는 사업을 끝까지 하게 하고 밖으로는 온축된 것을 펴게 하였더라면, 우리 유학의 도와 우리 유학의 선비들에게 그 행운이 어떠하였겠는가? 그러나 불행하게 중도에 갑자기 돌아가시니, 드디어 후학들의 다함이 없는 한이 되었다. 아, 저 푸른 하늘이 이것으로 선생에게 보답하는 것인가? 그러나 선생의 유풍과 여운은 백세 뒤에도 없어지지 않아 선배들이 칭송하며 기술하였으니, 여헌 장현광의 발문, 창석 이준의 발문, 학사 김응조의 묘갈명이 있고, 사림이 높이고 보답하여 경광서원의 향사가 있게 되었다. 무릇 이와 같으니, 이 문집이 또 어찌 나 같은 늙은이의 말을 기다린 뒤에야 전해질 수 있겠는가? 그의 시와 문장에 대해서는 창석의 평가가 이미 극진하기 때문에 이에 군말을 덧붙이지 않는다. 그러나 훗날 유학의 선비들이 크게 공경하는 생각을 일으키게 하는 바는 또한 이 문집에 있을 것이다.

2. 「답권정보문목」[2]

問 『중용』 27장 이상의 '진성'장과 '지성전지무식'장에서 성인의 도를 말한 것은 모두 천도를 말하기 위해서입니다. 이 장은 첫머리에서 성인의 도를 말하였는데, '존덕성' 이하는 바로 배우는 사람의 일이라서

1장 안의 내용이 앞뒤가 같지 않습니다. 그런데 '인도를 말했다'라고 한 것은 무엇 때문입니까? 또 배우는 사람이 존덕성 이하의 공부로 '양양준극'의 경지에 이를 수 있겠습니까? 이 경지는 곧바로 하늘과 더불어 하나가 되는 것으로 배워서 이를 수 없을 듯합니다. 그렇다면 이 장의 인도는 존덕성 이하에 중점을 두고 말한 것입니까?

---

2) 『松巢先生文集』, 권2, 「與李玄仲南義仲【致利】」 및 『艮齋先生文集』, 권4, 「答權定甫問目」, "問:『中庸』二十七章以上, '盡性'章及'至誠前知無息'章, 言聖人之道, 皆爲言天道. 此章首言聖人之道, 自尊德性以下, 乃爲學者事, 一章之內, 先後不一, 而只謂之'言人道', 何歟? 且學者以尊德性以下工夫, 可至於'洋洋峻極'之地邪? 疑此地位, 直是與天爲一處, 未可學而至也. 若然則此章之爲人道, 是截自尊德性以下爲重歟? (答): 按饒雙峯云, '道卽率性之謂, 天下所共由', 今以此爲高明說曰: 道猶路也. 聖人之生知安行者, 莫不由此道. 學者之困知勉行者, 亦莫不由此道, 卽所謂'知之'者之所知, '行之'者之所行, 謂達道者是也. 然則行之者, 必先知道之在面前, 而後始得以著脚. 故子思因上章天道人道之極致, 而章首先及夫道體之大小, 以爲下學上達之標的, 示學者當行之路, 而後方及修德凝道之大端. 然則洋洋峻極, 三千三百, 何莫非聖人之能事, 而初學所由之地, 固莫非此道. 此則章首所以言道體者也. 況『中庸或問』曰: 大抵此五句【卽尊德性一節】承章首道體大小而言, 故一句之內, 皆具大小二意, 如德性也廣大也高明也故也厚也, 道之大也, 問學也精微也中庸也新也禮也, 道之小也. 尊之道之致之盡之極之溫之知之敦之崇之, 所以修是德而凝是道也云, 則此又一章之通旨也. 『章句』又曰: 尊德性, 所以存心而極乎道體之大也, 道問學, 所以致知而盡乎道體之細也. 今又以此推之, 所謂洋洋峻極, 爲道之大, 而德性以下五者, 亦皆道之大也, 所謂三千三百, 爲道之小, 而問學以下五者, 亦皆道之小也. 此乃章末所以言修德凝道者也. 然則章首雖言聖道之大小, 而莫非初學所當行之路, 則非截然是天道也, 章末雖言修道之方, 而所修者亦莫非此道, 則亦非截然是人道也. 豈可以峻極地位爲與天爲一, 而未可學而至也? 亦豈以此一章爲先後之不一, 而上言天道, 下言人道乎? 向者李叔獻問道學之同異, 先師答以看花折柳, 花與柳, 卽道也, 看與折, 卽學也. 旣看花柳, 自然具可看可折之理, 看之折之者, 離花折柳則不成, 故言看折之功者, 必先言花柳之所在, 爲看折者, 亦從花柳上去, 是亦此章之旨, 而與首章之義同, 更詳之. 問: 大德敦化, 是沖漠無眹地界邪? 或問曰: 於穆不已者, 大德之敦化. 蓋以其理之不可形, 而曰沖漠無眹, 以其理之純一無間斷, 而曰於穆不已, 非有上下邪? (答): 自其著者【竝育竝行】而推原萬殊之一本, 故曰'大德敦化', 自其微者【無極】而形容無極之妙, 故曰'沖漠無眹'. 其理雖同, 命名各有攸主. 若以理之一, 而遽謂之同, 則恐未免牽强附會之嫌也. 然末章以無聲無臭, 形容不顯篤恭之妙, 則沖漠無眹, 非大德之地界邪? 黃氏曰: 誠是維天之命, 不息便是於穆不已也. 今以此觀之, 維天之命也大德也, 卽誠也, 於穆不已則敦化也, 卽不息也. 若以其理之不可見者爲沖漠則然矣, 若以於穆不已爲純一無間斷, 則純一只是至誠處, 無間斷只是不息處. 然則大德也, 於穆不已也, 雖無上下之別, 實有難言之妙也. 問: 三十二章章句, 至誠無息, 自然之功用, 立大本者, 是未發之中, 無一毫私僞之謂, 卽是本體立, 亦非用心以立之, 而竝謂之功用者, 何歟? (答): 詳觀來諭之意, 恐高明以至誠无妄四字, 貼章首天下至誠, 以自然功用, 貼以下三句看, 故疑大本之爲功用言. 然其本義

固不若此, 蓋天下至誠, 指聖人之德兼體用該本末者, 故章句以至誠無妄四字釋之, 而大經大本化育, 無不在於其中. 以自然功用四字, 言其功效, 而經綸立知之義, 亦無不在於其間. 朱子曰: 經綸是致和, 立本是致中. 然則中和是功用邪? 致是功用邪? 若知中和之非功用, 則必無此疑矣. 若必以大本作功用, 則所謂至誠者, 當何所止泊, 而所性之全體, 非至誠之體邪? 各盡其當然者, 非至誠之功用乎? 觀此則尤信其'至誠无妄'四字兼體用用大經大本者也. 但不言經綸立知, 則雖有大經大本, 而不知其功用之如何. 故更加此說以明之, 亦何疑大本之爲未發之中乎? 而況'功用'二字, 猶言'功效'也. 可以言於學者做工之效, 而亦可言於造化鬼神之迹. 故朱子於鬼神章小註曰: '功用只是論發見者, 如寒來暑往, 日往月來, 春生夏長皆是.' 然則鬼神造化, 亦著力用心, 而做得功用邪? 聖人, 體天者也, 豈有用心於立大本之時乎? 故先以自然二字, 著之於功用之前, 亦可見無所用心之妙也. 且'立'字, 本如建極之建, 初非用功處也. 問: 近見一先儒說, 尊德性, 謂之存養可也, 謂之行亦可也. 但此行'字, 只就身心上用功而謂之, 行不害其爲靜, 蓋行有二義, 言於致知之前者, 爲靜而存養, 言於致知之後者, 爲動而泛應, 靜與動雖不同. 但就身心上用功, 皆屬行之事云, 此言極似關緊, 願詳敎之. 【此說見『庸學指南』】 (答): 示諭一先儒, 不知何人. 弘初不見其說, 今以來問中數語考之, '知行'二字, 先儒雖分別動靜先後, 然知有內外之分, 行有體用之辨. 故知雖屬動, 而知之基未嘗無行之端, 行雖屬靜, 而行之用亦未嘗無動之本. 只就行之一邊有二義者論之, 自少學者, 譬如欲立柱者恐無基址. 人生八歲, 則皆入小學, 謹夫灑掃應對進退之節, 習夫六藝之敎, 以固其筋骸, 以養其本源, 以爲他日大學之基. 故朱夫子曰: 方其幼也, 不習小學, 則無以收其放心, 養其德性, 爲他日大學之本. 程子曰: 涵養須用敬. 【此則自少爲學者】 不幸過時而後學者, 誠能用力於此, 【言敬】 以進乎大, 而不害兼補乎其小云云. 陳北溪曰: 程子只說一箇主敬工夫, 可以補小學之缺, 蓋主敬工夫, 可以收其放心而立大本云. 【此則自少不學者】 今以此觀之, 早晩之學, 皆莫不由小學之功, 而小者之功, 亦莫不由行止容貌上做工, 而先立其大者也. 然則雖未及用力於格致, 而窮理之本在是焉. 雖未至踐履之實, 而踐形之端, 亦在乎此. 此則所謂行之言於致知之先者, 爲靜而存養也. 【收其放心, 尊其德性, 故曰'靜而存養'】 然而道有體用之殊, 德有動靜之分, 故『章句』曰: 反求諸身, 所存所發, 未能眞實而无妄. 陳定宇曰: 所存, 指靜而涵養時也, 所發, 指動而應接時也. 黃勉齋曰: 誠身是包『大學』誠正修, 心是所存, 意是所發. 北溪又曰: 齊明盛服, 亦一箇靜時工夫, 而齊明以一其內, 盛服以肅其外, 內外交相養. 朱子曰: 無體則無以行之, 無用則無所措也云云. 以此等語言之, 『大學』之正心, 『中庸』之戒懼, 『圖說』之正義, 『易』之敬以直內, 就力行一邊上主靜而言也. 『大學』之誠意, 『中庸』之愼獨, 『圖說』之中仁, 『易』之義以方外, 就力行一邊上主動而言也. 朱子曰: 必其體立而後用有以行, 則其實亦非有兩事也. 此行之兼動靜者然也. 然則靜與動雖不同, 而皆屬行之事, 若旣致其知, 轉脚於人鬼關頭, 因其知之之功而後及行, 動爲省察之地, 則心之危微, 意之邪正, 事之是非, 人之善惡, 無不察焉. 而實用其力, 務去求得, 以爲正心之本也. 朱子「答林伯和書」云: 爲老兄今日之計, 莫若以持敬爲先, 而加以講學省察之功云云. 省察之功, 與講學互相發明. 日用應接思慮隱微之間, 每每加察其善端之發, 慊於吾心而合於聖賢之言, 則勉勵而力行之, 其邪志之萌, 愧於吾心而戾於聖賢之訓, 則果決而速去之. 此則行之言於致知之後者, 爲動而泛應也. 大抵『小學』之功, 主行而達乎知, 非他力行上主靜之本歟? 『大學』之功, 自知而及乎行, 非他日力行上主動之端歟? 故一動一靜, 如陰陽之互還, 動而無無靜之時, 靜而無無動之時. 以知對行而言, 則知雖動, 而知有內外之分. 以行對知而言, 則行雖靜, 而行亦自有動靜之分, 不可以一端論之也. 世之論者, 觀小學涵養之工, 而不知爲致知之本. 觀格致之當先, 而不知爲省察之本, 則正心之爲行, 安知實本於涵養之工, 誠意之爲行, 安知非動用時出之頭乎? 象山之所以爲象山, 折其知之一翼故也, 釋氏之所以爲釋氏, 去其行之一輪故也, 不獨於行有體用工夫, 於知亦有內外之別也. 擇善明善皆知, 而擇者謂致察事物之理, 明者謂洞明吾心之理, 則擇是格物, 明是致知, 此爲行兼動靜, 知有內外之大略也. 雖然, 又有渾淪言之者. 朱子於「名堂室記」, 就『易』得其兩言曰: 敬以直內, 義以方外云云. 必以戒懼爲始, 然後得所以持敬之本. 必以格物爲先, 然後得所以明義之端. 蓋直內雖在於致知之後, 而爲行之靜底. 然致知之前, 未嘗無涵養之功, 故以戒懼爲持敬之本, 方外雖在於格物之後, 而爲行之動底. 然明義之端, 亦未嘗不本於格致之功, 此所以互相體用也. 且尊德性雖行, 而未嘗無兼動靜之功, 道問學雖知, 而亦未嘗無兼內外之功, 此之謂知行之各兼體用也. 第一條, '然則'以下, 亦自見文不達意, 筆拙語訥, 而未及改修. 今承砭敎, 幸甚. 義仲甫此條之說, 不背鄙說. 但語有詳略而已. 第若如其說, 則是道有二矣, 此非鄙人之意也. 花柳之證, 甚似分明, 而義仲非之, 恐是愚之所可也. 第二條, 義仲'沖漠無眹'止'妙用'之說, 與弘初見同, 而更詳看本文, 則黃氏曰: 至誠卽維天之命, 無息卽於穆不已. 看此則似與義仲大德妙用說合矣. 而'無息'二字, 用於體段處亦多, 恐不可專以妙用言也. 蓋大德之妙用, 只是小德之川流, 而於穆不已, 於體於用, 皆可言之, 恐不可只言用也. 第三條, 前日高明之疑, 言功用於本體未發之時, 故引朱子致中致和之說以明之, 蓋中和非用功, 致是功用也, 大經大本非用功, 經綸也立知也, 是功用也. 旣知大經大本之非功用, 則可知大本未發時之非功用矣. 義仲徒知功用之非著意用力之義, 而不知大本之非功用. 惟知功用之不害於大本未發之時, 而不知立之之自是功用也. 然則其所謂至誠之功效有下三者之云者, 可能破出高明之疑乎? 愚恐高明雖見此說, 而高明之惑, 猶未祛也. 請更以鄙意白之. 蓋天下至誠, 指其人而言, 而大經則外而言. 心之大用, 大本則內而言心之全體, 經綸立之, 方是功用也. 知化育, 卽經綸立之極功也. 故『章句』曰: 此皆至誠無妄, 自然之功用云云, 非以大經大本爲功用也, 此與首章中和之說相發. 朱子於『或問』, 已言之矣. 又以'建極'之建, 爲用功的, 非鄙人所嘗聞者, 前書鄙說, 不無此意, 而實出於辭不達意之病, 可歎. 第四條, 『庸學指南』, 向年龜巖印寄溪上, 先師一見過了, 而言於德弘曰:『大學』說, 恐全無所得者爲之,『中庸』說, 必有所得者爲之云. 厥後未得一目其書矣. 今觀此一說, 發前賢所未發, 而甚爲端的. 義仲非之甚刻, 恐未安也. 請枚擧以稟焉. 南君所謂方未未發'止'恐不是也'者, 專是斥先儒之說也. 所謂身兼作止, 心該動靜, 固也. 若就行之一邊上分動靜, 則固不可以身心用功, 偏謂之靜也, 若以對於身心上用功處言, 則知非屬於動歟? 身心上用功, 非屬於靜歟? 所謂思未萌思旣發者, 若就力行一邊存養省察處分動靜則可矣. 蓋以『小學』涵養之功, 對『大學』致知之功, 則涵養非靜, 而主靜之本, 未嘗不在於斯. 致知非動, 而感而應用之端, 亦未嘗不始於此. 至於未入『大學』之前, 身豈不運? 心豈不起乎? 其爲功也, 只以尊德性收放心爲主, 則是行底意思在靜底意思重, 故曰不害爲靜也, 而況'不害'二字, 其無斟酌之語意乎? 朱子曰: 雖下'靜'字, 元非死物. 然則豈可以靜爲死底物乎? 格致之時, 身心亦豈不止不定乎? 但其爲功, 窮天下之理, 而明吾心之知, 則只是知底意思在動底意思重, 故曰屬乎動也. 然則涵養非靜之體段, 而非靜之本乎? 格致非動之體段, 而非動之端乎? 不然, 朱子何以以居敬立本, 言於窮理致知之先, 而以培根爲小學乎? 所謂小子知思萌動, 實天性自然之良能, 君子之戒懼, 乃聖學始終之根本. 若如此說, 則小子有天性自然之良能, 不待矯揉之功, 而自能涵養心性也, 君子獨能戒懼, 而自餘皆不得戒懼也. 蓋天性良能, 少者長者皆有之, 戒懼之心, 君子小人皆所當有, 故『小學』之方, 必先以三節爲敎, 則此非戒懼之本乎? 又以涵養本原爲功, 則此非戒懼之根乎? 然則小子雖無存養之實, 而存養之

囝 살펴보건대, 쌍봉요씨가 "도는 성을 따르는 것을 말하니 천하가 함께 말미암는 것이다"라고 하였는데, 이제 이것을 가지고 그대를 위해 설명해 보겠습니다. 도는 길과 같습니다. 나면서부터 알고 편안히 행하는 성인도 이 도를 말미암지 않음이 없습니다. 애써서 알고 힘써 행하여 배우는 사람도 역시 이 도를 말미암지 않음이 없으니, 곧 이른바 '안다'는 것의 아는 것과 '행한다'는 것의 행하는 것을 '달도'라고 하는 것이 이 때문입니다. 그러나 행하는 것은 반드시 도가 앞에 있다는 것을 먼저 안 뒤라야 비로소 행할 수 있습니다. 그러므로 자사가 윗장의 천도와 인도의 극치를 통하여 장의 첫머리에 먼저 도체의 크고 작음을 언급하여 하학상달의 기준으로 삼아서 배우는 사람에게 당연히 가야 할 길을 보여 준 뒤에 덕을 닦고 도를 모으는 큰 단서에 대해 언급한 것입니다. 그렇다면 '양양준극'과 '삼천삼백'이 어떤 것이나 성인이 능한 일이

坏子, 未嘗不具於此. 先儒見得此坏子在是, 故云不害爲靜也, 豈可以動靜相資之實遽責之乎? 心皆屬行云云. 鄙說以爲心非行, 而正心非行乎? 且夫正心, 固不在於致知之先, 而正心之端, 亦未嘗不本於涵養. 蓋持敬非獨屬靜, 而必以戒懼爲本, 則戒懼非在致知之前乎? 旣在其前, 則涵養非戒懼之始乎? 明義非獨屬知, 而必以格致爲先, 則格致非明義之端乎? 旣有其端, 則應用時措之始, 不在於格致乎? 故朱子以小學爲培根, 以『大學』爲達枝, 知其根而遺其枝者, 非也. 索其枝而棄其根者, 亦非也. 若必如義仲之說, 則小大之學, 截然是二人事, 而根枝之學不相資貫矣. 此弘前書末端之意, 而不分知行, 渾淪動靜言之者也. 至若『正義』二字, 分屬於致知以後之動靜云者, 固弘之意也. 而義仲非之, 亦不詳考鄙說之故也. 二氏同一派云者, 義仲之見得矣. 然有些小不同意思在, 更詳之. '擇明'二字, 出於許東陽, 而其說見於誠者天道條下小註, 幸考之. 若'擇'字必於危微交雜之際, 而不及其他云, 則不合於東陽擇爲格物之說, 而又不合於朱子卽物窮理之說矣. '明'字必於講究善端而明之云, 則不合於東陽明爲致知之說, 而又不合於朱子全體大用無不明之訓矣. 太似支離不經義理之病, 義仲其能免乎? 知有內外之說, 不惟許氏言之. 朱子於『大學或問』已言之, 幸察之如何? 大抵凡看義理, 其所見, 若未發出言語文字外, 則如山川形勢, 隨步換形, 若在高橫看則成嶺, 在中側看則成峯, 隨所處而見有異. 義仲膠於知行一定之說, 徒知先後動靜之互爲其根, 而不知培根之功, 實存於未達枝之前. 愚恐自身未免墮落盧山中, 不見其眞面目之譏也. 若以弋獲之蟲, 必以爲魚魯之眩, 則朱子何必曰居敬以立其本, 窮理以致其知, 反躬以踐其實云乎?" 여기에서는 문답이 모두 있는 간재 이덕홍의 글을 인용하였고, (答)은 문답을 명확하게 보이기 위해 필자가 임의로 달아 놓았다.

아님이 없고, 초학자가 말미암아야 할 곳이 참으로 이 도가 아님이 없습니다. 이것이 장의 첫머리에서 도체를 말한 이유입니다.

게다가 『중용혹문』에서 "대체로 다섯 구절【바로 존덕성 한 구절】로 장 첫머리 도체의 크고 작음을 이어서 한 말이다. 그러므로 한 구절 안에 모두 크고 작은 두 의미가 갖추어져 있다. 덕성·광대·고명·고·후는 도의 큰 것이고, 문학·정미·중용·신·예는 도의 작은 것이다. 높이고, 말미암고, 극대화하고, 다하고, 지극하게 하고, 익히고, 알고, 돈독히 하고, 높이는 것은 이 덕을 닦아서 이 도를 모으기 위한 것이다"라고 하였으니, 이것은 또 이 한 장의 일관된 뜻입니다.

『중용장구』에도 "존덕성은 마음을 보전하여 도체의 큼을 다하는 것이요, 도문학은 앎을 극대화하여 도체의 세세함을 다하는 것이다"라고 하였습니다. 지금 이것으로 미루어 보면, 이른바 '양양준극'이란 도의 큰 것이 되고 '덕성' 이하 다섯 가지도 역시 도의 큰 것이며, 이른바 '삼천삼백'이란 것은 도의 세세한 것이 되고 '문학' 이하 다섯 가지 역시 도의 세세한 것입니다. 이것이 바로 장의 끝에서 수덕응도를 말한 까닭입니다. 그렇다면 장의 첫머리에서 비록 성도의 크고 세세함을 말했지만, 모두 처음 배우는 사람이 마땅히 행해야 길이니, 딱 잘라 이것을 천도라고 할 수 있는 것도 아니고, 장 끝에 비록 수도의 방법을 말하였지만 닦는 것 역시 모두 이 도이니 역시 딱 잘라 인도가 되는 것도 아닙니다. 어찌 준극의 지위가 하늘과 더불어 하나가 된다고 하여 배워서 이를 수 없겠습니까? 역시 이 한 장 안에서 선후가 일치하지 않는다고 해서 위에서 천도를 말하고 아래에서 인도를 말한 것이겠습니까?

일전에 율곡 이이가 도와 학의 차이를 묻자, 퇴계 선생께서 꽃을 보고 버들을 꺾는 것을 예로 들어 답하였는데, 꽃과 버들은 곧 도이고 보는 것과 꺾는 것은 곧 학입니다. 이미 꽃과 버들을 보았으면 저절로 볼 수 있고 꺾을 수 있는 이치를 갖추었으니, 그것을 보고 그것을 꺾는 것은 꽃과 버들을 떠나서는 이루어지지 않습니다. 그러므로 보고 꺾는 일을 말하는 사람은 반드시 먼저 꽃과 버들이 있는 곳을 말해야 하고, 보고 꺾는 것도 역시 꽃과 버들에서 비롯됩니다. 이것이 역시 이 장의 뜻이고 첫 장과 더불어 같은 뜻이니 다시 자세히 살펴보십시오.

㊌ '대덕돈화'는 지극히 고요하여 조짐이 없는 경지가 아닙니까? 『중용혹문』에서 "심오하여 그치지 않는 것은 큰 덕이 변화를 도탑게 한 것이다"라고 하였습니다. 대체로 그 이치를 형용할 수 없어서 '충막무짐'이라고 하고 그 이치가 순수하여 그치지 않아서 '오목불이'라고 한 것이 상하가 있는 것이 아닙니까?

㊎ 드러나는 것【함께 길러지고 함께 행해지는 것】으로부터 만 가지로 다른 현상이 하나의 근본이라는 원인을 추구하였기 때문에 '대덕돈화'라고 하였고, 은미한 것【무극】으로부터 무극의 오묘함을 형용했기 때문에 '충막무짐'이라고 한 것입니다. 그 이치는 비록 같아도 명명한 것엔 각각 주안점이 있는데, 만약 그 이치가 하나라고 하여 갑자기 '같다'라고 한다면, 아마 견강부회한다는 혐의를 면치 못할 것입니다. 그러나 마지막 장에서 무성무취로 드러나지 않고 공손함을 돈독히 하는 오묘함을 형용하였으니, '충막무짐'이 대덕의 경지가 아니겠습니까?

면재 황간이 "성은 유천지명이고, 불식은 바로 오목불이이다"라고 하였는데, 지금 이것을 가지고 본다면, 유천지명과 대덕은 곧 성이고,

오목불이와 돈화는 곧 불식입니다. 그 이치를 볼 수 없는 것을 충막이라고 하는 것은 그럴 수 있지만, 만약 오목불이를 순일하여 간단이 없다고 한다면 순수함은 단지 지성처이고 그침이 없는 것은 단지 불식처가 될 뿐입니다. 그렇다면 대덕과 오목불이가 비록 상하의 구분은 없더라도 참으로 형언하기 어려운 오묘함은 있습니다.

　　圖 32장 장구에서 "지극히 성실하고 그침이 없는 자연의 공용"이라고 하였는데, 대본을 세우는 것은 미발 가운데 조금의 사사로움이나 거짓이 없는 것을 말하니, 곧 본체가 서는 것이고 또한 마음을 써서 세우는 것이 아닙니다. 그런데 아울러 공용이라고 한 것은 무엇 때문입니까?

　　圖 편지에서 말한 의미를 자세히 살펴보니 아마 그대는 '지성무망' 4개의 글자를 장 첫머리의 천하지성에 붙이고, '자연공용'은 아래 세 구에 붙여서 보았기 때문에 대본이 공용이 된다고 의심하여 말하였지만, 그 본래의 뜻은 참으로 이와 같지 않습니다.

　　대체로 천하지성은 성인의 덕이 체용을 겸비하고 본말을 구비하고 있기 때문에 장구에서 지성무망 4개의 글자로 풀이하였으나 대경, 대본, 화육이 그 가운데 있지 않음이 없고, 자연공용 4개의 글자로 그 공효를 말했으나 경륜하고 세우고 안다는 뜻 역시 그 가운데 있지 않음이 없습니다. 주자가 "경륜은 화를 극대화하고 근본을 세우는 것은 중을 극대화한다"라고 하였는데, 그렇다면 중과 화가 공용입니까? 지극히 하는 것이 공용입니까? 중과 화가 공용이 아니란 것을 안다면, 반드시 이러한 의심은 없을 것입니다. 만약 반드시 대본을 공용으로 삼는다면, 이른바 '지성'이란 것이 마땅히 어디에 그쳐야 합니까? 본성에 간직하고 있는 전체가 지성의 체가 아닙니까? 각각 당연한 것을 다하는 것이 지성의 공용이 아닙니까? 이로써 본다면 지성무망 4개의 글자가 체용, 대경, 대본을 겸비하고 있다는 것을 더욱 믿을 수 있습니다. 단지 경륜하며 세우며 아는 것을 말하지 않으면 비록 대경과 대본이 있더라도 공용이 어떠한지 알지 못하기 때문에 다시 이 설명을 덧붙여서 밝힌 것인데 또 어찌하여 대본이 미발의 가운데가 된다고 의심합니까?

게다가 '공용' 두 글자는 '공효'라는 말과 같습니다. 배우는 이가 공부하는 효과에 대해 말할 수 있고, 또한 조화로운 귀신의 자취에 대해서도 말할 수 있습니다. 그러므로 주자가 귀신장 소주에서 "공용은 단지 발현되는 것을 논한 것이다. 추위가 오고 더위가 가며, 해가 가고 달이 오며, 봄에 나고 여름에 자라는 것이 모두 이것이다"라고 하였습니다. 그렇다면 귀신의 조화 역시 힘을 쓰고 마음을 써서 공용을 이룬 것입니까? 성인은 하늘을 체득한 사람이니, 어찌 대본을 세울 때 마음 씀이 있겠습니까? 그러므로 먼저 '자연' 두 글자를 공용 앞에 붙였으니 또한 마음을 쓰는 오묘함이 없다는 것을 알 수 있습니다. 또 '입'자는 본래 '건극'이라고 할 때의 '건'과 같으니 애초 힘쓰는 곳이 아닙니다.

🔲 근래 어떤 선유의 설을 보니, "존덕성은 '존양'이라고 해도 옳고 '행'이라고 해도 옳다. 다만 이 '행'자는 단지 몸에서 힘을 쓰는 것을 이른 것이니, 행이 고요함이 되는 데 문제는 없다. 행은 두 가지 의미가 있는데, 치지 앞에 말한 것은 고요하게 존양하는 것이고, 치지 뒤에 말한 것은 움직이며 응대하는 것이다. 정과 동이 비록 다르더라도 단지

몸에서 힘쓰는 것이기 때문에 모두 행의 일에 속한다"라고 하였습니다. 이 말이 매우 긴밀한 것 같은데 자세히 가르쳐 주십시오. 【이 설은 『용학지남』에 보인다.】

☷ 말씀하신 선유가 누구인지는 모르겠습니다. 제가 애초 그 설을 보지 못했기 때문에 지금 질문한 몇 마디만을 가지고 살펴보았습니다. '지행' 두 글자는 선유가 비록 동과 정, 선과 후로 나누었지만, 지는 안과 밖의 구분이 있고 행은 체와 용의 분별이 있습니다. 그러므로 지가 비록 동에 속하지만 지의 바탕이 행의 실마리가 되지 않은 적이 없고, 행이 비록 정에 속하지만 행의 쓰임 역시 동의 뿌리가 되지 않은 적이 없습니다. 다만 행 일면에 두 가지 뜻이 있는 것을 논하겠습니다. 어려서부터 배우는 자를 비유하면, 기둥을 세우려는 자가 터가 없는 것을 걱정하는 것과 같으니, 사람이 태어나서 8세가 되면 모두 소학에 들어가 쇄소응대진퇴의 절도를 근실하게 하고 육예의 가르침을 익혀 힘줄과 뼈대를 단단하게 하고 본원을 길러서 훗날 대학의 토대로 삼습니다.

그러므로 주부자는 "어릴 때 『소학』을 익히지 않으면 방심을 수습하고 덕성을 함양하여 훗날 『대학』의 근본으로 삼을 수 없다"라고 하였습니다. 정자는 "함양은 반드시 경으로 해야 한다. 【이는 어려서부터 배운 자이다.】 불행하게도 때를 놓쳤다가 배우는 이가 진실로 여기에 힘을 쓴다면 【경을 말한다.】 장대해지는 데 나아가서 그 작은 것을 아울러 보충하는 데 해가 되지 않는다"라고 하였습니다. 북계진씨는 "정자는 단지 하나의 주경공부가 소학의 부족함을 채울 수 있다고 말하였다. 대체로 주경공부는 놓쳐 버린 마음을 수습하여 큰 근본을 세울 수 있다"라고 하였습니다. 【이것은 어려서부터 배우지 않은 자이다.】

지금 이것을 통해 보면, 일찍 학문을 했거나 늦게 학문을 했거나 모두 소학공부를 말미암지 않음이 없고, 작은 공부가 역시 거동과 용모 공부를 말미암아 먼저 큰 근본을 세우지 않음이 없는 것입니다. 그렇다면 비록 격물치지에 힘쓰는 것을 언급하지 않았지만 궁리의 근본이 여기에 있고, 비록 실천하는 실질에 이르지 않았더라도 실천하는 단서는 역시 여기에 있습니다. 이것은 이른바 '행하는 것이 치지보다 앞서 있다'는 것이니, 고요한 상태에서 존양하는 것이 됩니다. 【방심을 수렴하고 덕성을 높이기 때문에 "고요하게 존양한다"라고 한 것이다.】

그러나 도는 체와 용의 차이가 있고 덕은 동과 정의 구분이 있기 때문에 『장구』에서 "자기 몸에 돌이켜 찾아봄에 간직한 것과 발하는 것이 진실하여 망녕됨이 없지 못한 것이다"라고 하였습니다. 진정우[3]는 "간직하는 것은 고요하게 함양할 때를 가리키고, 발하는 것은 움직이면서 응접할 때이다"라고 하였습니다. 면재 황간은 "성신은 『대학』의 성의, 정심, 수신을 포괄하는 것이고, 심은 간직한 것이고, 의는 발하는 것이다"라고 하였습니다. 북계가 또 말하기를 "재계하여 깨끗하게 하고 복장을 갖추는 것 역시 하나의 정할 때 공부이다. 재계하여 깨끗하게 하는 것은 그 안을 한결같게 하는 것이고, 복장을 갖추는 것은 밖을 엄숙하게 하는 것이니, 안과 밖을 서로 기르는 것이다"라고 하였습니다. 주자가 말하기를 "체가 없으면 행할 수 없고, 용이 없으면 시행할 곳이 없다"라고 하였습니다. 이를 가지고 말하면 『대학』의 정심, 『중용』의 계구, 『태극도설』의 정의, 『주역』의 경이직내는 힘써 행하는 한쪽 측면

---

3) 진정우: 元나라 때의 학자이다. 陳定宇는 陳櫟으로 자는 壽翁이다.

에서 정을 위주로 하여 말한 것이고, 『대학』의 성의, 『중용』의 신독, 『태극도설』의 중인, 『주역』의 의이방외는 힘써 행하는 측면에서 동을 위주로 해서 말한 것입니다. 주자가 "반드시 그 체가 선 뒤에라야 용이 행해질 수 있으니, 그 실제는 또한 두 가지 일이 있는 것이 아니다"라고 하였으니, 이는 행하는 것이 동과 정을 겸하기 때문에 그런 것입니다. 그렇다면 정과 동이 비록 다르지만 모두 행에 속하는 일입니다.

만약 이미 그 지식을 극대화하여 사람과 귀신의 관문으로 발을 돌려 앎의 공부를 통하여 실행에 옮겨서 동이 성찰의 경지가 되면, 마음의 위미, 뜻의 사정, 일의 시비, 사람의 선악을 통찰하지 않음이 없고, 실제로 그 힘을 써서 한편으로는 제거하기를 힘쓰고 한편으로는 구하여 얻기를 힘써서 정심의 근본으로 삼게 됩니다.

주자가 「임백화에게 답한 편지」에서 "노형을 위한 지금의 계책은 경을 유지하는 것을 우선으로 삼아 강학하고 성찰하는 공부를 더하는 것입니다"라고 하였으니, 성찰하는 공부를 강학과 더불어 서로 발명하여 일상생활에서 응접하고 생각이 은미한 사이에 하나하나 더욱더 살펴서 선의 단초가 드러남이 내 마음에 흡족하고 성현의 말씀에 부합하면 애를 써서 힘써 행하고, 사특한 단초가 싹틈이 내 마음에 부끄럽고 성현의 가르침에 어긋나면 과감하게 결단하여 빨리 제거해야 합니다. 이것은 행하는 것이 치지의 다음이라고 말한 것으로 동한 상태에서 널리 응하는 것이 됩니다.

대체로 『소학』의 공부는 행을 위주로 하여 지에 이르는 것으로 훗날 힘써 행할 때 정을 위주로 하는 단초가 아니겠습니까? 『대학』의 공부는 앎으로부터 행에 이르는 것으로 훗날 힘써 행할 때 동을 위주로 하는 단초가 아니겠습니까? 그러므로 한 번 동하고 한 번 정한 것이 음과 양이 서로 순환하는 것과 같아 동하지만 정함이 없는 때가 없고 정하지만 동함이 없는 때가 없습니다. 지를 행과 상대해서 말하면, 지가 동이더라도 지에 내외의 구분이 있고, 행을 지와 상대해서 말하면, 행이 비록 정이더라도 행 역시 동정의 구분이 있으니 하나의 단초로 논할 수는 없습니다.

세상에서 이를 논하는 사람들은 『소학』의 함양공부를 보면서도 치지의 근본이 되는 것을 모르고, 격치를 당연히 먼저 해야 함을 보면서도 성찰의 근본이 되는 것을 모르니, 정심의 행이 실제로는 함양공부의 근본이 된다는 것을 어찌 알겠으며, 성의의 행이 움직이고 작용할 때 때로 나오는 두서가 아니라는 것을 어찌 알겠습니까? 육상산이 육상산이 되는 까닭은 지에 해당하는 한쪽 날개를 꺾었기 때문이고, 석씨가 석씨가 되는 까닭은 행에 해당하는 한쪽 바퀴를 없앴기 때문입니다. 오직 행에만 체용공부가 있는 것이 아니고 지에도 역시 내외의 구별이 있습니다. 선을 선택하고 선을 밝히는 것이 모두 지인데 가리는 것을 사물의 이치를 자세히 살피는 것이라 하고 밝히는 것을 내 마음의 이치를 환하게 밝힌다고 하면 가리는 것은 격물이고 밝히는 것은 치지입니다. 이것이 행이 동정을 겸비하고 지에 내외가 있다는 것의 대략입니다.

그렇다고 하더라도 또 뭉뚱그려 뒤섞어 말하는 자가 있습니다. 주자가 「명당실기」에서 『주역』에서 두 마디를 얻어 "경으로 안을 바르게 하고, 의로 밖을 방정하게 한다"라고 하고, 반드시 계구로 시작을 삼은 뒤라야 지경의 근본이 되는 이유를 알 수 있고, 반드시 격물을 우선으로 삼은 뒤라야 명의의 단초가 되는 이유를 알 수 있다고 하였습니다. 대체로 직내가 비록 치지의 뒤에 있어서 행의 고요함이 되지만 치지의 앞에 함양의 공부가 없는 적이 없기 때문에 계구를 지경의 근본으로 삼았고, 방외가 비록 격물에 뒤에 있어서 행의 움직임이 되지만 명의의 단초가 역시 격치의 공부에 근본하지 않은 적이 없습니다. 이것이 서로 체와 용이 되는 이유입니다. 또 존덕성이 비록 행이지만 동정을 겸비한 공부가 없는 적이 없고, 도문학이 비록 지이지만 역시 내외를 겸비한 공부가 없는 적이 없습니다. 이것이 지와 행이 각각 체와 용을 겸비했다는 것입니다.

제1조, '연즉' 이하는 또한 스스로 문장이 뜻을 다 전달하지 못한 것을 알겠는데, 글씨가 졸렬하고 말이 어눌하여 아직 고치지 못했습니다. 지금 가르침을 받으니 매우 다행입니다. 의중 씨의 이 조목의 설은 나의 설과 어긋나지 않고, 단지 말에 자세함과 소략함이 있을 뿐입니다. 다만 그의 설대로라면 도에 두 가지가 있는 것이 되니, 나의 뜻이 아닙니다. 꽃과 버들로 증명한 것은 매우 분명한 듯한데 의중이 그릇되게 여기니 아마 내가 알 수 있는 것이 아닌 듯합니다.

제2조, 의중의 '충막무짐'에서 '묘용'까지의 설은 저의 처음 견해와 같았는데, 다시 본문을 자세히 보니, 황간이 "지극히 성실함은 곧 하늘의 명이고 그침이 없는 것은 곧 심원하여 그침이 없는 것이다"라고 하였는데, 이것을 보면 의중의 대덕묘용설과 부합한 듯합니다. 그러나 그침이 없다는 두 글자는 체단 측면에 쓴 경우가 역시 많으니 오로지 묘용이라고만 말할 수는 없을 듯합니다. 대체로 대덕의 묘용은 단지 소덕의 천류이면서 심원하여 그치지 않으니 체와 용에 모두 적용하여 말할 수 있으니, 아마 단지 용이라고 말할 수는 없을 것입니다.

제3조, 이전에 그대가 의심스럽게 여긴 것은 본체가 미발했을 때 공용을 말했기 때문에 주자의 치중과 치화의 설을 인용하여 밝혔던 것입니다. 대체로 중과 화는 공용이 아니고 지극히 하는 것이 공용입니다. 대경과 대본은 공용이 아니고 경륜하며 세우며 아는 것이 공용입니다. 대경과 대본이 공용이 아님을 이미 안다면 대본이 미발했을 때가 공용이 아님을 알 것입니다. 의중은 단지 공용이 뜻을 붙이고 힘을 쓰는 뜻이 아니라는 것만 알고 대본이 공용이 아님은 알지 못하였고, 오직 공용이 대본이 미발했을 때가 문제가 되지 않는다는 것만 알고 그것을 세우는 것이 절로 공용이란 것을 알지 못한 것입니다. 그러면 이른바 "지극히 성실함의 공효가 아래 세 가지가 있다"는 것이 그대의 의심을 깨뜨릴 수 있겠습니까? 나는 그대가 이 설을 보더라도 그대의 의혹이 여전히 제거되지 않을까 염려되어 다시 내 뜻을 말씀드리겠습니다.

대개 천하의 지성은 사람을 가리켜 한 말이고, 대경은 바깥이면서 마음의 대용을 말한 것이고, 대본은 안이면서 마음 전체를 말한 것입니다. 경륜하며 세우는 것이 바야흐로 공용이고, 화육을 아는 것이 곧 경륜하며 세우는 지극한 공입니다. 그러므로 『장구』에서 "이는 모두 지극히 성실하고 망녕됨이 없는 자연의 공용이다"라고 한 것은 대경과 대본을 공용으로 삼은 것이 아닙니다. 이것이 첫 장의 중화설과 더불어 서로 발명한 것으로, 주자가 『혹문』에서 이미 말했습니다. 또 '건극'의 건을 용공이라 한 것은 내가 전에 들어 본 것이 아니고, 지난 편지의 나의 설에 이런 뜻이 없지 않았으나 참으로 말이 뜻을 전달하지 못한 병폐에서 나온 것이니 한탄스럽습니다.

제4조, 『용학지남』은 지난해 구암 이정李楨이 간행하여 계상으로 부

쳤는데 퇴계 선생께서 한 번 보시고 나에게 말하기를 "『대학』에 관한 설은 아마 전혀 터득한 바가 없는 사람이 지은 것이고,『중용』에 관한 설은 반드시 터득한 것이 있는 사람이 지은 것이다"라고 하셨는데, 그 후로 한 번도 그 책을 보지 못했습니다. 지금 이 한 가지 설을 보니 전현이 드러내지 못한 것을 드러낸 것이 매우 분명하였는데, 의중이 심히 그르게 여긴 것은 온당하지 않은 듯합니다. 이에 대하여 하나하나 들어서 여쭙겠습니다.

남군이 이른바 '방기미발'에서 '공불시'는 오로지 선유를 배척한 설입니다. 이른바 "몸은 동작과 정지를 포괄하고 마음이 동정을 포괄한다"는 것은 본래 그렇습니다. 만약 행의 한쪽 측면에서 동정을 구분하면 실로 몸과 마음에 대한 공부를 꼭 '정'이라고 칭할 수 없지만, 지를 몸과 마음의 공부에 상대하여 말한다면, 지가 동에 속하지 않겠으며, 몸과 마음에 대한 공부가 정에 속하지 않겠습니까? 이른바 '사려가 아직 싹트지 않음'과 '사려가 이미 싹틈'이라는 것을 만약에 역행 일변의 존양성찰 하는 곳에 나아가 동정을 구분한다면 괜찮습니다.

만약 『소학』의 함양하는 공부를 『대학』의 치지공부에 상대시키면 함양이 정이 아니지만 주정의 근본이 여기에 있지 않은 적이 없고, 치지가 동이 아니지만 감응하는 단초가 역시 처음부터 여기에 있지 않은 적이 없습니다. 『대학』에 들어가기 전이라도 몸이 어찌 움직이지 않으며 마음이 어찌 일어나지 않겠습니까? 그 공효는 단지 존덕성과 수방심을 위주로 하니, 이 행의 의미는 정에 비중이 있습니다. 그러므로 정이 되는 것에 문제가 없다고 한 것입니다. 더욱이 '불해' 두 글자에 어찌 짐작한다는 뜻이 없겠습니까? 주자가 "비록 '정'자를 썼으나 원래 죽은 물건이 아니다"라고 하였으니, 그러면 어찌 정을 죽은 물건이라고 할 수 있겠습니까? 격치할 때에 심신 또한 어찌 그치지 않고 안정되지 않겠습니까? 다만 그 공효가 천하의 이치를 다하고 내 마음의 지식을 밝힌다면 단지 지의 의미가 동의 의미에 무게가 있으니 동에 속한다고 한 것입니다. 그러니 함양이 정의 체단이 아니고 정의 근본이 아니겠습니까? 격물이 동의 체단이고 동의 단서가 아니겠습니까? 그렇지 않다면 주자가 어찌 반드시 거경과 입본을 가지고 궁리와 치지의 앞에 말하여 뿌리를 배양하는 것을 『소학』으로 삼았겠습니까?

이른바 "소자의 생각이 싹트고 움직인다"는 것이 참으로 타고난 성품의 자연스런 양능이고, 군자의 계구는 바로 성학의 처음과 끝의 근본입니다. 이 말과 같다면 소자는 타고난 성품의 자연스런 양능이 있어서 바로잡아 주는 공부를 하지 않더라도 절로 심성이 함양될 것이고, 군자만 계구를 할 수 있고 나머지 다른 사람은 다 계구를 하지 못하는 것이 됩니다. 대개 천성인 양능은 어린이와 어른에게 모두 있고, 계구하는 마음은 군자와 소인이 모두 마땅히 있는 것입니다. 그러므로 『소학』의 방법에 반드시 먼저 삼절로 가르침을 삼으니, 이것이 계구의 근본이 아니겠습니까? 또 본원을 함양하는 것으로 공효를 삼으니, 이것이 계구의 근본이 아니겠습니까? 그러면 소자가 비록 존양하는 실질이 없더라도 존양의 날기와가 여기에 갖추어지지 않은 적이 없습니다. 선유가 이 날기와에서 터득한 것이 여기에 있습니다. 그러므로 정이 되는 것에 문제가 없다고 한 것입니다. 어찌 동과 정이 서로 바탕이 되는 실상을 가지고 갑자기 요구할 수 있겠습니까?

마음은 모두 행에 속한다고 하였는데, 나의 설은 마음이 행이 아니고 정심이 행이라고 여깁니다. 또 정심은 본래 치지보다 앞에 있지 않으나 정심의 단서는 역시 함양에 근본하지 않은 적이 없습니다. 대개 지경이 정에 속하지만은 않지만, 반드시 계구를 근본으로 삼으면 계구가 치지의 앞에 있는 것이 아닙니까? 이미 그 앞에 있다면 함양이 계구의 시작이 아니겠습니까? 명의가 오직 지에 속하지만은 않지만, 반드시 격치를 우선으로 삼으면 격치가 명의의 단서가 아니겠습니까? 이미 그 단서가 있다면 응용하고 조치하는 시작이 격치에 있지 않겠습니까? 그러므로 주자는 『소학』으로 뿌리를 배양하고 『대학』으로 가지를 뻗게 하였으니, 그 뿌리만 알고 가지를 버리는 자는 그릇된 것이고, 가지만 찾고 뿌리를 버리는 자도 역시 그릇된 것입니다. 만약 의중의 설대로면 『소학』과 『대학』이 딱 잘려서 두 사람의 일이 되고 뿌리와 가지의 학문이 서로 바탕이 되고 관통하지 않을 것입니다. 이것이 내가 지난 편지 마지막 단락에서 말했던 뜻이고 지와 행을 나누지 않고 동과 정을 혼합하여 말했던 것입니다. '정의' 두 글자의 경우는 치지 이후의 동정에 나누어 소속시켜야 한다는 것이 본래 나의 뜻입니다. 그러나 의중이 그르다고 여기니 또한 나의 설을 자세히 살피지 않았기 때문입니다. 두 사람이 동일한 맥락이라고 한 것은 의중의 견해가 옳습니다. 그러나 약간 다른 뜻이 있으니 다시 살펴주십시오.

'택명' 두 글자는 허동양에게서 나왔으나 그 설이 '성자천도' 조목 소주에 보이니 상고하기를 바랍니다. 가린다는 '택'자가 반드시 위태롭고 은미함이 서로 섞이는 때이고 다른 것에는 미치지 않는다는 것이라면 동양이 가리는 것이 격물이 된다는 설에 부합하지 않고, 또 주자가 사물에 나가 궁리한다는 설에도 부합하지 않습니다. 밝힌다는 '명'자가 반드시 선의 단초를 강구하여 밝힌다는 것이라면 동양이 밝히는 것을 치지로 삼은 설에 부합하지 않고, 또 주자의 전체와 대용이 밝지 않음이 없다는 가르침에도 부합하지도 않습니다. 너무 지루하고 의리를 따르지 않은 병폐를 의중이 면하겠습니까? 지에 내외가 있다는 설은 오직 허씨만 말한 것이 아니고 주자가 『대학혹문』에서 이미 말했습니다. 부디 자세히 살피는 것이 어떻겠습니까?

대체로 의리를 볼 때 본 것이 언어와 문자에서 벗어나지 않는다면, 예를 들어 산천의 형세가 걸음을 옮길 때마다 달라지는 것과 같아서 만약 높은 곳에서 가로질러 보면 고개가 되고 가운데서 기울여 보면 봉우리가 되어 처한 곳에 따라 보이는 것이 다릅니다. 의중은 지와 행이 일정하다는 설에 얽매어 한갓 선후와 동정이 서로 근본이 된다는 것만 알고 뿌리를 배양하는 일이 실제로 가지가 뻗기 이전에 있다는 것을 모릅니다. 스스로 여산 가운데에 떨어져서 진면목을 보지 못한다는 기롱을 면하지 못할까 염려됩니다. 주살에 잡힌 벌레라고 반드시 '어'자와 '노'자도 구분하지 못한다고 여겼다면, 주자가 어찌 반드시 "거경하여 그 근본을 세우고 궁리하여 그 지식을 극대화하고 반궁하여 그 실질을 행하라"라고 했겠습니까?

3. 「유청량산록」[4]

풍악(금강산)은 우리나라의 명산이지만, 세상에서 '산'을 말하는 사람들은 청량산을 소금강이라고 하고 그에 버금간다고 여긴다. 대개 웅장하고 큰 기세와 변화를 헤아릴 길이 없는 점에 있어서는 본래 미치지 못하는 바가 있지만, 그러나 골격이 기이하고 높이 솟아 간혹 닮은 점이 있기도 하다. 그러므로 군자들 가운데 이 산을 유람하는 자들은 모두 아끼는 바가 있어 감히 소홀히 대하지 못한다. 나는 이 산 가까이에서 태어났는데 하루도 안 되어 닿을 거리에 있었다.

---

4) 『松巢先生文集』, 권3, 「遊淸涼山錄」, "楓岳爲東國之名山, 而世之稱山者, 以淸涼爲小金剛而亞於彼. 蓋雄奇大勢, 變化莫測, 固有所不及, 而骨骼奇峭, 或勢髣焉. 故君子之遊於斯者, 咸有所愛而不敢忽, 余生近此山, 無一日之程. 而幼無所知, 壯多疾病, 跂望跬步, 徒勤岷嶺之想者, 忽忽十餘年. 歲乙亥孟冬, 始計計, 以爲村裏坐, 已多壞了. 盍一出以豁鈍滯, 且入靜界, 坐得數箇月, 非保養病身之得耶? 二十二日, 辭父母. 前二日, 月川師丈適訪, 是日得以侍行, 小子之幸也. 午抵月川, 令喫午飯而過. 侍坐思庵, 語及慈湖楊敬仲祇程朱. 羅整庵固非之, 而一生之學, 實乃陰壞程朱之道. 其言陽似尊之, 而內則不然, 是何耶? 是欲視程朱爲自己以下人, 欲置其身於程朱以上也. 噫, 孔孟之後, 義理之學, 至程朱無餘蘊. 生乎其後者, 但當謹守其言, 而用力焉, 則自有所至矣. 豈必妄生他見以至此乎? 且凡所見, 不一於程朱之說, 或有所不同者, 固矣. 今乃外尊內詆, 此是何所見? 而處心不可曉, 愚者之不及已矣, 智者之過, 乃如此, 豈非慨也? 向夕別, 退與同行二友, 策馬, 到浮浦橋. 北望天淵臺, 愴然有高山仰止之思. 陶山新院創立, 已踰年, 而余積病不能見. 今行, 計欲歷見, 同行輩, 皆欲由平路, 迤邐入山, 故不得遂. 待歸時, 直由山洞口, 而下過之. 過東村, 訪金雲夫, 不遇. 日暝, 投宿磊田嶺底店舍. 夜半, 新雪亂飛, 臥想明朝入山, 更添一奇事, 有詩一絶云'孤店亂山間, 境深元自別, 夜半新雪飛, 明朝更奇絶.' 二十三日, 晨食, 踏雪踰磊田嶺. 路滑不能行, 或舍馬而步. 北行三四里, 西望退峴, 卽山之右支也. 雪沒不得逞, 躑躅之際, 忽見一衲, 自犬山路而至, 乃山中住名慶喜者, 卽令前導上峴. 暫入村民家秣馬, 遂踰峴. 出沒林磵中數里, 過山城洞. 俗傳昔人禦亂之地, 至今城闕之基宛然. 噫, 上世分裂, 或有避亂深入如此者, 民物之困可想. 至今遺地變爲荒莽之區, 而民尙未見其安. 困民之道, 豈必兵革耶? 自此西轉, 見南山一峯, 峙然團起, 卽山之眼而爲擁衛者. 周愼齋以祝融名之, 豈以其在南耶? 亦或取乎'三杯濁酒, 飛下祝融'之氣像也. 遂緣山麓而上, 漸向西進, 步步益高. 仰視淸涼數寺, 若懸空中, 卽山之東面也. 進步金塔峯南脚, 忽見裏面. 西邊絶壁千丈, 如揷玉屛風者, 卽蓮花峯而舊名義相者也. 東邊屹峙, 層壁又層, 雄重見壓者, 卽金塔, 而其名蓋以其形似也. 北望攢立並峙, 若揷雲間, 崒嵂端峋, 尖峭削出, 若不可犯者, 卽鷺雪硯筆諸峯, 蓋山之絶頂也. 歷賞文中臺數庵, 入蓮臺寺坐地藏殿. 三四僧輩, 以詩軸來示, 間多先師手迹. 且記先師嘗遊賞文庵雪中之詩, 次朱夫子'馬上'韻, 雪山如昨, 人不可見, 余安仰耶? 自是曰甚寒列, 縮坐不能出連數日. 二十六日, 出步寺前月臺, 仰望諸蘭若, 隱見巖壁間, 疑非凡跡所能到也. 蓋蓮臺一寺, 爲一山之巨刹, 而正當山腹. 蓮花金塔二峯, 壁立左右, 祝融峙南爲眼, 月臺南臨洞口, 其方位不偏, 而爲最下. 來遊此山者, 必始於此, 自卑之理, 固其宜也. 吾輩欲以是日登覽諸刹, 而寺僧勸待風定. 二十七日, 蚤食, 與同遊理鞋杖. 僧性天導之, 先向淸

涼外面, 更歷中臺古道諸菴. 菴中有古道禪師眞, 寺僧相傳得道, 不知師之所得者何如. 而果得悟見, 如渠家之法, 亦何益於事耶? 東轉攀石逕, 卽金塔下層也. 登般若臺, 危臨百丈. 少東得一泉, 貯淸巖竇, 號爲聰明水. 若果飮此, 發其聰明, 聰明之性, 可不稟於天, 而得於此矣? 抵致遠菴, 菴壁見先師甲子遊山時題名, 諸丈十餘人與焉. 景仰悲悅之餘, 又歎余之晩生, 不得參侍杖屨, 以見山中勝事也. 次登克一菴, 淨室無僧. 坐久出由小梯登窟. 大巖中虛上覆, 而通左右, 可坐十餘人. 菴舍半入巖底, 窟有風穴, 奇詭不可狀, 蓋山中絶奇處也. 古傳孤雲讀書之處, 是非不可詳, 亦或異境當有異人遊也. 噫孤雲千載事, 雖不可信, 而至今指以爲遺跡所在, 蓋非偶然. 先師之遊, 乃在十數年前, 名字宛然, 豈非玆山之幸而後來者之所大感耶? 下歷安中, 至上下淸凉寺. 寺後絶壁上戴一石, 僧輩稱其勁, 恨余不得試之也. 回入內面, 歷前所過, 北由巖逕, 而進到金生窟. 巖壁壓倒, 氷瓜揷空, 有若玉虹下垂, 可謂奇特也. 古傳以爲金生所遊, 安知其非是耶? 諸君皆登金塔峯, 僕獨與天師過上下大乘, 觀文殊寺. 傍石泉寺重營, 未及丹艧. 至普賢菴小坐, 壁上有惺齋琴上舍以‘入山無益, 自爲歎戒’之語. 下錄先師甲子之遊, 有壁上看君興歎語, 此心何窘與君同’之句. 吁, 學者之事, 只在自己功力之如何, 固不問其所處, 上舍之意固然. 若余病憒無似, 雖得入在靜中, 實無一分功力, 他日出山, 固將不免爲舊時人物, 寧不惕惕耶? 待諸君至, 西出中臺上, 聘目南對祝融. 地位正中, 蓋自下而上, 此爲一山之牛, 故臺謂之‘中’也. 巖路凍滑, 僅入夢想菴. 出由元曉, 攀磴魚貫而上. 菴窟深可丈許, 高可立矼. 中有冷泉一泓, 淸澈甚潔. 吾輩渴甚, 掬氷以嚼之. 東轉得一菴, 卽元曉. 義相元曉, 皆羅代高僧, 而蓮花舊名及此菴, 乃以二僧之名名之, 豈其所遊歷耶? 壁上有周武陵乙巳題名, 先生建院基川, 以創尊賢盛事. 又快方外之遊, 以發詠歸之趣, 衆峯大號, 皆先生所命云. 遺風所擊, 可爲興起也. 金芝山亦同是遊, 後有‘憶昔從師登陽日, 回頭往事杳飛鴻’之句, 而今亦不在於世. 數十年前之事, 已爲古人陳迹, 歲月推遷, 不可停息, 安得如此山之長存, 以盡無竆之世變耶? 上滿月臺, 先到白雲庵. 當在下面, 自以爲所處之不卑, 及登上面, 一步更高一步, 在下而仰望之者, 今皆俯而視之. 自此以上, 所處當益高, 所見當益異於前矣. 恨余病眩蒙暗, 且無羽翼, 不能飛上十二峯頭, 快視千萬里外, 以豁我胷中襞積之累也. 蓋此山左右粧護, 脉絡不亂, 故觀者易以領略. 若所見之濶, 則必登絶頂, 然後得之. 山外, 又多有峯巒寺刹可觀, 而余皆以病未能遍見, 何時可得畢耶? 菴僧克浩案中有『蒙山法語』, 余取而暫視之. 信乎似是而非, 近理而亂眞者也. 回下滿月菴喫水飯, 日暮直下. 十一月初二日, 達夫叔舅, 率健僧二三, 獨上絶頂, 遍覽而下. 自謂所見比前日大勝, 僕以病不得同登. 初六日, 與諸君移寓文殊. 涵輩寓普賢. 僕頻往來, 愛其靜也. 兩菴間有瀑布懸氷, 或玉落琮琤, 絶可愛. 是日得聞親庭皆安. 十一日, 遇一陽之復, 先賢之說, 以爲至靜之中, 有動之端焉, 是乃所以見天地之心, 所謂天地之心者, 卽生物之心也. 其動也本乎靜之極, 而其端至微. 自微而浸盛, 以至生育萬物而極, 始動之幾, 其妙矣乎? 以人心言之, 以不昧之知覺, 接事物無竆之變, 而品節不差者, 卽此理也. 雖然, 天地無心, 故其靜而動, 動而靜者, 自相代而順其自然之理. 人爲有欲, 其能發而中節者, 難矣. 然其本體之明, 自未嘗息, 而善端之復, 有灼然可見者. 因此以用力焉, 庶幾不失其爲人之道矣. 嗚呼, 此爲天下義理之原, 而聖賢之所嘗拳拳示人者, 亦特詳於此. 吾友舊嘗以是說勉之, 其敢忘耶? 是日陰黑, 向夕雪霰亂飛, 洞壑黯黮, 夜大風振山. 僕苦上熱, 竟夜臥不安. 十五日, 移宿普賢菴, 取獨處調安也. 是夜月明如晝, 萬壑無聲, 有一句云‘明月滿山無與語, 夢中勞覺見孤雲’. 十八日, 要更觀金生窟, 與諸君偕往, 痛飮懸氷. 十九日, 終日微雨, 衆峯半沒雲中, 白雲僧克浩來見, 語及三十三天重重累疊云. 天者一而已矣, 豈有三十三之多耶? 然人無正知見者, 驟聞爾言, 或未有不以爲然者, 豈不可懼

그러나 어렸을 때는 이 산에 대해 아는 바가 없었고 자라서는 질병
이 많아 발꿈치를 들고 가까운 거리에서 바라볼 뿐 그저 민령[5]에 대한

耶? 二十日, 朝間微霰亂飛, 大風終日不止, 得親庭書, 聞弟生是夜還宿文殊. 二十一日, 風不
已, 掀簸巖谷, 若萬霹靂之激鬪, 是夜還宿普賢. 二十二日, 午前微雪, 林壑改色, 午後雪晴, 風
又作. 僕發眩卧調, 是夕醫僧天玉來, 得金後凋書. 二十三日, 風稍止. 諸君以文殊高寒, 不可久
處, 欲還寓蓮臺, 乃山下. 諸君寓地藏殿, 僕獨寓中臺. 是日, 性天自府中來, 得叔晦及彦晦兄
書. 庵僧性一年幾八十, 尙坐禪不寐, 危坐竟夜, 且誦佛書, 有遮莫閑遊失好時之語云. 噫, 吾
輩之志吾事者, 有能耐득辛苦, 老而不倦如爾者乎? 且彼以萬理皆空爲極致者, 亦必及時爲, 不
宜虛過, 況吾輩欲有分寸實得, 庶不遠於古人之門庭, 而可以放過日月, 不汲汲於用力耶? 二十
四日, 達夫叔舅及啓甫來話, 蓮臺老僧數三輩亦來見. 二十五日, 余問一師云'渠欲速見性乎', 師
曰不然. 道理本公. 若有欲速之心, 只是私也, 終不可成云云. 噫, 師之言是也, 況在吾家之事,
可以期速效而有助長之心耶? 舍而不芸者, 旣不可言, 而揠之使長, 實古今學者之通患, 豈不大
可戒耶? 且偶思之, 緇髡之輩, 其有知識者, 蓋鮮焉, 而能謹守其家之法, 欲求其道者比有之. 學
吾道者, 雖以英資美質, 可以大有所成就, 而鮮有尋省本分內事, 以從事於古人之所爲者, 而或
多賤棄吾家防範, 必欲壞之者, 何歟? 蓋彼無所逐於外, 而此有利名以誘之, 貧賤以撓之, 其志
有所憖於外慕故耳. 吾輩若無志, 已矣, 若欲有爲, 則斬斷名利底心計, 必取尤美之熊掌, 乃其
第一用力處. 上蔡鸚鵡之譏, 豈不重可畏乎? 而白雲江湖之湛然, 可復爲草憂春雨之態耶? 二十
六日, 因感冷不平, 終日擁衾, 因白雲僧正安得金達遠書. 二十七日, 自曉雪下, 終日不止. 大乘
老衲祖敏來見, 有雲間瑤迹一僧歸之句. 二十八日, 雪晴, 瓊峯沒雲, 玉樹滿壑, 間見松檜蒼然,
絶觀也. 白雲滿月僧數三輩來見, 對語移時乃去. 二十九日, 僕初欲久留山中, 以待春和然後出.
旋念山甚高寒, 病眩不宜久處, 欲下山計. 適驪僕入來, 家君令速出下, 啓甫亦欲與余同下.
趁曉先出, 僕顧戀山中, 以為十分眞境, 固非塵跡之所宜長住, 而造物者, 亦不許其爲我有耶?
病客於山久渴不見, 旣見之後, 亦不得遍識山之面目. 忽此匆匆, 不得久於此, 以得一分淸壑氣
像, 濯一分舊習之累, 信乎此身不可使之爲上面人物, 而舊習纏繞, 終未可解脫耶? 日午別達夫
叔舅, 踏雪下山. 出洞口, 躡水渡江. 僧性聞寶月追送. 暫憩江岸, 仰見江上, 層壁疊繞山腰. 僧
輩指兩壁間, 爲金剛窟所在, 蓋在山中, 不知有水, 至此西面, 乃有臨水絶勝. 擧一山而評之, 則
高絶在於裏面, 而水石之奇, 金剛窟獨有之矣. 具栢潭詩云'淸凉西面丈人峯, 石室煙霞閉半空,
乘興擬尋春壑去, 一江流水落花紅'. 蓋想春江泛紅之時, 乃爲絶景也. 過村店下行, 回望丈人諸
峯, 九回首而不能去也. 始欲直沿江而下, 歷探水石, 過陶山新院, 而雪路甚凍, 病難踏險. 日
暮, 投溫溪北孤山小寺, 吳君濆來見同宿. 三十日, 蓐食, 行過宣城, 北望山面, 有風雲無盡趣,
逸氣更飄揚之句. 日午, 歸省. 嗟乎, 人之爲學, 在自己用力而已, 固無待於外物以發其志, 而
古之君子, 於山於水, 皆有所樂者何哉? 孔子之於泰山, 朱子之於南嶽, 其所以發其蘊奧者, 固
不可勞髴識也. 嘗見曺南冥「遊頭流錄」, 有入名山者, 誰不洗濯其心, 而畢竟君子爲君子, 小人
爲小人', 可見一曝無益之語, 老先師評之以爲至論. 余之於山, 固無一分之得, 而探諸胷中, 則
或無有前日所未有者, 蓋亦一曝之効也. 若於此後, 棄前日洗濯之功, 趁下流而不知恥焉, 則豈
不於山爲有愧, 而亦爲諸老先生之罪人矣? 是所大懼. 妓錄山中所歷, 曁兹遊首末, 秘之巾衍,
以見今日之志而以爲勉焉. 苟爲小人之事, 有如此錄."
5) 민령: 岷山을 말하는데, 민산은 본래 蜀郡에 있고 강수의 발원지로 알려져 있어 강물

생각이 간절했던 것이 어느덧 십여 년이나 되었다. 을해년(1575) 초겨울 비로소 결심을 하였다. 촌구석에 오래 눌러앉아 있으니 이미 몸과 마음이 많이 상했다고 여겼기 때문이다. 어찌 한번 밖으로 나가서 막히고 답답한 마음을 펼치고, 또한 고요한 곳에 들어가 몇 개월을 앉아 있으면 병든 몸을 보양하는 데 이득이 되지 않겠는가?

22일 부모님께 하직 인사를 드렸다. 이틀 전 월천 조목 선생께서 찾아오셨는데, 이날 가시는 길을 모실 수 있게 되었으니, 나로서는 다행스러운 일이다. 한낮에 월천에 도착하였는데 선생께서는 점심을 들고 가도록 하셨다. 사암 선생6)을 모시고 앉았는데 대화를 나누던 중 자호 양경중7)이 정자와 주자를 헐뜯은 것에 대한 말이 나왔다. 정암 나흠순8)이 이미 이를 비난하였으니 자호의 일생의 학문은 실로 정주의 도를 남몰래 무너뜨리려는 것이었다. 그의 말은 겉으로는 정주를 존경하는 듯하지만 속으로는 그렇지 않으니, 이는 어째서인가? 이는 정주를 자신보

　의 발원지가 있는 산이면 모두 민산이라고 부르기도 한다.
6) 사암 선생: 思菴 朴淳(1523~1589)의 자는 和叔이고 호는 思菴·思庵淳·殷山郡事·青霞子이고 당호는 拜鵑窩·二養亭·淸冷潭·蒼玉屛이고 본관은 충주이며, 시호는 文忠·忠愍이다. 조부는 성균관사 朴智興, 부친은 右尹 朴祐, 모친은 생원 棠岳金氏 孝碩의 딸이며, 기묘명현 목사 朴祥의 조카이다. 화담 서경덕의 문인으로, 퇴계 이황·율곡 이이·우계 성혼·고봉 기대승·송강 정철 등과 교유하였으며 『困齋愚得錄』을 쓴 鄭介淸의 스승이다.
7) 자호 양경중: 남송 때의 학자 楊簡(1141~1226)의 자는 敬仲이고 慈湖先生으로 불렸다. 육구연과 사제 관계를 맺었으며 주희의 추천을 받은 적이 있다. 저서로『慈湖遺書』와『楊氏易傳』등이 있다.
8) 정암 나흠순: 羅欽順(1465~1547)의 자는 允升이고 호는 整菴으로 중국 강서성 길주 태화 사람이다. 1493년 진사에 급제하면서 승진을 거듭하여 이부상서에까지 이르렀다. 그 사이 잠깐 禪사상을 접했지만, 후에 그것이 옳지 않음을 깨닫고 주자학에 철저히 몰두했다. 理보다도 氣를 주장, 마음의 수양을 무시한 궁리는 없다고 하는 주자학의 새로운 경지를 열었다.

다 아랫사람으로 보고 자신을 정주보다 위에 두고자 하였기 때문이다.

아, 공자와 맹자 이후로 의리의 학문이 정주에 이르러 남김없이 밝혀졌다. 그들보다 뒤에 태어난 자들은 그저 마땅히 그 말을 삼가 지키고, 이에 힘을 쓴다면 저절로 이르는 바가 있게 될 것이다. 어찌 망령되이 다른 견해를 보여 이러한 지경에까지 이르게 한단 말인가? 또한 무릇 자신의 소견이 정주의 설과 일치하지 않아 간혹 같지 않은 바가 있는 것은 있을 수 있는 일이다. 그러나 지금과 같이 겉으로는 받들면서 속으로는 헐뜯는 것은 어떠한 소견인가? 마음으로 깨닫지 못하여 우매한 자들이 이에 미치지 못한다면 그만이지만, 아는 자들이 이와 같이 잘못을 저지른다면 어찌 개탄할 만한 일이 아니겠는가?

저물녘이 되어 작별하고 물러 나와 동행하는 두 벗과 말을 몰아 부포교에 이르렀다. 북쪽으로 천연대를 바라보니 슬픈듯 고산앙지의 생각[9]이 들었다. 새로 지은 도산서원은 건립한 지 이미 한 해가 지났건만 나는 오랜 병 때문에 와서 볼 수 없었다. 이번 여행의 계획에서는 두루 살펴보고자 하였으나 동행하는 친구들이 모두 평탄한 길을 따라 멀리 돌아서 산으로 들어가고자 하였기 때문에 계획을 이룰 수 없었다. 돌아올 때는 곧장 산의 동네 입구를 거쳐서 아래로 지나왔다. 동쪽 마을을 지나다가 김운부[10]를 찾아갔으나 만나지 못하였다. 날이 저물어 뇌전

---

9) 고산앙지의 생각: 『시경』 「소아 · 차할」에 "저 높은 산봉우리 우러러보며, 큰길을 향해 나아가노라"(高山仰止, 景行行止)라고 하였다.

10) 김운부: 金啓(1528~1574)의 자는 晦叔이고 호는 雲江이며 본관은 扶安이다. 사온서직장 金懷允의 증손으로, 할아버지는 정언 金直孫이고 아버지는 金錫沃이며 어머니는 辛仲粹의 딸이다. 1573년 병조참지가 되었으며, 중국어에 능통하여 승문원 부제조로 발탁되었다. 이어 황해도 관찰사, 공조참판이 되었으며, 강관으로서 퇴계 이황 · 하서 김인후 · 고봉 기대승 · 율곡 이이 등과 도의를 강론하였고, 문무를 겸비하였다.

령 아래 여관에 투숙하였다. 한밤중에 첫눈이 어지럽게 날리므로 누워
서 내일 아침 산에 들어갈 때 또 한 가지 기이한 일이 더해지겠다고
생각하고는 절구 한 수를 지었다.

어지러운 산속에 외딴 여관	孤店亂山間
지경이 깊으니 절로 별세계	境深元自別
한밤중 첫눈이 날리니	夜半新雪飛
내일 아침이면 더욱 절경이리	明朝更奇絕

23일, 이부자리에서 아침을 먹고 눈을 밟으며 뇌전령을 넘었다. 길
이 미끄러워 갈 수가 없었어서 간혹 말에서 내려 걷기도 하였다. 북쪽
으로 3~4리를 가자 서쪽으로 퇴현이 바라다 보였는데, 바로 산의 오른
쪽 줄기이다. 눈 속에 빠져 길을 찾지 못하고 머뭇거리고 있을 때, 문득
한 승려가 재산의 길로부터 오는 것을 보았다. 그는 산속에서 살며 이
름은 '경희'라고 하는 이였는데 그로 하여금 앞길을 안내하도록 하였다.
  잠시 고개를 올라 마을에 들어가 민가에서 말에게 꼴을 먹이고, 드
디어 고개를 넘어갔다. 숲과 계곡을 나왔다 들어갔다가 하면서 몇 리에
걸쳐서 산성을 지나갔다. 마을 사람들이 전하기를 옛날 사람들이 전란
에 대비하기 위해 만든 곳이라고 하는데, 지금도 성곽의 터가 완연히
남아 있다. 아, 상고시대에는 나라가 갈라져 간혹 난을 피하여 이와 같
이 산속 깊이 들어온 자들이 있었으니, 백성들의 고통을 떠올릴 만하다.
지금도 남은 땅이 변해서 거친 풀이 자란 곳이 되었으니, 백성들은 아직

부안의 도동서원에 제향되어 있다.

도 편안한 시대를 만나지 못한 것이다. 그러니 백성을 괴롭히는 것이 어찌 반드시 전쟁뿐이겠는가?

이곳에서 서쪽으로 돌아나가면, 남산의 한 봉우리가 보이는데, 우뚝하고 둥글게 솟아 있으니, 이는 산의 눈으로 호위를 맡고 있는 셈이다. 신재 주세붕이 이를 '축융'이라고 이름 지었으나, 어찌 남쪽에 있다는 이유만으로 그러했겠는가? 또한 "석 잔의 탁주를 마시고, 축융봉을 날아오는"11) 기상에서 취한 것일 듯하다. 마침내 산기슭을 따라 올라가 서쪽으로 나아가니 걸음걸음마다 점점 높아져 갔다.

청량산의 몇몇 절을 올려다보았는데 공중에 매달린 듯하였다. 이쪽은 곧 산의 동쪽 방면이다. 금탑봉 남쪽 줄기로 걸어 올라가니 문득 산 안쪽이 보였다. 서쪽 절벽은 천 길이나 되었는데, 마치 옥병풍을 꽂아 놓은 듯하였다. 이는 연화봉으로 옛 이름이 의상봉이다. 동쪽은 우뚝 솟아 겹겹이 쌓인 벽 위로 또 겹겹이 쌓여 있는데, 웅장하고 무겁게 내리누르고 있는 것이 곧 금탑봉이다. 그 이름은 아마도 모양이 닮았기 때문일 것이다. 북쪽을 바라보면 한데 서서 나란히 솟아 있어 마치 구름 사이에 험준하고 뾰족한 것을 꽂아서 끝이 날카롭고 깎아 놓은 듯하여 감히 범하지 못할 것이 있다. 이는 곧 자란봉, 자소봉, 연적봉, 탁필봉 등 여러 봉우리로 대개 이 산의 절정인 것들이다. 보문암, 중대암 등 몇몇 암자를 거쳐 연대사로 들어가 지장전에 앉아 있노라니, 서너 명의 승려들이 시축을 가지고 와서 보여 주었는데, 그 가운데 선생님의

---

11) 석 잔의 탁주를 마시고, 축융봉을 날아오는: 1167년 11월 주자가 남헌 장식과 남악 형산에 올랐는데, 「南岳詩」에서 "탁주 석 잔에 호탕한 흥이 발동하여 낭랑히 시 읊으며 축융봉을 내려오네"(濁酒三盃豪興發, 朗吟飛下祝融峯)라고 하였다.

필적도 많이 남아 있었다. 선생님이 일찍이 보문암에 노닐면서 눈 속에서 지은 시를 기록하고 주자의 「마상馬上」 시에 차운하여 시를 지었다. 눈 내린 산은 어제와 다름없건만 선생님을 뵐 수 없으니, 나는 이제 누구를 우러르랴? 이날부터 몹시 추워져 웅크리고 앉아 있을 뿐 밖으로 나지 못한 것이 며칠이나 계속되었다.

26일, 절 앞 월대를 나와서 걷노라니 여러 절들이 올려다보였는데, 암벽 사이로 보일 듯 말 듯하여 보통 사람이 걸어서 올라갈 곳이 아닌 듯하였다. 대개 연대사는 이 산의 큰 사찰로 바로 산허리에 자리 잡고 있다. 연화와 금탑 두 봉우리가 좌우로 벽처럼 서 있고, 축융봉이 남쪽에 솟아 눈이 되며, 월대가 남쪽으로 산 입구에 임하여 그 위치가 한쪽으로 치우치지 않고 가장 아래쪽에 자리 잡고 있다. 이 산에 와서 노니는 자들은 반드시 이곳에서부터 시작하니, 낮은 곳에서부터 시작한다는 이치가 본시 마땅하다. 우리들은 이날 여러 절들을 둘러보려 하였으나 절의 승려들이 바람이 멎기를 기다리라고 권하였다.

27일, 일찍 밥을 먹고 같이 온 이들과 함께 짚신과 지팡이를 수선하였다. 승려 성천이 앞길을 인도하여 먼저 청량산의 바깥쪽으로 향하였다가 다시 중대와 고도 등 몇몇 암자를 지나왔다. 암자에는 고도선사의 진영이 있었는데, 절의 승려들이 서로 전하기를 선사가 도를 얻었다고 한다. 그러나 선사가 얻은 것이 어떤 것이며 과연 저 불가의 법에 있어서 깨달음을 얻었다고 한들 일에 있어서 무슨 도움이 있겠는가? 동쪽으로 돌아서 돌길을 부여잡고 오르면 금탑봉 아래쪽이다. 반야대에 오르면 아찔하게 백 장을 굽어보게 된다. 조금 동쪽으로 가서 샘 하나를 발견하였는데 바위 구덩이에 맑은 물이 고여 있어 '총명수'라고 부른다.

이 물을 마시면 눈과 귀가 밝아진다고 한다. 그런데 총명한 성품을 하늘로부터 받지 않고 이 물에서 얻을 수 있다는 것인가? 치원암에 이르니 암자의 벽에 선생님께서 갑자년(1564)에 산을 유람할 때 남기신 시가 있었는데, 여러 어른 십여 분의 시도 함께 있었다. 우러러 사모하고 슬퍼한 나머지 내가 늦게 태어나 선생님의 지팡이와 신을 모시고 산중의 훌륭한 유람을 함께하지 못함을 탄식하였다.

다음으로 극일암에 올랐는데 고요한 암자에는 승려들이 없었다. 한참을 앉아 있다가 작은 사다리를 타고 동굴로 올라갔다. 큰 암자가 가운데는 텅 비어 있고 위는 덮여 있었으며, 좌우로 통해 있어 열 사람이 앉을 정도 되었다. 암자는 바위 아래로 반쯤 들어가 있는데 그 굴속에는 바람구멍이 있어 그 기이함을 형용할 수 없었으니, 이곳이 아마도 산속 가장 기이한 곳일 듯하다. 예부터 전해지기로는 고운 최치원이 책을 읽던 곳이라고 하는데, 그것의 시비는 자세히 밝힐 수 없다. 또한 기이한 곳이니 마땅히 기이한 사람이 노닐었을 만도 하다. 아, 고운의 천 년 전 일을 비록 믿을 수는 없지만 지금에 이르러서도 남은 자취가 있는 곳이라고 하니, 아마도 우연은 아닐 것이다. 선생님께서 이 산에 노니셨던 것이 십수 년 전의 일이지만 바위에 새긴 이름이 완연히 남아 있으니, 이 산으로서는 기쁜 일이겠지만 훗날 찾아온 이로서는 크게 유감스럽게 여길 일이 아니겠는가?

아래로 안중암을 거쳐 상하청량사에 이르렀다. 절 뒤의 절벽은 위로 큰 바위를 이고 있는데 승려들이 그 바위를 움직일 수 있다고 하였으나 내가 직접 시험해 보지 못한 것이 한스럽다. 안쪽으로 돌아 들어가 앞서 지나온 곳을 거쳐 북쪽으로 바윗길을 통해 가면 김생굴에 이른다.

암벽이 내리누르고 있고 얼음 줄기가 공중에 꽂혀 있어 마치 옥빛 무지개가 아래로 드리운 듯하여 기이하다고 할 수 있다. 예부터 전하기로는 김생이 노닐던 곳이라 하는데, 어찌 그것이 옳지 않다는 것을 알겠는가?

다른 이들은 모두 금탑봉에 올라갔으나 나는 홀로 스님과 더불어 상하대승암을 지나 문수사를 보러 갔다. 옆에는 석천사가 있는데 다시 수리하는 중이었고 아직 단청은 칠하지 않았다. 보현암에 이르러 잠깐 앉아 있는데 성재 금난수의 '산에 들어오는 것은 무익하며, 스스로 탄식하고 경계한다'는 말이 있었다. 그 아래에 선생님께서 갑자년에 노니셨을 때 '벽 위에서 그대의 탄식하는 말을 보았으니, 이 마음도 어찌 그대와 다르겠는가?'라는 구절을 남기셨다. 아, 배우는 자의 일은 다만 자신의 공력이 어떠한가에 달려 있을 뿐, 본디 그 머무르는 곳에 대해서는 묻지 않는 법이다. 상사 금난수의 뜻은 본래 이와 같았을 것이다. 그러나 나처럼 병들고 무지하여 비교도 안 되는 자가 비록 고요한 산속으로 들어간다고 해도 실로 조금도 공력을 기울이지 못할 것이다. 훗날 산을 나설 때 이전 상태의 인물됨을 면치 못할 것이니, 어찌 근심하지 않겠는가?

다른 사람들이 오기를 기다렸다가 서쪽으로 중대 위로 나와서 멀리 남쪽으로 축융봉을 바라보았다. 중대는 위치가 정중앙에 있는데 대개 아래에서부터 위에 이르기까지 이곳이 이 산의 가운데에 있으므로 이 대를 '중대'라고 하는 것이다. 바윗길이 얼고 미끄러워 겨우 몽상암에 들어갔다. 다시 나와서 원효암을 향해서 돌계단을 부여잡고 물고기를 꿰어 놓은 듯이 올라갔다. 암자의 굴은 깊이가 한 길 정도 되었고 높이는 서서 걸어갈 수 있을 정도였다. 중간에 차가운 샘 한 줄기가 있었는데, 맑고 투명하며 매우 깨끗하였다. 우리들은 목이 매우 말라 얼음물을

손으로 떠서 마셨다. 동쪽으로 돌아 한 암자에 이르렀는데 이곳이 곧 원효암이다. 의상과 원효는 모두 신라시대의 고승이다. 연화봉의 옛 이름과 이 암자의 이름을 두 고승의 이름을 따다가 지었으나 어찌 그들이 이곳에서 노닐었겠는가?

벽 위에 무릉 주세붕이 을사년(1545)에 남긴 시가 있었다. 선생은 풍기에 백운동서원을 건립하여 성현을 받드는 성대한 일을 처음으로 시작하였다. 또한 방외의 유람을 마음껏 즐기고 "증점의 읊조리면서 돌아오는" 흥취를 펼쳤다. 이 산의 뭇 봉우리들의 이름은 모두 선생이 지은 것이라 하니, 유풍에 자극되어 가히 감동하고 분발할 수 있었을 것이다. 지산 김팔원도 또한 이때의 유람을 함께했는데 훗날, "옛날 스승을 따라 산에 오르던 날을 생각하고, 머리 돌려 지난 일 떠올리니 아득히 날아간 기러기 같구나"라는 구절을 남겼으나, 김팔원도 지금은 세상에 있지 않게 되었다. 수십 년 전의 일이 이미 옛사람의 지난 자취가 되었다. 세월의 변화는 잠시라도 멈추지 않으니 어찌하면 이 산처럼 오래도록 남아서 무궁한 세월의 변화를 다 볼 수 있다는 말인가?

만월대에 올라가 먼저 백운암에 이르렀다. 아래쪽에 있을 때는 서 있는 곳이 낮지 않다고 여겼으나 위쪽으로 올라갈수록 한 걸음 올라갈 때마다 더욱 높아져서 아래에서 올려다보는 자를 지금은 모두 아래로 굽어서 바라보고 있다. 이곳에서 위쪽으로는 서 있는 곳이 더욱 높아지고 바라보이는 것이 전과는 더욱 다르게 되었다. 내가 병으로 눈이 어지럽고 앞이 깜깜하고 또한 날개가 없어 열두 봉우리를 날아올라 천만 리 밖을 훤히 내다보아 내 마음속에 켜켜이 쌓인 번뇌를 시원스럽게 털어내지 못함을 한스럽게 여겼다.

대개 이 산은 좌우로 호위하고 있고 산줄기의 맥락이 어지럽지 않으므로 관람하는 이들이 쉽게 대강의 모습을 파악할 수 있다. 만약 멀리 내다보고자 한다면, 반드시 산의 정상에 오른 이후에야 그렇게 할 수 있다. 산 바깥에도 또한 볼만한 봉우리와 절들이 많이 있으나 나는 이것들 모두 병 때문에 두루 볼 수가 없었다. 어느 때에나 두루 보는 것을 마칠 수 있을까? 절의 중 극호의 책상에 『몽산법어』가 놓여 있었다. 내가 가져다 잠시 읽어 보았는데, 참으로 옳은 것 같으면서도 그릇된 것이며, 이치에 가까운 것 같으면서도 참됨을 어지럽히는 것이었다. 만월암을 돌아내려와 물과 밥을 먹고는 날이 저물어 곧장 내려왔다.

11월 초이튿날, 달부 숙부께서 건장한 승려 두세 명을 거느리고 와서 홀로 정상에 올라 두루 둘러보고는 내려오셨다. 스스로 말씀하시기를 이날 본 것이 전날에 비해 훨씬 낫다고 하셨으나, 나는 병 때문에 함께 올라가지 못하였다.

초엿새, 여러 친구들과 문수사로 거처를 옮겼다. 함의 무리는 보현암에 묵었다. 나는 자주 오가며 그 고요함을 사랑하였는데, 두 암자 사이에 얼음이 맺힌 폭포가 있었다. 간혹 옥이 떨어지듯 쨍그랑 소리가 나서 매우 사랑스러웠다. 이날 부모님께서 모두 편안하시다는 소식을 들었다.

11일, 하나의 양이 다시 소생하는 때를 만났다. 선현들의 말씀에 지극히 고요한 가운데에 움직임의 단초가 있다고 하였는데, 이는 곧 천지의 마음을 보는 소이로서, 이른바 천지의 마음이란 곧 만물을 낳는 마음이다. 그것이 움직일 때는 고요함의 지극함에 근본을 두고 있으나, 그 단초는 매우 미미하다. 미미함으로부터 점점 왕성해져 만물을 낳고 기르기에 이르러서는 극점에 달하는데, 처음 움직일 때의 기미란 미묘하다고 할 수 있다. 인심으로 말하자면 어둡지 않은 지각으로 사물의 무궁한 변화를 접하되, 품수받은 것의 차등과 질서가 조금도 어긋나지 않는 것이 곧 리이다. 비록 그러하지만, 천지는 무심하므로 고요했다가 움직이고 움직였다가 고요하게 되는 것은 서로 갈마드는 스스로 그러한 이치에 순응하는 것이다. 인위적인 곳에는 욕심이 있으므로 발하여 절도에 들어맞기는 어렵다. 그러나 그 본체의 밝음은 본래 한 번도 그친 적이 없고 만물을 생육하는 선한 단초가 다시 살아날 때는 불처럼 활활 타올라 볼만한 것이 있다. 인하여 힘을 기울인다면 아마도 사람된 도리를 잃지 않게 될 것이다. 아, 이는 천하에 있는 의리의 근원이며 성현이 일찍이 받들어서 사람들에게 보인 것인데 역시 특별히 이에 대하여 상세하게 논의하였다. 나의 벗들도 오래전부터 이러한 성현의 가르침에 힘썼으니, 감히 소홀히 할 수 있겠는가? 이날은 음산하고 어두웠는데 저물녘이 되어 싸라기눈이 어지럽게 날리고 골짜기는 어둑어둑하였으며, 밤이 되자 큰바람이 산을 뒤흔들었다. 나는 몸이 아프고 열이 올라 한밤 내내 누웠으나 편치 않았다.

15일, 보현암으로 옮겨 묵었는데, 혼자 지내면서 몸을 조리하기 위해서였다. 이날 밤 달이 대낮처럼 밝고 온 골짜기는 소리 없이 고요하여 시를 지었는데, "밝은 달빛 온 산에 가득하고 이야기 나눌 사람도 없는데, 꿈속에서 고운을 만난 듯도 하여라"라고 하였다.

18일, 다시 김생굴을 보려고 여러 사람들과 함께 가서 매달린 얼음을 마음껏 완상하였다.

19일, 하루 종일 부슬비가 내렸는데, 뭇 봉우리들이 구름 속에 반쯤 잠겨 있었다. 백운암의 승려 극호가 찾아와 이야기가 삼만 삼천이 충충이 여러 겹으로 되어 있다고 하는 데 이르렀다. 하늘이란 하나일 뿐이다. 어찌 서른세 개나 되는 많은 수가 있겠는가? 그러나 바른 견식이 없는 사람이 문득 그 사람의 말을 듣고는 그렇지 않다고 여기지 않을 자도 있을 것이니, 어찌 두려워 경계하지 않겠는가?

20일, 아침에 싸라기눈이 어지럽게 날렸으며 큰바람이 하루 종일 그치지 않았다. 집에서 보낸 편지를 받아보고는 동생이 태어났다는 소식을 들었다. 이날 밤 문수사로 돌아와 묵었다.

21일, 바람이 그치지 않고 바위 계곡을 뒤흔들었는데, 마치 일만 개의 벼락이 격렬하게 싸우는 듯하였다. 이날 밤 보현암으로 돌아와서 잤다.

22일, 오전에 싸락눈이 내려 숲과 골짜기가 색이 변했다. 오후에 눈이 개고 바람이 또 불기 시작하였다. 나는 어지럼증이 생겨 누워서 조리하였다. 이날 밤 의승 천옥이 와서 김후조의 편지를 얻어 보았다.

23일, 바람이 조금 그쳤다. 여러 사람들이 문수사가 높고 추워 오래 머물 수 없다고 하여 연대암으로 돌아가 머물고자 해서 함께 내려갔다. 여러 사람들은 지장전에 묵었고 나는 홀로 중대에 묵었다. 이날 성천이 고을로부터 와서 숙회와 언회 형의 편지를 얻어 보았다. 절의 승려 성일은 나이가 거의 팔십 가까이 되었는데, 아직도 좌선을 하며 잠을 자지 않고 밤이 새도록 꼿꼿이 앉아 있었다. 또한 불서를 암송하기도 했는데 그 가운데에, "한가히 노닐면서 좋은 시절 잃지 말라"라는 말이 있었다.

아, 우리 유자들 가운데 우리 학문에 뜻을 둔 자가 저들처럼 능히 괴로움을 참으며 늙어서도 게을리하지 않는 자가 있는가? 그러나 저들은 만 가지 이치가 모두 공하다는 것을 극치로 여기는 자들이면서도 또한 반드시 때로는 헛되이 세월을 보내는 것을 마땅치 않다고 여긴다. 하물며 우리들처럼 조금이라도 실질을 얻어 고인의 문호에서 멀어지지 않고 세월을 보내며 사소한 데 힘쓰기를 급급해하지 않는 자들은 어떻겠는가?

24일, 달부 숙부와 계보가 찾아와 이야기를 나누었다. 연대사의 노승 서너 명이 또한 찾아왔다.

25일, 내가 한 승려에게 "당신은 빨리 견성하고자 합니까?"라고 물었다. 승려가 "그렇지 않습니다. 도리는 본래 공정한 것이므로 만약 빨리 이루고자 하는 마음이 생기게 되면, 이는 다만 사사로운 것이요 끝내 성취할 수 없게 됩니다"라고 하였다. 아, 승려의 말이 옳도다. 하물며 우리 유가들의 학문도 빠른 효용을 기대하고서 조장하는 마음이 생기게 해서야 되겠는가? 버려두고서 김매지 않는 자는 이미 말할 것도 없지만, 싹을 뽑아서 자라게 하는 것은 실로 언제나 학자들의 공통된 근심이니 어찌 크게 경계하지 않을 수 있겠는가?

또한 생각해 보건대, 승려의 무리들 가운데 지식이 있는 자는 대개 드물지만, 불가의 법을 삼가 지키며 그 도를 얻으려는 자는 비교적 많은 편이다. 우리의 도를 배우는 자들은 비록 뛰어난 자질로서 크게 성취할 수 있더라도 본분의 내면을 성찰하여 고인이 행하였던 바를 따라서 실천하는 자들은 드물고, 간혹 우리 유가의 제방과 규범을 천시하여 버리고 반드시 무너뜨리고자 하는 자가 많은 것은 어째서인가? 대개 저들은 외물에 쫓기는 바가 없으나 우리들은 명리에 유혹당하고 빈천에 어지럽혀져서 그 뜻이 외물에 급급한 바가 있기 때문일 따름이다.

우리 유자들이 이미 뜻이 없다면 그만이지만, 만약 행하고자 하는 바가 있다면 명리에 대한 생각을 끊어 버리고 반드시 맛이 더 좋은 웅장을 취하는 것을 가장 힘써서 해야 할 것이다. 상채가 "말만 잘하고 행동할 줄을 모르면 이는 앵무새이다"라고 한 가르침을 어찌 엄중하게 두려워하지 않을 수 있겠는가? 백운과 강호의 맑고 담박함이 있으니, 다시 풀이 봄비를 근심하는 모습을 지어서야 되겠는가?

26일, 감기 기운이 있어 편치 않아 종일 이불을 뒤집어쓰고 있었다. 백운암의 승려 정안으로부터 김달원의 편지를 얻어 보았다.

27일, 새벽부터 눈이 내려 종일 그치지 않았다. 대승암의 늙은 승려 조민이 찾아왔으므로 "구름 사이의 옥 같은 자취로 한 스님 돌아가네"라는 구절을 지었다.

28일, 눈이 그치자, 옥빛 봉우리가 구름에 잠기고 옥빛 나무가 골짜기에 가득하였는데, 그 사이로 소나무와 전나무가 푸르게 보여 장관을 이루었다. 백운암과 만월암의 승려 서너 명이 찾아와서 마주 앉아 이야기하다 한참이 지나자 돌아갔다.

29일, 나는 처음에 산중에 오래 머물다 봄을 기다려 날씨가 풀리면 산을 나서려 했으나, 곧 생각해 보니 산이 매우 높고 추우며 어지럼증 때문에 오래 머물 수 없어서 하산하고자 하였다. 마침 말 부리는 종이 찾아와서 아버지께서 속히 산을 내려오라고 명하셨다고 하니, 계보 또한 나와 함께 산을 내려가고자 하였다. 새벽이 되어 먼저 출발하였는데 나는 산중을 돌아보고 아쉬워하며, 참으로 진경이라 본디 속인이 오래 머물 곳이 아니며 조물주 또한 이 산을 나의 소유로 허락하지 않는 것이라고 생각하였다. 병든 객이 이 산을 오래도록 보지 못함을 목마른 듯하다가 이미 보고 난 후에는 또한 이 산의 진면목을 두루 알지 못하고 문득 바삐 하산하게 되어 이곳에 오래 있으면서 한편으로는 맑은 기상을 얻고 또 한편으로는 옛 습관의 번거로움을 씻어 내지 못하게 되었다. 참으로 이 몸을 뛰어난 인물로 만들지 못하고 옛 습성이 몸에 휘감겨 끝내 벗어날 수 없게 되었단 말인가?

정오에 달부 숙부와 작별하고 눈을 밟으며 산을 내려왔다. 산 입구를 나서서 얼음을 밟으며 강을 건넜는데 승려 성은과 보월이 따라와 전송하였다. 잠시 강기슭에서 쉬며 강 위의 층층 암벽을 보니 첩첩이 산허리를 감싸고 있었다. 승려들이 양쪽 벽 사이를 가리키며 저곳이 금강굴이 있는 곳이라고 하였다. 대개 산속에 있을 때는 물이 있는 줄 알지 못하다가 이곳 서쪽에 와서 보니 물을 임한 절경이 있었다.

온 산을 두고 평하자면 높은 절경은 산 안쪽에 있고 물과 바위의 기이함은 오직 금강굴에만 있다고 할 수 있다. 백담 구봉령의 시에서 "청량산 서쪽의 장인봉에 석굴은 안개에 반쯤 가려 보이지 않네. 흥을 타고 봄의 골짜기를 찾아가려 하니, 온 강의 흐르는 물엔 낙화가 붉구나"라고 하였다. 대개 생각하건대, 봄의 강물에 붉은 꽃이 떠다닐 때가 가장 절경일 것이다. 시골 주막을 지나서 내려갈 때, 장인봉 등 여러 봉우리를 바라보고는 아홉 번 머리를 돌려보고 차마 떠나지 못하였다. 당초 곧장 강을 따라 내려가며 물과 바위를 두루 보고 새로 지은 도산 서원을 찾아가려 하였으나 눈길이 꽁꽁 얼어붙어 병든 몸으로 험한 길을 가기 어려웠다. 날이 저물자 온계 북쪽 고산사에 투숙하니 오욕이 찾아와 함께 묵었다.

30일, 아침 일찍 밥을 먹고 선성을 지나면서 북쪽으로 산을 바라보고는 "바람과 구름엔 다하지 않는 흥취가 있고, 빼어난 기운이 다시금

드날리네"라는 구절을 지었다. 정오에 돌아와 부모님을 뵈었다.

아, 사람이 학문을 함에 자기 스스로 힘을 쓰면 그만일 뿐이니 진실로 바깥 사물을 기다려서 그 뜻을 펼칠 필요가 없는 것이다. 그러나 옛날의 군자가 산과 물에 있어서 모두 좋아하는 바가 있었던 것은 무슨 까닭인가? 공자는 태산에서, 주자는 남악에서 그 온축된 것을 펼쳤던 것에 대해서는 진실로 알기 어렵다. 일찍이 남명 조식의 「유두류록遊頭流錄」을 보니, "명산에 들어온 자가 누군들 그 마음을 씻지 않겠는가마는, 필경 군자는 군자이고 소인은 소인이니, 열흘은 춥고 하루를 볕 쬐는 정도로는 아무런 유익함이 없다는 것을 알 수 있다"라는 말이 있었다. 스승님께서는 이 말을 평하여 지론이라고 여기셨다.

내가 산을 유람하여 진실로 조금의 얻음도 없고 마음속에서 찾아보아도 혹 전날에 없었던 것이 새로 생겨나지 않은 것은 대개 또한 열흘은 춥고 하루를 볕 쬐는 정도의 효험이기 때문이다. 만약 이 이후로 전날의 마음을 씻어 내는 공효를 버리고서 하류를 좇으면서도 부끄러워할 줄 모른다면, 어찌 이 산에 대해서 부끄럽지 않겠으며, 또한 여러 스승님들에게는 죄인이 되지 않겠는가? 이것이 크게 두려워할 바이다.

이에 산중에서 두루 찾은 것과 이 유람의 전말을 기록하고, 상자 속에 보관하여 오늘의 뜻을 드러내 보여 더욱 힘쓰고자 한다. 진실로 소인의 일이니, 이와 같이 기록한 것이다.

4. 「발【장현광】」[12]

　명나라 융경 만력 연간에 송소 권씨로 이름은 우이고 자는 정보인 분이 있었으니, 당시에 재예로 세상에 유명하였다. 약관을 넘기자 바로 성균관에 올랐는데, 얼마 안 되어 과거를 위한 공부를 하지 않아 다시는 이름을 방목에 걸지 않고 위기지학에 전념하였으니, 공이 퇴계 이황 선생의 문하에 나아가 처음으로 성리의 말씀을 듣고 유학자의 본래 사업을 알았기 때문이었다.

　불행히도 퇴계 선생에게 집지한 지 오래지 않아 별세하였는데, 공은 오히려 그 가르침을 새겨 명심하였으며, 더불어 교유한 분이 모두 옛 도를 배우는 사람이었고 항상 강론하는 것이 모두 의리의 근원이었다. 애석하게도 오래지 아니하여 공이 갑자기 별세해서 평생의 뜻을 이루지 못하였으니, 어찌 운수가 아니겠는가?

　나는 일찍이 공의 풍도를 들었으나 거리가 약간 멀어서 공이 살아계실 적에 이미 접견하여 상종하지 못하였으므로 일찍이 영원한 한으로 여기지 않은 적이 없었다. 공의 손자인 혁이 마침 일로 인하여 나를 방

---

12) 『松巢先生文集』, 권4, 「跋【張顯光】」 및 『旅軒先生文集』, 권10, 「書權松巢【宇】遺稿後」, "皇明隆慶萬曆年間, 有松巢權氏名字字定甫, 當時以才藝鳴於世. 纔踰弱冠, 已登上庠, 未幾棄擧業, 不復掛名科榜, 專心爲己之學. 蓋公就退陶李先生門, 始聞性理之說, 而知儒者本業故也. 不幸先生易簀於束脩之末久, 而公尙佩服其訓, 所與遊者, 皆學古之人也. 所常講者, 皆義理之源也. 惜其又未久而公遽歿焉, 未遂平生之志, 豈非數也哉? 顯光早已聞風, 相距稍遠, 公之在世, 旣不得接見而相從, 未嘗不爲之永恨. 公之孫赫, 適因事過余, 言及其先祖考之未及相知, 則渠亦慽然感發. 其後一日, 奉其遺文, 委來示余, 因索一語, 顯光不惟老且病, 且見其稿末, 有諸賢說, 亦足以揚其學行, 未敢果焉. 渠往來累歲, 其懇愈篤, 玆不獲已, 遂以平日所聞者, 略述以與. 奉塞孝思, 嗚呼, 公果非尋常人也. 安東是文獻之鄕, 而名公巨卿之爲先進者, 皆出於科擧一路, 而公能少登大賢之門, 克奮遠herr之志. 捐捨俗業, 立脚眞境, 雖亦其身不幸不壽, 不卒其大業, 而其所以拔俗好學之勇, 豈不足爲吾黨百世之師哉? 朝家以薦拜授王子師傅云."

문하였으므로 내가 그의 돌아가신 조고를 미처 알지 못하였다고 말하였더니, 그 역시 서글퍼하며 감발하였다.

그 후 하루는 유문을 받들고 와서 나에게 보여 주며 글을 써 줄 것을 요구하였다. 나는 늙고 병들었을 뿐만 아니라, 유고의 끝에 여러 현자들의 말씀이 있어 또한 충분히 그 학문과 행실을 전할 수 있었으므로 나는 감히 글을 짓지 못하였다. 그러나 그는 왕래한 지 여러 해에 간청하기를 더욱 독실히 하였으므로 이에 부득이 마침내 평소 들은 것을 간략히 서술하여 그에게 주어 그의 효심에 부응하는 바이다.

아, 공은 과연 보통 사람이 아니다. 안동은 바로 문헌의 지방인데 이름 있는 재상과 큰 인물로 선진이 된 분들이 모두 과거시험에서 나왔으나, 공은 젊은 나이에 대현의 문하에 올라 원대하게 이루려는 뜻을 분발하여 세속의 공부를 버리고 참다운 경지에 다리를 세웠으니, 비록 그 몸이 불행히 장수를 누리지 못하여 큰 사업을 끝마치지 못하였으나 세속을 초탈하여 학문을 좋아한 그 용맹은 어찌 우리 당의 백세의 스승이 되지 못하겠는가? 조정에서는 천거에 따라 공에게 왕자의 사부를 제수했다고 한다.

【해제】

『추천선생문집』은 추천鄒川 손영제孫英濟(1521~1585)의 시문집이다. 추천의 유고遺稿는 임진왜란으로 모두 없어져 그의 생졸 연대는 물론, 사환의 이력 등도 찾아볼 길이 없었다고 한다. 1693년 유생들이 도산서원 창건 과정 등 사문師門에 보익補益한 공로를 기리기 위해 도산서원의 구적舊籍과 제현들의 유집遺集에서 산견되는 것들을 모아 도산서원에서 발의하고 소수서원이 뒤를 이어 유집으로 발간한 것이 『추천선생문집』이다.

손영제의 자는 덕유德裕이고 호는 추천鄒川이며 본관은 밀양이다. 고려 문신 손극훈孫克訓의 후손이며 참봉 손응孫凝의 아들이다. 퇴계 이황의 문하에서 수학하였다. 1561년 문과에 급제하여 성균관전적과 사헌부지평 등을 역임하였고, 예안현감이 되어 선정을 베풀고 향교의 문묘를 중수하는 등 많은 치적을 남겼다. 1574년 도산서원을 건립할 때 예안 군자마을의 김부필, 김부륜 등과 함께 주도적인 역할을 하였으며, 「학규십조學規十條」를 정하는 데에도 참여하였다. 밀양 모례사慕禮祠에 제향되었다.

『추천선생문집』 권1에는 「차남수정운次攬秀亭韻」을 시작으로 시 6편과 「여설월당김돈서 【부륜】 與雪月堂金惇敍 【富倫】」을 시작으로 편지 14편 및 「제퇴도선생문祭退陶先生文」 1편으로 구성되어 있는데, 주로 설월당 김부

류[1]과 관련된 것이 대부분이다. 권2는 부록과 유사가 실려 있다. 부록에는 후조당 김부필[2]의 시 5편, 설월당 김부륜의 시 1편, 권해문의 만사 1편, 퇴계의 편지 1편이 있다. 부록에는 광뢰 이야순[3]의 행장, 김시찬[4]과 한치응[5]의 묘갈명, 김시찬의 유사, 유사후서 등이 있다. 마지막으로

---

1) 설월당 김부륜: 金富倫(1531~1598)의 자는 惇敍이고 호는 雪月堂이고 본관은 光山이다. 아버지는 생원 金綏이고 어머니는 순천김씨로 金粹洪의 딸이다. 퇴계 이황의 문인으로 1555년(명종 10) 사마시에 합격하고 1572년(선조 5) 遺逸로 천거되어 집경전참봉에 제수되었으나 부임하지 않았다. 1585년에 전라도 동복현감으로 부임하여 향교를 중수하고 봉급을 털어 서적 8백여 책을 구입하는 등 지방교육 진흥에 많은 공헌을 하였고, 또 學令 수십조를 만들어 학생들의 교육에도 힘썼다. 1592년 임진왜란이 일어나자 가산을 털어 鄕兵을 도왔고, 봉화현감이 도망가자 假縣監이 되어 선무에 힘썼다.

2) 후조당 김부필: 金富弼(1516~1577)의 자는 彦遇이고 호는 後彫堂이고 본관은 광산이다. 아버지는 대사헌 金緣이고 어머니는 창녕조씨로 曹致唐의 딸이다. 1537년(중종 32) 진사시에 합격하여 성균관에 유학하면서 金麟厚와 교유하였다. 1556년(명종 11) 41세의 나이로 퇴계 이황의 문하에 나아가 제자로서의 예를 올렸으며, 여러 차례 벼슬을 내렸지만 사양하고 학문에 정진하였다. 1570년 퇴계 이황이 역동서원을 건립할 때 적극적으로 협조하였으며, 1574년에는 월천 조목과 함께 도산서원 건립을 주도하였다.

3) 광뢰 이야순: 李野淳(1755~1831)의 자는 健之이고 호는 廣瀬이고 본관은 진보이다. 퇴계 이황의 9세손으로 통덕랑 李龜烋의 아들이고 어머니는 전주이씨로 舍人 李若松의 딸이다. 1796년(정조 20) 瀬石亭을 중건해 퇴계 이황의 저술들을 수집해 두고 그 연구와 강습으로 소일하였다. 1808년(순조 8) 암행어사 李愚在의 추천으로 이듬해 경기전참봉에 임명되었고, 1821년 국장도감감조관, 1831년 장악원주부에 승진되었으나 모두 사퇴하고 취임하지 않았다. 이야순의 학문은 이황의 성리학을 계승했고, 특히 예학에 조예가 깊었다.

4) 김시찬: 金時粲(1700~1766)의 초자는 斐文, 자는 黃中이고 호는 一齋·淨居山人이고 본관은 광산이다. 설월당 김부륜의 7세손으로 아버지는 金聖翼이고 어머니는 진성이씨이다. 김시찬은 經史, 子傳, 山川地理, 儀文常變, 人物臧否, 萬姓譜 등에 통달하였다.

5) 한치응: 韓致應(1760~1824)의 자는 徯甫이고 호는 粤山이고 본관은 청주이다. 韓宗範의 증손으로, 할아버지는 韓世章이고, 아버지는 韓光廸이며, 어머니는 閔命寅의 딸이다. 1784년(정조 8) 정시문과에 장원급제한 뒤 바로 초계문신으로 뽑혔다. 1792년 홍문록·도당록에 올랐다. 1806년(순조 6) 신유사옥 때 관직을 추탈당한 채제공의 신원을 청한 승지 심규로에 동조, 윤필병 등과 함께 연합상소한 사건으로 하여 삭출되었다. 시문에 뛰어나 이유수·홍시제·윤지눌·정약전·채홍원 등과 죽란시사라는 모임을 조직해 시로써 교유하였다.

보유가 있는데, 「후조당일록」과 「예안향교중수입약 26조」가 실려 있다.

추천 손영제에게는 후조당 김부필 형제와 일휴당 금응협 형제와 같은 벗들이 있었고, 또 월천 조목, 성재 금난수, 매암 이숙량 등과는 단단한 교제를 나누는 친구였으며, 설월당 김부륜과는 더욱 막역한 사이였다. 「후조당일록」과 「예안향교중수입약 26조」를 살펴보면, 추천 손영제가 예안에서 어떻게 덕업을 이루었는지를 확인할 수 있게 된다. 퇴계 문하에서의 그의 역할의 주요 지점이 여기에 있었던 것이다.

1. 추천의 한평생: 「행장」⁶⁾

예전 우리 선조 문순공(퇴계 이황)께서는 주자 문하에 있는 여러 제자

6) 『鄒川先生文集』, 권2, 부록, 「行狀」 및 『廣瀬文集』, 권11, 「司憲府持平鄒川孫公行狀」, "昔
我先祖文純公論朱門諸子曰: '能尊考亭之道者, 是亦考亭之徒也.' 於乎, 陶山, 卽海東之考亭
也. 登門摳衣之士, 皆極一時之選, 雖其材地有高下, 觀感有淺深, 德業有大小, 而要之, 皆陶山
之徒也. 矧乎表章斯文, 張維世敎者, 其功之焯, 其風之遠, 則尤豈非有光於爲其徒者歟? 余於
鄒川先生孫公見之矣. 公諱英濟, 字德裕, 其先大樹部也, 有孝子順載國乘. 麗朝有兢訓, 以南
征功封廣理君. 廣理, 是密城也. 孫之望密城始此. 有政堂文學曰贇, 有門下評理曰季卿, 有承
旨曰承吉. 高祖諱以朐節度使, 曾祖諱信復進勇校尉, 祖諱世蕃, 考諱凝軍資正. 妣咸安趙氏,
吏曹參判孝同之孫處士光遠之女. 公早毅然有立志, 不伍俗士, 以馬學著聞, 薦爲列邑饔訓, 誘
掖指授, 隨處稱職, 士爭雲集. 康陵辛酉, 擢明經科, 內而成均館典籍, 兵禮二曹佐郎正郎, 司憲
府持平, 外而禮安縣監, 蔚山府使也, 辛戊子十月九日. 此其肇卒大略也. 其在禮安也, 愓然歎
曰: '丈夫而不務聞道, 惟利祿之是尙, 不亦惑乎? 卽就巖棲門下, 乃贅幣而參戶屨之列, 是己巳
三月也. 講學問政, 心悅誠服, 非簿牒公故, 未始非薰蒙春風之日. 文純公往往以書謝其終日陪
席之幸, 蓋尊以地主, 而不欲師道自居也. 公執禮益勤, 退與闔境同門之賢, 以相磨而相樂, 如
後彤金公富弼昆仲, 日休琴公應夾昆仲. 又如月川趙公穆, 惺齋琴公蘭秀, 梅巖李公叔樑, 咸其
石交, 而雪月金公富倫, 尤莫逆也. 爲治克體師門準的, 以興學爲急務. 行釋菜禮於夫子廟. 凡
殿宇之傾側不修者, 俎豆禮器之非古制者, 並皆新之. 且以學規多闕漏, 別爲約條以揭之. 後來
金侯光逐跋其約條, 以斯文事爲己任云者, 卽此也. 未久山頹, 痛失依歸. 爲覓詞略敍其考德未
終之恨. 仍請于方伯金黃岡繼輝, 創陶山祠, 傾椽助資, 挈其力之胸贏, 而張弛之, 終底有成. 雪
月公有詩云起工隨物力, 敦事盡心情', 信記實而美之也. 哀有喪好施與, 月川·惺齋二公方苦
出而竄, 以椽板等物, 效麥舟之義. 臨民撫摩重而用刑輕, 鼓舞歌誦, 咸願借冠, 秩滿更加一年.
雪月公每引朱韋齋闔中尉古事, 要其因家, 而公謝不能從. 甲戊秋乃歸, 淸風灑然. 其治蔚又如
禮. 晚卜築鄒川, 有淵曰鼇, 寓意於古人鼇峯書堂講道之制. 退修初服, 糲食澗飮. 時公之二弟
宏濟·兼濟, 亦皆好學, 有對床之歡, 又鄕里契誼, 有操菴南公弼文, 相與講明師門之緖. 自號
鄒川, 經籍之餘, 逍遙徜徉以終. 葬府東推火山長善洞負亥原. 配達城徐氏, 平章事勻衡之後,
縣監時重之女. 墓大邱豊角縣東美兌山向巽原. 有五男二女, 起門起倫執斧難, 奉母靷寰, 遇賊
翼蔽願代而死, 其婦張氏赴投崖自殉, 俱旌閭. 次起業·起後·起命. 女全時憲·李汝涵. 起門
無後, 起倫一子瞻, 起業庶子四, 桂·枝·覺·覽. 起後一子昉, 起命亦無后. 全時憲三子有翼
生員, 有慶, 有章參奉. 李汝涵一子廷俊, 曾玄以下不盡載. 而至今二百年之間, 詩書桑麻, 能世
其家. 於乎, 夫士之生於陶山之世, 何如其幸也? 公勇於攀化, 切於自修, 終始圖懈, 眞簡是豪傑
之士. 及至延額之日, 公時已賦歸, 而猶且跋涉四百餘里之遠, 凡不以存沒而間, 甚至名其坊
曰'慕禮', 山亦曰'慕禮', 用寓晨夕羹墻. 蓋公於陶山, 其得之如此其深, 故其慕之如此其切也.
公綜理密察, 辦局圓活. 以宣城斗小, 而自師門易賷之後, 公私賓旅及日用責費浩劇無比, 而公
輒應之如流, 官若無事, 民且不擾, 其亦才資之恢, 學問之力, 有以交資互濟, 非人人可及. 而只
沉屈鳳凰之棲, 乍試牛鷄之治, 未能大其展布, 惜哉. 重以倭變, 密被殘甚, 墓前珉石見毁, 顯詩

들을 평하면서 "고정(주자)의 도를 높일 수 있는 이 역시 고정의 문도이다"[7]라고 하였다. 아, 도산은 바로 해동의 고정이시다. 그리고 문하에 들어가 옷자락을 잡고 퇴계를 배웠던 선비는 모두 그 당시 가장 뛰어난 분들이었다. 비록 그 재주와 능력에 높고 낮음이 있고, 눈으로 보고 느낀 데에는 낮고 깊음이 있고, 덕성과 업적에 크고 작음이 있을지라도 그 핵심은 모두 도산의 문도라는 것이다. 하물며 사문을 표창하고 세교를 확장시킨 사람으로 그 공적이 탁월하고 그 풍모가 원대하셨다면, 어찌 도산의 문도가 되는 데에 더욱 빛나는 것이 아니겠는가? 나는 추천 선생 손공을 뵌 적이 있다.

공은 휘 영제이고 자는 덕유이다. 그 선조는 신라 대수부에서 나왔는데, 효자 순이 국가의 역사에 기재되었다. 고려의 조정에는 긍훈이 있어 남쪽 정벌에 공이 있어 광리군에 봉해졌다. 광리는 밀성이다. 손

並逸. 凡係文籍蕩然雲空, 今其收拾者, 特是倅岳之毫芒. 據草澗權公文海挽詩'腰佩三城印'之句, 則抑不止於禮蔚, 而今無得以詳. 至於生歲甲子亦無徵, 可慨也已. 雖然, 以其文也, 則祭先師一詞及攬秀亭一詩, 亦云多矣. 以其蹟也, 則有邑誌載美. 禮則曰'詳明精密', 蔚則曰'敦修學教, 政冠一世', 至其本府, 則曰'學行文望', 此公案也. 不寧惟是, 觀於孝烈之雙美交輝一庭而三綱具焉者, 實由於敎誨式穀之所使, 非一朝猝然勉強而能者也. 益見公家謨承傳, 有異於俗學, 厥惟休哉. 開爽之風, 表裏無間, 好善之心, 誠實有餘, 故一言而人皆信從. 藥峯金公克一撰松溪申徵士季誠闍表, 特擧公而稱之曰'贊其計者, 孫先生某', 其見重可知也. 夫旣根本有篤於內者, 故外而觸遇盡分者, 皆出於長遠久大之計, 而乃若陶山祠院之創, 其表章斯文, 張維世道者, 未可以尋常事業比而論之. 當初籌畫經始, 均出於諸賢, 抑非獨公也. 然以一邑長上, 硬著擔當, 則敎令課率之間, 凡百就緖, 咸其績也. 當與陳樵子之於武夷書院, 劉克莊之於考亭書院, 韓補之於紫陽書院, 前後一轍, 垂千億而無窮也. 於是而竊有感焉. 功緖之如彼其留芳者, 雖根於立志之已蚤, 而其實師友薰陶漸染之助與爲多焉, 獨其當日授受之訣, 未有端的可據者, 是其爲尙古者之憾. 然因其蹟而求其心, 更參以函席終日之妙而想像焉, 亦庶乎有以得之矣. 野淳桐鄉後生也, 有時出入齋院, 未嘗不愾然顧慕乎公之風, 日其耳孫承九遠訪余白石灘上, 辱委以紀德之狀, 顧銳末何敢焉. 念院享之議發自吾鄉已久而鬱而未伸, 又使其潛光終翳然而無有發明, 是重吾黨不敏之責, 乃敢冒僭而爲據家先手札, 間竊附以平昔所感於心者, 以備立言君子之採擇云. 庚辰半夏節, 眞城李野淳謹狀.'"

7) 『退溪先生續集』, 권8, 「理學通錄序」.

씨가 밀성을 명명한 것이 여기서 시작되었다. 정당문학으로 윤이 있었고, 문하평리로 계경이 있었으며, 승지로 승길이 있었다. 승길은 승지였다. 고조의 휘는 이순인데 절도사였으며, 증조의 휘는 신복인데 진용교위였고, 조의 휘는 세번이며, 고의 휘는 응으로 군자감정이었다. 비는 함안조씨인데 이조참판 효동의 손녀이자 처사 광원의 딸이다.

공은 일찍부터 의연하여 뜻을 세운 바 있어 세속의 선비들과는 짝하지 않았으며, 학문을 돈독히 하여 천거로 여러 고을의 훈도가 되었다. 인도하여 도와주고 지시하여 가르쳐 주어 이르는 곳마다 직무를 칭찬했으며, 선비들이 다투어 구름처럼 모여들었다.

명종 신유년 명경과에 합격하여 내직으로는 성균관 전적, 병조와 예조의 좌랑과 정랑, 사헌부지평을 역임했고, 외직으로는 예안현감과 울산부사를 역임했으며, 무자년 10월 9일에 졸했다. 이것이 그가 태어나서부터 마칠 때까지의 대략이다.

그가 예안에 있었을 때 슬퍼하고 탄식하면서 "장부로서 도를 듣는 것에 힘쓰지 않고 오직 명리와 녹봉을 숭상했으니, 또한 의혹된 것이 아니겠는가?"라고 말하고는 비로소 수레에서 내려 곧바로 암서문 아래 공부하는 반열에 참여했으니, 이때는 을사년 3월이었다. 강학하며 정사를 물었는데, 즐겁고 정성스럽게 심복하여 문서를 돌보는 공적인 일을 하지 않고, 처음부터 봄바람 같은 선생의 가르침을 받지 않는 날이 없었다. 문순공이 왕왕 편지를 써서 종일토록 배석한 행운에 감사했으니, 예안현감으로 존경한 것이지 스승의 도리를 자처한 것이 아니었다.

공은 예를 갖추어 더욱 열심히 공부하였고 물러나서는 문하의 어진 이들과 함께 서로 절차탁마하면서 즐거운 날들을 보냈으니, 후조당 김부필 형제, 일휴당 금응협 형제와 같은 이들이었고, 또 월천 조목, 성재 금난수, 매암 이숙량 등과는 단단한 교제를 나누는 친구였으며, 설월당 김부륜과는 더욱 막역한 사이였다. 몸과 마음을 닦는 것을 사문의 표준으로 삼았고, 학교를 일으키는 것을 급선무로 삼아 공자의 사당에 석채례를 행하였다. 무너져 버린 건물로 수리되지 못한 것 및 제기와 예기가 고제와 맞지 않는 것을 아울러 모두 새로 만들었고, 또 완전치 못한 학규를 위해 별도로 약조를 만들어 게시하였다. 이후에 현감으로 온 김광수가 그 약조의 발문을 지어 '사문의 일을 자신의 임무로 생각했다'고 말한 것이 바로 이것이다.

머지않아 선생께서 세상을 떠나셨다. 애통하게도 의지할 곳을 잃었으니, 노제의 제문에 그 덕이 끝나지 않은 한스러움을 간략하게 서술하였다. 그로 인하여 관찰사 황강 김계휘에게 도산에 사당을 창건하기를 청하고 봉급을 내서 자금을 보조하였으며, 그 여력을 고려하여 힘을 기울였으며, 있는 힘을 남김없이 다하여 마침내 낙성할 수가 있었다. 설월당이 시를 지어 '기공에는 물력을 보조했고 일을 돌봄에 심정을 다했네'라고 하였으니 진실로 사실을 기록해서 찬미한 것이다.

상사에는 슬픔을 다하고 베푸는 것을 좋아하였는데, 월천과 성재 두 분이 상을 당하여 관과 곽 등 물건이 곤궁할 때 범중엄의 뜻[8]을 본받아

---

8) 범중엄의 뜻: 麥舟는 보리를 실은 배인데, 물품을 주어 喪事를 돕는 일, 즉 賻儀를 뜻한다. 송나라 범중엄이 아들 요부를 시켜 고소에서 보리 5백 섬을 운반해 오게 했다. 요부가 배에 보리를 싣고 단양에 이르렀을 때 석만경을 보았는데, 만경은 돈이 없어 부모의 장례를 치르지 못하고 있었다. 그리하여 요부는 보리를 실은 배를 주고 빈 몸으로 돌아왔다. 그리고 석만경이 부모의 장사를 치르지 못하고 있는 사정을 범중엄에게 말했다. 이에 범중엄이 그러면 왜 보리를 실은 배를 주지 않았느냐고 하자 요부는 주고 왔다고 하였고, 그 후 이 말이 전하여 맥주가 부의라는 의미로

서 도왔다. 백성들을 어루만지는 것을 중요하게 여기고는 형벌 쓰기를 가벼이 하여 백성들이 북치고 춤추며 노래하고 칭송하여, 임기가 만료되어 다른 곳으로 가는 것을 다 같이 만류하고 다시 1년을 더 있도록 하였다. 설월당이 매번 주위재9) 민중위 고사를 인용하여 그 집을 부탁하도록 요구했으나 공은 사절하고 따르지 않았다.

갑술년 가을에 울산으로 돌아갔으니 맑은 바람이 시원하였다. 울산을 다스리는 것도 예안과 같게 하였다. 만년에 추천에 살 곳을 정하고 연못을 만들어 '오연'이라고 하였는데 고인이 오봉서당에서 도를 강론한 제도의 의미를 붙인 것이다. 물러나 벼슬 전의 옷을 입고 현미밥을 먹으며 계곡의 물을 마셨다. 당시 공의 두 아우 굉제와 겸제도 모두 학문을 좋아하여 책상을 대하는 기쁨을 맛보았으며 또 향리에서 우의를 맺었다. 조암 남필문과 서로 함께 사문의 통서統緖를 강명하였다. 스스로 추천이라고 호를 정하고 경적을 연구하다가 남은 시간에 돌아다니며 완상하고 노닐다가 세상을 마쳤다. 고을의 동쪽 추화산 장선동 해좌에 장사했다.

부인 달성서씨는 평장사 균형의 후손이요 현감 시중의 딸이다. 묘는 대구 풍각현 동쪽 미태산의 손향이다. 5남 2녀를 두었는데, 장남은 기문이며 차남 기륜은 임진왜란 때 어머니를 업고 도망가다가 적을 만나팔과 몸으로 덮어 보호하고는 대신 죽기를 원했고, 그 부인 장씨 역시 벼랑에 투신하여 순국하였으니, 모두 정려가 있다. 삼남은 기업이고 사

쓰이게 되었다. 『宋史』, 권314, 「범중엄열전」 참조.
9) 주위재: 송나라 학자 주희의 부친인 朱松(1097~1143)으로, 자는 喬年, 호는 韋齋, 시호는 獻靖이다. 벼슬은 비서성 정자, 사훈, 이부랑 등을 역임하였다. 연평 이동과 함께 나종언에게 수학하였다.

남은 기후이고 오남은 기명이다. 사위는 전시헌과 이여극이다. 기문은 아들이 없고, 기륜은 외아들 첨을 두었으며 기업의 측실 아들이 셋인데 계지·각·람이다. 기후는 외아들 반을 두었고 기명도 역시 아들이 없다. 전시헌은 삼남을 두었는데 장남 유익은 생원이고, 차남은 유경이며, 삼남 유장은 참봉이다. 이여극은 외아들 정준을 두었다. 증손과 현손 이하는 다 기재하지 않는다.

지금 200년간에 시서詩書의 농사를 그 집안에서 대대의 가업으로 할 수 있었다. 아, 무릇 선비가 도산의 세상에 태어난 것이 얼마나 다행스러운 일인가? 공은 교화에 용감하여 스스로를 닦는 데에 간절하여 시종 게을리하지 않았으니, 진실로 호걸지사이시다. 도산서원이 사액서원이 되던 날, 공은 그때 벌써 관직을 그만두고 고향으로 돌아왔으니, 400여 리 먼 곳을 산 넘고 물 건너왔으나, 살아 있고 없거나 간격이 있고 없거나에 관계하지 않고, 심지어 그 골을 이름하여 '모례'라고 하였고, 산 역시 '모례'라고 하였으니, 아침저녁으로 도산을 사모하는 마음을 써서 붙인 것이다. 대개 공은 도산에 대해서 얻은 것이 이와 같이 깊었기 때문에 그 사모함도 이와 같이 간절한 것이었다.

공은 빈틈없이 조리 있게 처리하고 자세히 살펴, 국면을 판결한 것이 원활해서 선성이 작은 고을이지만 퇴계 선생이 세상을 떠난 이후로는 공적으로나 사적으로 찾아오는 손님 및 일상 비용이 많아지는 것이 없는 달이 없었다. 그런데도 공은 응대하는 것이 물이 흘러가는 것처럼 문제 없게 하였다. 관청은 일이 없는 것 같았고 백성들도 동요하지 않았으니, 그의 재주와 자질이 넓고 학문의 힘이 있어 서로 돕고 서로 구해주는 것이 사람들이 미칠 수 있는 것이 아니었다. 봉황이 깃들 곳을 잃고 매몰되듯이 어진 사람이 때를 만나지 못해 잠시 소 잡는 칼로 닭을 베는 것처럼 격에 맞지 않는 다스림을 시험하여 능히 크게 펼 수 없었으니, 애석하구나.

거듭 왜적의 변란으로 밀양이 잔악하고 심한 해를 입어 묘 앞의 비석이 허물어져 써 놓은 글도 모두 잃어버리게 되었다. 무릇 관련된 서적이 없어져 지금 수습한 것은 다만 태산의 털끝만 한 것들뿐이다. 초간 권문해의 만시 '허리에는 삼성의 인끈을 찼고'란 구절에 근거해 보면 문득 예안과 울산에 그치지 않겠지만 지금은 자세한 내용을 알 수 없다. 태어난 해의 갑자도 또한 전해지지 않으니, 개탄스러울 뿐이다. 비록 그렇더라도 문장에 있어서는 선사의 제문 1편 및 「남수정」이라는 시 1편도 또한 많다고 이른다. 그 업적은 읍지에 잘 실려져 있는데 예안에서는 '자세하고 밝아 정밀했다'라고 하였고, 울산에서는 '학교를 독실하게 관리했으며 정치가 한 세상의 으뜸이었다'라고 하였으며, 본 고을에서는 '학행에 중망을 들었다'라고 하였으니, 이것이 공안이다.

이뿐만 아니라, 내가 효열孝烈을 살펴보니, 두 정려가 서로 빛나 한 가정에 삼강이 모두 갖추어져 있는 것은 실로 선으로 자식을 잘 가르치고 선도한 까닭이지 하루아침에 갑자기 억지로 힘써서 된 것이 아니다. 게다가 공의 가정의 가르침과 이어받고 전하는 것을 보면 속된 학문과 다른 면이 있으니, 아름다운 일이다. 환하게 트인 풍모는 겉과 속에 차이가 없고 착한 것을 좋아하는 마음에는 성실함에 남음이 있었기 때문에 한 번 말하면 모든 사람들이 믿고 따랐다.

약봉 김극일[10])이 송계 신계성[11])의 장려문을 지었는데, 특별히 공을 거론하여 칭찬하면서 "그 계획을 찬성한 사람은 손 선생 아무개이다"라고 하였으니, 중망을 받은 것을 알 수 있다. 무릇 이미 근본적으로 마음에 돈독한 것이 있었기 때문에 밖으로 촉발되어 본분을 다했던 것이니, 모두 장구하고 원대한 큰 계책에서 나와서 도산에 사당과 서원을 창건할 때에 사문을 드러내고 세도를 편 것이 일상적인 사업으로는 견주어 논할 수 없는 것이다.

당초 계획은 시작할 때부터 여러 어진 이들에게서 고르게 나온 것이지 공만의 독자적인 것은 아니었다. 그러나 한 고을의 최고 책임자로서 견실히 담당하였으니, 명령과 통솔하는 사이에 여러 가지 일의 단서가 된 것이 모두 쌓인 것이다. 마땅히 진초자가 무이서원에 대해서 한 것, 유극장이 고정서원에 대해서 한 것, 한보가 자양서원에 대해서 한 것들이 전후에 같은 방법으로 오래도록 드리워져 무궁하였다. 이에 가만히 생각해 보니 느낀 바가 있다. 공을 이룬 것이 그 꽃다운 이름을 남긴

---

10) 약봉 김극일: 金克一(1522~1585)의 자는 伯純이고 호는 藥峰이고 본관은 의성이다. 아버지로부터 엄격한 가정교육을 받고, 커서는 아우 明一·誠一과 함께 퇴계 이황의 문하에 들어가 수학하였다. 1546년(명종 1)에 증광문과에 병과로 급제해 교서관정자에 임명되었다. 1556년 청홍도도사를 거쳐 1558년 성균관직강·형조정랑·예조정랑이 되었다. 1566년에는 사재감첨정을 거쳐 다시 예천군수에 임명되었다. 그리고 1569년(선조 2) 성균관사성과 사도시정을 거쳐 외직으로 성주목사를 역임하였다. 성주목사 시절『啓蒙翼傳』을 간행해 스승 퇴계 이황으로부터 격려를 받기도 하였다. 1575년 밀양부사에 임명되고, 1582년 내자시정, 이듬해에는 사헌부장령을 겸하였다. 그는 주로 지방관을 역임했고, 효성이 매우 지극하였다. 문장은 고결하고 蒼古해 한 글자도 진부한 말이 없었다고 한다. 더욱이 시에 뛰어나 시인으로서 명성이 높았다. 저서로는『藥峰逸稿』가 있다. 안동의 泗濱書院에 배향되었다.

11) 송계 신계성: 申季誠(1499~1562)의 자는 子誠이고 호는 石溪·松溪이고 본관은 平山이다. 후세에 학자들이 송계 선생이라고 하였다. 1499년 11월 27일 지금의 경상남도 밀양시 부북면 후사포리에서 태어났다. 증조할아버지는 申允元이고, 할아버지는 申承瀋이며, 아버지는 申倬이다. 松堂 朴英을 좇아 함께 지냈으며, 청도의 金大有, 김해의 조식과 사귀었다. 신계성이 항상 잊지 않았다는 顧確과 敬義 공부는 남명의 경의 사상 형성에 영향을 미쳤다.

것과 같은데 비록 입지가 일찍 이루어진 것 때문일지라도 그 실상은 사우들이 좋은 감화를 받도록 많이 도와줬던 것이다. 홀로 당시 주고받은 지결에 단적으로 증거될 만한 것이 있지 않으니, 옛것을 숭상하는 자들이 유감스럽게 여겼다. 그러나 그 행적으로 인하여 그 마음을 구하고, 다시 스승을 모신 자리에서 종일토록 강명한 묘안을 참고해서 생각해 보면 거의 얻는 바가 있게 될 것이다.

나는 같은 고을의 후배이다. 서원을 드나들면서 개연히 공의 풍모를 사모하지 않은 적이 없었다. 그의 8대손 승구가 멀리서 내가 있는 백석탄 위 자하산 속을 찾아와서 행장을 부탁하기에 돌아보니 먼 말세의 사람으로 어찌 감당하겠는가? 내가 서원 제향의 의론을 생각하니, 우리 고향으로부터 발의된 것이 오래되었는데도 답답하게 뜻을 펴지 못하고, 또 죽은 사람의 덕이 세상에 나타나지 않고 끝내 가려져서 밝게 피어나지 못하는 것은, 우리들이 거듭 불민한 책임이다. 그래서 경계한 것이 진실로 옳다는 생각이 들어 감히 참람함을 무릅쓰고 선대의 편지에 근거해서 평일 마음속으로 느낀 바를 부기하여 바른 말을 세우는 군자들이 채택하도록 갖추어 쓴다.

경신(1760) 반하절에 진성 이야순은 삼가 행장을 쓴다.

2. 「묘갈명」[12]

추천 선생 손공이 돌아가신 지 200여 년이 지났는데, 그 7대손 승구씨가 문중의 의중을 가지고 나에게 명하시기를 "선조의 행사는 마땅히 명법에 해당하는데, 강과 바다 사이에서 옛 자취가 임진왜란에 소실되었고, 우리 집안은 3대가 외아들만 있는 데다가 또 일찍 죽은 것을 그대도 알고 있을 것입니다. 평소 날마다 볼 수 있는 것을 지금 어떻게 상세하게 따를 수 있겠습니까? 오직 그대만은 동향桐鄕13)에서 성장하여 우리

---

12) 『鄒川先生文集』, 권2, 「墓碣銘」, "鄒川先生孫公, 卒二百有餘年, 其耳孫承九氏以門意來命是 贒曰'先祖事行, 宜應銘法, 江海間舊蹟之盡於蠻燹, 吾家三世之單而又早歿, 子所知也. 平日日 可見者, 今曷從以詳? 惟子生長桐鄕, 知吾祖事異夫人, 今以屬之子.' 嗚呼, 蹟偉而辭拙 譙僥於 千勻矣. 顧何敢? 惟公之來我郡, 及退陶先生世裁下車, 則摳衣巖壁, 服其誨, 退而與門下諸賢, 相觀以善, 如趙月川穆 · 琴日休應夾 · 吾家後凋諸公, 疇非道義以劘者, 而先雪月公其尤也. 旣 以事契責, 雖不文, 亦不敢辭, 遂次其世系 · 履歷 · 生卒 · 德業 · 子孫, 俱揭諸阡. 其世系羅代 有得鍾, 而以孝聞者曰'順', 載三綱行實. 麗朝有以南征勳胙廣理茅者曰'就訓', 孫之籍密陽, 始 此. 其後世有顯人, 至曾大父諱信復, 始補西班. 大父諱世蕃, 不仕, 父諱凝, 官列正, 母趙氏籍 咸安 少宰孝同, 寔祖, 士人光遠, 寔父也. 其履歷嘉靖辛酉, 闡大科, 歷國子典籍. 內敍則春夏 二官員外郎中霜臺侍御史, 外出則縣監禮安府使蔚山. 或云'中間守榮川郡而無可攷. 其生卒 生年未聞, 卒戊子, 得於公友權草澗文海集中, 其葬, 密陽府東推火山坐刻原, 是也. 其德業 公 少力學, 不專治公車. 嘗教授數邑, 戶外嘗屨滿, 於禮也. 以縣之學制多未備, 皷篋者靡所稽以 程也. 遂質諸師門, 議于同志, 著學令數十條, 以勸迪之. 至今吾鄕之言文化者必稱首公. 及山 頹也, 請于方伯金黃岡繼輝, 捐俸立陶山祠, 秩滿加一載, 甲戌秋始歸. 雪月公有'刀用言游室, 琴鳴㐌賤堂', 及'淸風不受四知金'之句, 其爲治之出學道, 可知也. 翌年夏延額陶院也, 又北行 四百里, 參諸弟子列, 其篤於斯文, 又如此. 蓋公登門雖晚, 旣質美矣, 行修矣, 學積矣. 大師爐 韝之化, 賢友麗澤之益, 宜其丹漆之易受, 蓬蔴之自直矣. 晩又築籬潚山水, 枕藉經傳以終, 其所 至, 非後生可測度, 而今以公之所施於邑, 吾先詩之引孔門兩賢者, 參看於蔚州志, 敎修學校, 政 冠一世之語, 公之彬然成德, 又可推也. 其子孫公娶達城徐氏縣監時重之女, 有五男二女. 男起 門 · 起倫 · 起業 · 起後 · 起命, 全時憲李汝濔, 其婿也. 執徐難, 徐淑人, 竄山谷, 賊卒逼, 起倫 以身翼蔽, 竟抹母而身不免. 第四婦張氏刜面投崖, 事聞俱命旌, 起門早亡無嗣, 起倫有一男瞻, 起業餘男三桂枝覺覽, 起後有一男盼宣敎郞. 全男有翼生員, 有慶 · 有章參奉李廷俊瞻又無 嗣, 盼有二男昌祖 · 胤祖, 以下不盡錄. 其有科宦者, 玄係碩佐, 進士號星曙, 碩㫀武科判官. 五 代孫萬重文科察訪, 六代孫孝曾進士僉中樞, 七代孫克福武科府使. 公諱英濟, 字德裕, 鄒川之 號, 出後凋稿鄒. 蓋公所居地, 因以自號云. 銘曰: '惟學之博, 惟正之師也, 惟德之進, 惟友之資 也, 惟孝烈之竑, 惟敎之成也, 惟先生之烈, 惟後人之程也.' 朝奉大夫前行童蒙敎官金是贒撰.'"
13) 동향: 선정을 베푼 목민관에 대해 그가 떠난 뒤에도 백성들이 그리워하는 것을 비유할 때 쓰는 말이다. 한나라의 대사농 주읍이 일찍이 동향의 관리가 되어 은혜를 베풀어 인심을 얻었으므로, 자기가 죽으면 이곳에 묻어 달라고 유언했는데, 과연 그뒤에 고을 백성들이 사당을 세우고 대대로 제사를 지내 주었던 고사에서 유래하였다. 『한서』, 「순리전 · 朱邑」.

조상이 다르게 여겼다는 것을 아시기에 지금 그대에게 부탁하는 것입니다"라고 하였다. 아, 자취는 위대하고 말은 졸렬한데, 난쟁이의 다리로 천균의 무게를 감당해야 하니, 돌아보건대 어떻게 감당할 수 있겠는가?

공께서 우리 지역에 오시고, 퇴계 선생이 계시면서 수레에서 내리시기를 허락받았을 때, 옷깃을 여미고 암서헌에 있으면서 퇴계 선생의 가르침을 받고, 물러나서는 퇴계 문하의 제현들과 함께 서로 선으로 권면하였다. 월천 조목과 일휴당 금응협, 그리고 우리 집안 후조당 제공들과 도의로 절차탁마하셨는데, 설월당 김부륜 공은 더욱 그러하셨다. 이렇게 관련되어 있으니, 문장이 좋지 못하지만, 또한 감히 사양할 수 없게 되었다. 드디어 그 세계·역대·생졸·덕업·자손을 차례로 거론한다.

그 세계는 신라시대 효도로 유명해진 '순'이 있는데 『삼강행실도』에 실려 있다. 고려왕조에 와서는 남쪽 정벌에 공훈이 있어 광리군에 봉해진 '극훈'이 있었고, 손씨가 밀양에 본적을 둔 것은 이때 시작된 것이다. 그 후대에는 뛰어난 인물이 있었는데, 증조부 휘 신복에 이르러서 비로소 서반에 보임되었다. 큰아버지 휘 세번은 벼슬하지 않았고, 아버지 휘 응은 군자감정이었고, 어머니 함안조씨는 이조참판 효동의 손녀이며, 사인 광원이 그녀의 아버지이다.

그의 이력은 가정 신유년 대과에 급제하여 성균관전적을 역임하였다. 내직으로는 춘관과 하관의 원외랑과 사헌부 시어사를, 외직으로 나가서는 예안현감과 울산부사를 역임하였다. 어떤 사람은 '중간에 영천군수'가 되었다고 하는데, 상고할 것이 없다.

그의 생졸 연대는 듣지 못했는데, 무자년에 졸하였다. 공의 친우 초간정 권문해[14]의 문집에 그의 장례는 밀양부 동쪽 추화산 해좌에 장사

했다는 것이 이것이다. 그의 덕업의 경우, 공은 어려서 학문에 힘썼지만, 전적으로 과거공부에 치력하지 않았다. 일찍이 여러 읍을 가르쳤는데, 문밖에 신발이 가득하였으니, 예로 대했기 때문이다. 현의 학교제도가 대부분 미비했는데, 공부한 이들이 교과 과정을 살펴보지 않았기 때문이다. 드디어 스승의 문하에 질의하고 동지들과 의론하여 학령學令 수십 조목을 저술하여 권유하였다. 지금 우리 고을에서 '문화文化'를 말하는 이들은 반드시 공을 먼저 칭한다.

퇴계 선생이 돌아가시자 관찰사 황강 김계휘15)에게 도산에 사당을 지을 것을 청하고, 봉급을 출자하여 자금을 보조했으며, 임기를 채우고 1년을 더 있은 다음 갑술년 가을 울산으로 돌아갔다. 설월당 김부륜 공의 "칼은 언자유의 방에서 쓰고 거문고는 복자천의 집에서 타네"와 "청렴한 인격은 뇌물을 받지 않았다네"의 시 구절이 있으니, 공의 다스림이 도를 배운 데에서 나왔음을 알겠다. 다음 해 여름 도산서원의 사액을 맞이할 때, 또 400리를 북행하여 여러 제자의 반열에 참가했으니, 그가 사문斯文에 독실했음이 이와 같았다.

---

14) 초간정 권문해: 權文海(1534~1591)의 자는 灝元이고 호는 草磵이고 본관은 예천이다. 1560년(명종 15) 별시문과에 병과로 급제하였다. 좌부승지·관찰사를 지내고, 1591년(선조 24) 사간이 되었다. 퇴계 이황의 문하에 들어가 학문에 일가를 이루었고, 류성룡·김성일 등과 친교가 있었다. 그리고 고래의 서적을 널리 참고하여 史實·인문·지리·문학·동물·식물·예술 등을 총망라해서 韻字에 따라『大東韻府群玉』20권을 저술하였다. 예천의 鳳山書院에 배향되었다.

15) 황강 김계휘: 金繼輝(1526~1582)의 자는 重晦이고 호는 黃崗이고, 본관은 광산이다. 1549년(명종 4) 식년문과에 을과로 급제, 승문원정자에 등용되었다. 1555년에 사가독서하였으며, 사관을 거쳐 부수찬과 이조좌랑 등을 지냈다. 1557년 김여부·김홍도의 반목으로 옥사가 일어나자 김홍도의 당으로 몰려 파직당하였다. 1578년에 다시 대사헌이 되고, 1581년 종계변무를 위한 주청사로 북경에 갔다. 이듬해 돌아와 예조참판에 올라 경연관이 되었다. 뒤에 이조판서가 추증되고, 나주의 월정서원에 배향되었다.

대체로 공이 문하에 오른 것이 비록 늦었지만 이미 자질이 아름답고 행실을 닦았으며 학문은 쌓인 것이 있었다. 큰 스승으로부터 노비의 감화와 어진 벗들의 여택의 도움이 있어 마땅히 그 단칠을 쉽게 받을 수 있었고 봉마가 스스로 곧게 자랄 수 있었다. 또 만년에 오연의 산수에 집을 지어 경전을 베개 삼아 지내다 일생을 마치니 그 이룬 바를 후생이 헤아릴 수 없지만 지금 공이 고을에 베푼 것 및 나의 선조의 시에 공자 문하의 두 현인을 인용한 것, 울주지에 "학교를 돈독히 수리하였고 정치가 일세에 으뜸이었다"라는 말을 참고하여 본다면 공의 빛나는 덕을 이룬 것을 또한 추측할 수 있다.

그 자손을 말하면 공은 달성서씨 현감 시중時重의 따님에게 장가들어 5남 2녀를 두었는데, 아들은 기륜·기문·기업·기후·기명이고, 전시헌과 이여극은 사위이다. 임진왜란 때 서숙인徐淑人이 산골짜기로 피난하였는데, 적의 병사가 핍박하여 기륜이 몸으로 감싸 어머니를 구하고 자신은 죽음을 면치 못하였다. 넷째 며느님은 얼굴을 들고 언덕에 투신하였다. 사실이 조정에 알려져 모두 정문旌門의 명이 내려졌다. 기문은 일찍 죽어 후사가 없고, 기륜은 1남이 있으니 첨이고, 기업은 3남이 있으니 계지·각·람이다. 기후는 1남이 있으니 분이요 선교랑이다. 전시헌의 아들 유익은 생원, 유경과 유장은 참봉이요, 이여극의 아들은 정준이다. 첨이 또 후사가 없고 분은 2남이 있으니 창조와 윤조이다. 이하는 다 기록하지 않는다.

과거에 합격하여 벼슬한 이로 현손 석좌는 진사요 호는 성은이고, 석주는 무과에 급제하여 판관이다. 5대손 만중은 문과로 찰방이었고, 6대손 효증은 진사로 첨지 중추부사였고, 7대손 극복은 무과로 부사였다.

공의 휘는 영제요, 자는 덕유이다. 추천이라는 호는 후조당 김부필의 문고에서 나왔다. 추천은 대개 공의 살던 곳이기 때문에 자호한 것인 듯하다. 명은 다음과 같다. "오직 학문이 넓은 것은 바르게 스승을 모셨던 탓이요, 덕이 진취된 것은 벗들의 도움이다. 효孝와 열烈이 나란하였음은 가르침이 이루어졌음이요, 선생의 공로는 후인의 모범이 되었도다."

조봉대부 전행 동몽교수관 김시찬은 찬한다.

3. 「예안향교중수입약」[16]

우리 고을은 불과 10가구에 지나지 않지만 예부터 문헌의 지방으

---

16) 『鄒川先生文集』, 권2, 「鄕校重修立約【隆慶六年七月日】」, "吾鄕, 不過十室, 而古稱文獻之邦. 人材之盛, 著英之多, 實不讓於巨府, 而學宮之隘陋, 則莫此 縣若也. 蓋邑小民殘, 力量不給, 勢固然也. 幸今仁侯【孫英濟】下車未久, 先意此修, 旣稟于退陶先生, 兼訪于斯文多士, 公私恊力, 一新舊器, 豈非小縣之一大幸歟? 功旣訖, 鄕人相與議曰: '古人云: '新沐者, 必彈冠, 新浴者, 必振衣', 今屋宇之煥然重新, 旣同沐浴者之澡雪, 則人事舊染之習, 盍亦如衣冠之彈振乎? 若其文廟享祀之式, 諸生講習之方, 則自有國典, 昭在板上, 只當惕心奉行而已. 至於規模典節之詳, 守護無弊之策, 人各異論, 尙因舊陋, 不可執以爲則, 故別立若干條, 以爲恆久之約, 此非獨出於吾黨之臆見, 實有倣於鄕先生之遺意也. 後之君子幸勿以爲一時之淺言而忽之哉? (條約) 一. 司馬二人, 輪掌有司, 定校中凡事. 【每二年相遞之時, 傳掌毋有欠事, 有欠則不得遞】一. 祭享節次一從禮文, 毋得苟徇習俗. 省牲器, 依禮文. 飮福不出校門外.【禮文不止此二者, 當甚尤失, 故特出之】一. 祭物前期一兩月, 告官豫備.【酒米·飯米, 各別精備, 牲醴蔬果, 毋得代用. 如非土産, 難辦之物, 則以他精潔相近之物充之, 亦不得以一物數品】一. 獻官差定時, 前期十日, 入校望報.【獻官, 非但司馬, 以前啣朝士及前敎授訓導, 相參備望, 有司一恒參獻, 官每事糾檢】一. 獻官托故不參, 則僉議定罰.【有司聞見托故虛實, 因事齊會時告而論之, 笞奴面責, 隨其輕重. 有司客私不告, 則亦當論罰】一. 大祭時, 廡庭荒鋪席, 以新空石百立, 官家進排.【春享過後還收計數入庫, 秋享後乃改】一. 炬子四面檻井于分定.【檻井于合二十六名, 每朔望例納燒木于官中. 二月一日除官, 納每一名各兩柄式, 令備臨當全軍來納因以擧火】一. 每祭後, 斯文及鄕老, 請會飮福.【每會和議相接, 過失相規, 至於子弟, 尤當勉勵, 責

以勤學】一. 凡會酒饌, 務從簡便.【器與味數, 不過五具, 且禁屠牛】一. 殿宇及諸處, 每年春秋一匸巡審少, 有汚壞告官治葺, 切勿因循以致難救.【除草掃雪, 並無失旹, 少有怠慢, 則下典治罪】一. 祭服祭器及書冊什物, 同日點檢, 曝曬有欠, 則告官改備. 書冊則校生典守者當徵, 無得借與方外. 一. 殿內地衣, 五年一改備.【草席縇布等寶上穀前期貿易排造, 因春享布新去舊】一. 地衣破件用於堂及齋樓外, 无得褻用於他處.【非但地衣, 如祭器破件, 卽令打碎埋置屛處, 祭服則焚之】一. 學田所出, 公費外, 無得私用.【飮福會需及上下有司因公入校旹支供, 以此用之. 他名所收, 亦在其中】一. 寶上存本聚息, 永世無廢.【元數以百石爲限, 而以其餘數地衣, 貿資接儒供饋. 及春秋大祭旹, 校生三日糧外, 有餘, 則什物備置日用. 上下每春秋照勘元數. 元數外遺, 在置簿以備後考】一. 殿內非時無得出入, 常加扃鎖.【因事若入, 則必具冠服, 司馬亦同.】一. 校生升堂, 則必着巾.【如居接, 則自當隨衆, 不宜異同】一. 官家遇校官, 必以禮皃.【如廩料支供, 並令督之, 不至於薄. 如有不事, 訓誨多行. 鄙陋則諄諄開論, 期於必改】一. 校中掌議, 各別擇差.【差出旹, 訓導及上有司, 同議定. 宝上出納, 萬一有故, 則上有司代監, 勿用假差】一. 校生非其職事, 官家毋得任使. 一. 校生額數, 及時充定, 常有餘數, 執事毋攝.【祭旹, 或有故, 執事未充, 以方外儒士, 並差出】一. 堂及齋樓等處, 勿近聲色飮食, 旹切勿喧鬧失儀. 一. 下典及所屬人, 常加護恤. 一. 校生有六失, 告官治罪, 小則堂中論罰. 一. 有司以規約告官, 有所擬多方道達, 期於得請, 如不得率斯文入告. 一. 有司有不謹, 所任鄕中齊會論罰. 縣監 孫英濟. 訓導 盧麟瑞. 座首生員 吳守盈【字謙仲, 春塘】陶山門下. 別監 柳贇【字美叔, 孤山】. 前察訪 李澄【字景淸】, 文純公第五兄. 前察訪 李文樑【字大成, 碧梧】孝節公子. 前縣監 李季樑【字榦之, 串巖】孝節公子. 前訓導 朴士熹【字德明, 默齋】陶山門下. 前訓導 金生溟【字士浩】陶山門下. 進士 李完【字子固, 樂山】文純公兄子. 生員 金富弼【字彦遇, 後凋堂】陶山門下. 進士 李叔樑【字大用, 梅巖】孝節公子. 忠順衛 李憑【晩翠堂】松齋公孫. 生員 趙穆【字士敬, 月川】陶山門下. 生員 琴輔【字士任, 梅軒】陶山門下. 生員 金富儀【字愼仲, 挹淸亭】陶山門下. 生員 尹義貞【字而直, 芝嶺】. 生員 琴應夾【字夾之, 日休堂】陶山門下. 生員 琴蘭秀【字聞遠, 惺齋】陶山門下. 生員 金富倫【字惇敍, 雪月堂】陶山門下. 生員 琴應塤【字塤之, 勉進齋】陶山門下. 生員 李安道【字逢原, 蒙齋】文純公孫. 校生 柳諴. 宋景福. 權湜. 權沂. 柳謙. 金彦粹. 權伯麟. 夫'宣城'者, 嶺南僻小邑也. 然自古山川毓靈, 耆德相望, 而曁于老先生, 彰明道學, 皷鑄元氣. 於是英材輩出, 斯文蔚興, 詩書禮樂之盛冠冕道內. 寔吾東鄒魯也. 粤在隆慶, 有邑侯孫公, 下車未久, 重修學宮, 而又與鄕中諸賢, 禀裁于老先生規晝守護之策, 立爲條目, 昭示永世. 嗚乎, 昔賢之盡心衛道, 知所先務者, 有如是哉. 逮不佞猥守玆土, 祇謁聖廟殿宇滲濕鋪設, 蠹弊 其他可治而不擧者, 指不勝屈. 倘使孫侯及溪門諸子見于今日, 其所慨歎, 當復如何? 校中舊有守護軍四十人, 盖孫侯旹所創定者也. 嚮因朝家査革閑額之令, 營門以他邑所無, 下檄將罷之, 不佞屢爭而力存之者, 以爲失此, 則聖廟守護之道益墜廢, 莫可爲矣. 然昔人之以斯文事爲己任, 必欲惟力所及者, 卽是不佞與一鄕諸君子所可法者. 故乃謀於諸君子, 敬以隆慶約條, 申明奉行如關石和勻, 而其中古今之異宜者, 僉議而參變之務歸於得當. 末學僭妄知所罪矣. 噫, 繼玆以往吏不惰其職, 士不懈其業, 謹遵舊典守而勿替, 則其於昔賢當日之事, 庶幾無愧矣. 若其立約, 則舊冊外別作一錄, 下端又列書, 不佞與諸君子之姓名, 以續孫侯隆慶之好事, 而顧先生風, 猶已遠叩質無所是, 則不佞與諸居之恨也. 嗟夫, 隆慶之距今百有餘年矣. 不知此後百年覽此而興感, 亦猶不佞之於孫侯否也. 崇禎紀元後百有三祀丙寅仲秋, 邑宰商山後學金光遂拜手恭跋."

로 칭하였다. 인재가 흥성하고 덕 있는 선비가 많아 실제로는 큰 지역에 양보하지 않는다. 그러나 학궁의 협소함은 이와 같은 고을만 한 곳도 없다. 대개 고을과 백성이 작고 역량이 미치지 못한 것은 형세가 진실로 그렇다. 다행히도 이제 인후【손영제】가 지방관으로 부임한 지 오래지 않아 먼저 이를 중수하는 데에 뜻을 두고 퇴계 선생에게 여쭈고 나서, 겸하여 사문의 여러 선비를 방문하여 공적으로나 사적으로 협력하여 옛 기물을 일신하였으니, 어찌 작은 고을의 일대 행운이 아니겠는가? 공사가 끝나고 나서 고을 사람들이 서로 논의하여 "옛사람이 말하기를 '새로 머리를 감은 사람은 반드시 머리에 쓰는 관의 먼지를 털고, 새로 몸을 씻은 사람은 반드시 옷의 먼지를 터는 법이다'[17]라고 하였으니, 이제 건물을 환하게 다시 새롭게 하는데, 이미 머리를 감고 몸을 씻을 이가 깨끗이 씻는 것과 같으니, 인사의 묵은 습관을 어찌 또한 의관의 먼지를 떨어내는 것과 같게 하지 않겠는가?"라고 하였다. 문묘에서 향사하는 의식과 제생들이 강습하는 방식이라면, 본래 국가의 법전이 판 위에 밝게 있으니, 다만 두려워하는 마음으로 봉행하면 될 뿐이다. 그러나 규모와 전절의 상세함에 이르면 폐단이 없는 책문을 수호하지만, 사람들은 각각 서로 다른 주장이 있고, 여전히 옛날의 비루함에 따라 법칙을 고집할 수 없기 때문에 별도로 약간의 조목을 세워서 항구적인 약속으로 삼는다. 이는 비단 우리 당의 억측에서 나온 것이 아니고, 실로 향선생의 유의를 모방한 것이다. 후세대의 군자는 다행히도 일시의 얕은 언어라고 생각하여 소홀히 하지 말지어다.[18]

---

17) 옛사람이 말하기를…… 터는 법이다: 『楚辭』, 「漁父」 참조.
18) 우리 고을은…… 소홀히 하지 말지어다: 梅軒 琴輔가 작성한 서문이다. 『梅軒先生文集』,

융경 6년 임신 7월, 향인 금보가 쓴다.

조약19)

하나. 사마 2인이 번갈아 유사를 담당하는데, 모든 일을 확정하고
조정한다. 【2년마다 교체하는데 인계를 할 때에는 흠이 되는 것이 없게
하고, 흠이 있으면 교체하지 않는다.】

하나. 제향 절차는 한결같이 예문을 따르고 구차하게 습속을 따르지
않는다. 희생 기물을 줄이고 예문을 따른다. 음복은 교문 밖을
벗어나지 않는다. 【예문이 여기에서 그치지 않는 것은 당시 더욱 잘못이
있었기 때문이니, 특별히 제출한다.】

하나. 제물은 기일 1~2달 전 관에 고하고 예비한다. 【찹쌀과 현미는
각별하게 정비하고, 희생·젓갈·채소·과일은 대용할 수 없다. 만일 토산물
이 아니어서 판단할 수 없는 것이라면, 다른 정결하고 서로 가까운 것으로
충당하고, 또 한 가지를 몇 개의 품목을 만들 수 없다.】

하나. 헌관을 임명할 때 기일 10일 전 입교하여 보고한다. 【헌관은 비
단 사마뿐만 아니라, 전함 조사 및 이전 교수와 훈도도 서로 참여하여 천거한
다. 유사는 한결같이 참례하고, 관은 매사를 감찰한다.】

하나. 헌관이 구실을 만들어 참여하지 않으면 모두 벌을 정하기를
논의한다. 【유사는 구실의 허실을 듣고 보아 일에 따라 일제히 고하여 논
의하되, 태형을 치거나 면책하는 것은 그 경중에 따른다. 유사가 객사로 고하

권2, 「鄕校重修立約序【附約條】」.

19) 융경 6년 임신 7월, 향인 금보가 쓴다. 조약『梅軒先生文集』권2, 「鄕校重修立約序【附
約條】」에는 ‘隆慶六年壬申七月, 鄕人琴輔書. 約條’이 기재되어 있어 이를 따라 보충하
였다.

지 않으면 또한 마땅히 벌을 논의한다.】

하나. 대제 때는 깔아 둔 자리를 걷어 내고 공석을 새로 하여 1백 개를 세운다. 관가에 나아가 배열한다. 【봄향사가 지난 뒤 환수하여 수를 헤아려 창고에 넣는다. 가을향사 뒤에 다시 고친다.】

하나. 횃불을 사면에 세우고 함정을 나누어 정한다. 【함정을 26명에 합한다. 매번 초하루와 보름 때에는 관례에 따라 땔감을 관아에 납부한다. 2월 1일에는 관아 납부를 면제한다. 사람마다 각각 두 자루의 횃불을 들고 예식에 따라 갖추어 임한다. 때때로 전체 군사들이 와서 납부하고, 이어서 횃불을 든다.】

하나. 매번 제사 뒤에는 사문과 향로를 청하여 음복하게 한다. 【모일 때마다 의론하여 안건을 처리하고 과실을 규찰한다. 자제에게 허물이 있으면 권면해서 근실하게 학문을 하도록 책려한다.】

하나. 모든 모임에서 술과 반찬은 간편함을 따르도록 힘쓴다. 【그릇과 음식은 수가 다섯을 넘지 않도록 한다. 또한 소를 도살하는 것을 금한다.】

하나. 전우와 여러 곳은 매년 춘추 때마다 하나하나 순찰하여 살핀다. 조금이라도 더럽거나 무너진 곳이 있으면 관아에 고하여 수리하고 지붕을 고친다. 결코 관습대로 보완하기 어렵게 만들지 말아야 한다. 【풀을 제거하고 눈을 쓰는 일은 과실이 없도록 한다. 이때 조금이라도 태만함이 있으면 전옥에게 내려보내 죄를 다스린다.】

하나. 제복과 제기 및 서책과 집기는 같은 날에 점검하고 말린다. 흠이 있으면 관아에 고하여 다시 마련한다. 서책의 경우는 교생 가운데 전수하는 자가 추징해야 한다. 구역 바깥으로 빌려 주어서는 안 된다.

하나. 전우 안의 지의는 5년마다 한 번씩 바꾸어 갖춘다. 【초석과 선포

및 보상은 곡일 전 기일에 맞추어 와서 배치해 두고, 봄향사에 맞춰 새것을

깔고 옛것을 없앤다.】

하나. 지의가 찢어지고 일그러진 것은 당이나 재루에서 사용하고,

그 밖의 다른 곳에서 함부로 사용하지 않는다. 【비단 지의만 그

러한 것이 아니다. 제기 가운데 망가지고 일그러진 것은 즉시 깨어 부수어

사람들이 접근하지 않는 곳에 묻어 둔다. 제복의 경우는 태운다.】

하나. 학전의 소출은 공공용도 이외는 사사로이 쓰지 않는다. 【음복

모임 때의 비용 및 상하 유사가 공무로 향교에 들어올 때의 소요 비용은 학전

의 소출로 쓴다. 다른 명목으로 거둔 것도 역시 여기에 포함시킨다.】

하나. 보상은 원금을 보존하고 이익을 모아 영구히 폐기하지 않게

한다. 【원래의 수는 1백 석을 한도로 하고, 나머지 수의 지의는 사들여서

공궤의 수요에 맞춘다. 춘추의 대제 때가 되면 교생에게 지급하는 사흘의 양

식을 지급하고, 남는 것이 있으면 일용의 집기를 비치한다. 상하 유사가 봄과

가을로 원래의 수와 대조하여 감정하고, 원래의 수 이외에는 장부에 적어 두

고 뒷날의 고찰에 대비한다.】

하나. 전우 안은 때가 아니면 출입해서는 안 된다. 늘 자물쇠를 채워 둔

다. 【일이 있어서 들어가게 되면 반드시 관복을 갖춘다. 사마도 마찬가지다.】

하나. 교생이 당에 오를 때는 반드시 건을 착용한다. 【평소에 접하는 경

우에는 마땅히 무리를 따라 함께 행동해야 하지, 차이가 있어서는 안 된다.】

하나. 관가는 교관을 만나게 되면 반드시 예모를 갖춘다. 【늠료와 지

공은 둘 다 충분히 지급해야 하지, 박하게 해서는 안 된다. 만약 제대로 일을

하지 않으면 가르침을 많이 행한다. 비루한 일을 많이 행하면 자상하게 타일

러서 반드시 고칠 수 있게 한다.】

하나. 향교 안의 관장과 의론은 각각 별도로 사람을 뽑아 맡긴다. 【차출할 때 훈도와 상유사가 함께 의론하여 정한다. 보상의 출납에 만에 하나라도 일이 있으면 상유사가 대신 감독하고, 임시로 차출하지 않는다.】

하나. 교생에 대해서는 그가 맡아 할 일이 아닐 경우에는 관가에서 함부로 시키지 않는다.

하나. 교생의 정원은 그때그때 맞추어 충당하여 늘 인수가 남도록 하고, 집사가 통섭하지 않는다. 【제향 때 혹 일이 있어서 집사가 충당 하지 못하면 지역 외의 유사도 아울러 차출한다.】

하나. 당 및 재루 등에서는 성색과 음식을 가까이하지 못하게 한다. 마시고 먹고 할 때 결코 시끄럽게 굴어서 예의를 잃지 않도록 한다.

하나. 하전과 그에 속한 사람은 늘 보호하고 구휼한다.

하나. 교생 가운데 큰 잘못이 있으면 관아에 고하여 죄를 다스린다. 작은 잘못일 경우에는 당에서 벌을 논한다.

하나. 유사는 규약을 관아에 고한다. 건의할 사항이 있으면 다방으로 말하여 이르도록 해서 청을 들어주도록 기필한다. 만약 청을 들어주지 않으면 사문을 데리고 관아에 들어가 고한다.

하나. 유사가 많은 임무에 근실하지 못한 면이 있으면 향중의 사람들이 함께 모여 벌을 논한다.

현감 손영제
훈도 노인서

좌수 생원 오수영【자 겸중, 호 춘당, 도산 문하】

별감 유빈【자 미숙, 호 고산】

전 찰방 이징【자 경청】 문순공 제5형

전 찰방 이문량【자 대성, 호 벽오】 효절공孝節公(이현보) 아들

전 현감 이계량【자 간지, 호 환암】 효절공 아들

전 훈도 박사희【자 덕명, 호 묵재】 도산 문하

전 훈도 김생명【자 사호】 도산 문하

진사 이완【자 자고, 호 낙산】 문순공 형의 아들

생원 김부필【자 언우, 호 후조당】 도산 문하

진사 이숙량【자 대용, 호 매암】 효절공 문하

충순위 이빙【호 만취당】 송재 문하

생원 조목【자 사경, 호 월천】 도산 문하

생원 금보【자 사임, 호 매헌】 도산 문하

생원 김부의【자 신중, 호 읍청정】 도산 문하

생원 윤의정【자 이직, 호 지령】

생원 금응협【자 협지, 호 일휴당】 도산 문하

생원 금난수【자 문원, 호 성재】 도산 문하

생원 김부륜【자 돈서, 호 설월당】 도산 문하

생원 금응훈【자 훈지, 호 면진재】 도산 문하

생원 이안도【자 봉원, 호 몽재】 문순공 손자

교생 유함·송경복·권식

권기·유겸·김언수

권백린

무릇 '선성宣城'이란 곳은 영남의 궁벽한 작은 고을이다. 하지만 예부터 산천이 신령을 길러 내고 덕망 있는 어른들이 이어져 내려와 퇴계 선생에 이르러서 도학을 드러내어 밝히고 원기를 고무하고 형성하였다. 이에 영재가 무리 지어 나오고 사문斯文이 울연히 흥기하여 시서예악의 성대함이 도 안에서 가장 으뜸이 되었다. 이곳은 바로 우리나라의 추로鄒魯이다.

지난날 융경 연간에 수령 손영제 공이 부임하여 수레에서 내린 것이 오래되지 않았는데도 바로 학궁을 중수하고, 다시 학궁을 수호하는 방책을 계획하여 고을의 여러 어진 이들과 퇴계 선생의 재가를 받아서 여러 조목을 세우고 이를 후세에 분명하게 제시하였다.

아, 지난날 어진 이들이 온 마음을 다하여 도를 보위하고 가장 먼저 힘써야 할 바를 안 것이 이와 같았다. 그 이후 나에게 이르러 외람되게 이 땅을 지키게 하여 삼가 성스러운 사당을 배알하였는데, 전우는 비가 새어 축축하고 포설은 좀이 쏠고 해졌다. 그 밖에도 손보아야 하고 제대로 되어 있지 않은 것들이 이루다 손꼽을 수 없을 정도였다. 만일 손영제 수령과 퇴계 선생 문하의 여러분들이 지금의 현실을 보신다면 얼마나 개탄하시겠는가?

향교에는 옛날에 수호군 40명이 있었는데, 대개 손영제 수령 때 처음으로 배정한 것이었다. 그런데 최근 조정에서 남아도는 인원을 조사하여 혁파하라는 명령이 있자, 감영에서 다른 고을에는 없는 것이라고 하여 폐기하려고 하였다. 이에 내가 수차례에 걸쳐 다투어 힘껏 보존할 수 있었으니, 그것은 이곳을 잃어버리면 성스런 사당을 보호하려는 도리가 더욱 추락하고 폐기되어 어찌할 수 없게 되리라 여겼기 때문이었다.

그러나 지난날의 사람들은 사문의 일을 자기의 임무로 삼아 반드시 행하고자 하였다. 다만 그 힘이 미치지 못하였을 따름이니, 이것은 바로 내가 고을의 여러 군자들과 함께 본받아야 할 바이다. 그러므로 여러 군자들과 함께 계획하여 공경스럽게 융경 연간의 약조를 거듭 밝게 드러내어 삼가 받들고, 그 가운데 시대가 변하여 적용할 수 없는 조목들은 의론을 거쳐 시의에 맞도록 하되 오로지 적당함을 얻도록 하였다.

나는 말학으로서 외람된 짓을 하였기에 죄를 받으리란 것을 잘 알고 있다. 아, 지금 이후로는 아전이 그 직분을 게을리하지 말고 선비가 그 학업을 나태하게 하지 말아서 옛 법전을 근실하게 지켜 폐기시키지 않는다면, 지난날의 현인이 당일에 행하였던 일에 대하여 부끄럼이 없을 것이다.

그 세운 조약으로 말하면, 옛날의 책 이외에 별도로 하단에 한 번 기록하고, 또한 나와 여러 군자들의 성명을 열거하여 손영제 수령의 융경 연간의 좋은 일을 계승하고자 한다. 그런데 선생의 풍모와 계책은 이미 오래전 일이어서 고증할 길이 없다. 이것은 나와 여러 군자들이 한스럽게 여기는 것이다.

아, 융경 연간이 지금과는 백여 년이나 떨어져 있다. 백 년 뒤로 이것을 보면서 감흥을 일으키게 된다면, 그것은 내가 손영제 수령에게 감흥을 일으키는 것과 같을 것이다.

숭정 기원후 103년 병인 중추에
읍재 상산 후학 김광수는 삼가 절하고 적는다.